T&P BOOKS

I0211727

TAILANDÊS
VOCABULÁRIO

PORTUGUÊS BRASILEIRO

PORTUGUÊS
TAILANDÊS

Para alargar o seu léxico e apurar
as suas competências linguísticas

9000 palavras

Vocabulário Português Brasileiro-Tailandês - 9000 palavras

Por Andrey Taranov

Os vocabulários da T&P Books destinam-se a ajudar a aprender, a memorizar, e a rever palavras estrangeiras. O dicionário é dividido em temas, cobrindo todas as principais esferas de atividades quotidianas, negócios, ciência, cultura, etc.

O processo de aprendizagem, utilizando os dicionários baseados em temáticas da T&P Books dá-lhe as seguintes vantagens:

- Informação de origem corretamente agrupada predetermina o sucesso em fases subsequentes da memorização de palavras
- Disponibilização de palavras derivadas da mesma raiz, o que permite a memorização de unidades de texto (em vez de palavras separadas)
- Pequenas unidades de palavras facilitam o processo de estabelecimento de vínculos associativos necessários para a consolidação do vocabulário
- O nível de conhecimento da língua pode ser estimado pelo número de palavras aprendidas

T&P Books Publishing
www.tpbooks.com

ISBN: 978-1-78767-297-0

Este livro também está disponível em formato E-book.
Por favor visite www.tpbooks.com ou as principais livrarias on-line.

VOCABULÁRIO TAILANDÊS
palavras mais úteis

Os vocabulários da T&P Books destinam-se a ajudar a aprender, a memorizar, e a rever palavras estrangeiras. O vocabulário contém mais de 9000 palavras de uso comum organizadas tematicamente.

O vocabulário contém as palavras mais comummente usadas
Recomendado como adicional para qualquer curso de línguas
Satisfaz as necessidades dos iniciados e dos alunos avançados de línguas estrangeiras
Conveniente para o uso diário, sessões de revisão e atividades de auto-teste
Permite avaliar o seu vocabulário

Características especias do vocabulário

* As palavras estão organizadas de acordo com o seu significado, e não por ordem alfabética
* As palavras são apresentadas em três colunas para facilitar os processos de revisão e auto-teste
* As palavras compostas são divididas em pequenos blocos para facilitar o processo de aprendizagem
* O vocabulário oferece uma transcrição simples e adequada de cada palavra estrangeira

O vocabulário contém 256 tópicos incluindo:

Conceitos básicos, Números, Cores, Meses, Estações do ano, Unidades de medida, Roupas & Acessórios, Alimentos & Nutrição, Restaurante, Membros da Família, Parentes, Caráter, Sentimentos, Emoções, Doenças, Cidade, Passeios, Compras, Dinheiro, Casa, Lar, Escritório, Trabalho no Escritório, Importação & Exportação, Marketing, Pesquisa de Emprego, Esportes, Educação, Computador, Internet, Ferramentas, Natureza, Países, Nacionalidades e muito mais ...

TABELA DE CONTEÚDOS

GUIA DE PRONUNCIAÇÃO

Alfabeto fonético T&P	Exemplo tailandês	Exemplo Português

[a]	ห้า [hâ:] – hâa	chamar
[e]	เป็นลม [pen lom] – bpen lom	metal
[i]	วินัย [wi? naj] – wí–nai	sinônimo
[o]	โกน [ko:n] – gohn	lobo
[u]	ขุนเคือง [kʰùn kʰɯ:aŋ] – khùn kheuang	bonita
[aa]	ราคา [ra: kʰa:] – raa–khaa	rapaz
[oo]	ภูมิใจ [pʰu:m tɕaj] – phoom jai	blusa
[ee]	บัญชี [ban tɕʰi:] – ban–chee	cair
[ɯ]	เดือน [dɯ:an] – deuan	Um [u] sem arredondar os lábios
[ɣ]	เงิน [ŋɣn] – ngern	O [u] Inglês, só que com os lábios arredondados
[ae]	แปล [plɛ:] – bplae	plateia
[ay]	เลข [lê:k] – lâyk	plateia
[ai]	ไปป์ [paj] – bpai	baixar
[oi]	โพย [pʰo:j] – phoi	moita
[ya]	สัญญา [sǎn ja:] – sǎn–yaa	Himalaias
[ɣ:i]	อบเชย [ʔòp tɕʰɣ:j] – òp–choie	Combinação [ə:i]
[i:a]	หน้าเชียว [nâ: si:aw] – nâa sieow	Kia Motors

Consoantes iniciais

[b]	บาง [ba:ŋ] – baang	barril
[d]	สีแดง [sǐ: dɛ:ŋ] – sěe daeng	dentista
[f]	มันฝรั่ง [man fà ràŋ] – man fà–ràng	safári
[h]	เฮลซิงกิ [he:n siŋ kì?] – hayn–sing–gì	[h] aspirada
[y]	ยี่สิบ [jî: sìp] – yêe sìp	Vietnã
[g]	กรง [kroŋ] – gromg	gosto
[kh]	เลขา [le: kʰǎ:] – lay–khǎa	[k] aspirada
[l]	เล็ก [lék] – lék	libra
[m]	เมลอน [me: lo:n] – may–lorn	magnólia
[n]	หนัง [nǎŋ] – nǎng	natureza
[ng]	เงือก [ŋɯ:ak] – ngêuak	alcançar
[bp]	เป็น [pen] – bpen	presente
[ph]	เผา [pʰàw] – phào	[p] aspirada
[r]	เบอร์รี่ [bɣ: rî:] – ber–rêe	riscar
[s]	ซอน [sôn] – sôrn	sanita
[dt]	ดนตรี [don tri:] – don–dtree	tulipa
[j]	ปั่นจั่น [pân tɕàn] – bpân jàn	tchetcheno

Alfabeto fonético T&P	Exemplo tailandês	Exemplo Português
[ch]	วิชา [wiʔ tɕʰaː] – wí–chaa	[tsch] aspirado
[th]	แถว [tʰɛːw] – thăe	[t] aspirada
[w]	เคียว [kʰiːaw] – khieow	página web

Consoantes finais

[k]	แม่เหล็ก [mɛː lèk] – mâe lèk	aquilo
[m]	เพิ่ม [pʰɤːm] – phêrm	magnólia
[n]	เนียน [niːan] – nian	natureza
[ng]	เป็นห่วง [pen hùːaŋ] – bpen hùang	alcançar
[p]	ไม่ขยับ [mâj kʰà ja p] – mâi khà–yàp	presente
[t]	ลูกเป็ด [lûːk pèt] – lôok bpèt	tulipa

Comentários

Tom médio - [ā] การคูณ [gaan khon]
Tom baixo - [à] แจกจ่าย [jàek jàai]
Tom descendente - [â] แตม [dtâem]
Tom alto - [á] แช็กโชโฟน [sáek-soh-fohn]
Tom ascendente - [ǎ] เนินเขา [nern khǎo]

ABREVIATURAS
usadas no vocabulário

Abreviaturas do Português

adj	-	adjetivo
adv	-	advérbio
anim.	-	animado
conj.	-	conjunção
desp.	-	esporte
etc.	-	Etcetera
ex.	-	por exemplo
f	-	nome feminino
f pl	-	feminino plural
fem.	-	feminino
inanim.	-	inanimado
m	-	nome masculino
m pl	-	masculino plural
m, f	-	masculino, feminino
masc.	-	masculino
mat.	-	matemática
mil.	-	militar
pl	-	plural
prep.	-	preposição
pron.	-	pronome
sb.	-	sobre
sing.	-	singular
v aux	-	verbo auxiliar
vi	-	verbo intransitivo
vi, vt	-	verbo intransitivo, transitivo
vr	-	verbo reflexivo
vt	-	verbo transitivo

CONCEITOS BÁSICOS

Conceitos básicos. Parte 1

1. Pronomes

você	คุณ	khun
ele	เขา	khǎo
ela	เธอ	ther
ele, ela (neutro)	มัน	man
nós	เรา	rao
vocês	คุณทั้งหลาย	khun tháng lǎai
o senhor, -a	คุณ	khun
senhores, -as	คุณทั้งหลาย	khun tháng lǎai
eles	เขา	khǎo
elas	เธอ	ther

2. Cumprimentos. Saudações. Despedidas

Oi!	สวัสดี!	sà-wàt-dee
Olá!	สวัสดี ครับ/ค่ะ!	sà-wàt-dee khráp/khâ
Bom dia!	อรุณสวัสดิ์!	a-run sà-wàt
Boa tarde!	สวัสดีตอนบ่าย	sà-wàt-dee dtorn-bàai
Boa noite!	สวัสดีตอนค่ำ	sà-wàt-dee dtorn-khâm
cumprimentar (vt)	ทักทาย	thák thaai
Oi!	สวัสดี!	sà-wàt-dee
saudação (f)	คำทักทาย	kham thák thaai
saudar (vt)	ทักทาย	thák thaai
Como você está?	คุณสบายดีไหม?	khun sà-baai dee mǎi
Como vai?	สบายดีไหม?	sà-baai dee mǎi
E aí, novidades?	มีอะไรใหม?	mee à-rai mài
Tchau!	ลาก่อน!	laa gòrn
Até logo!	บาย!	baai
Até breve!	พบกันใหม่	phóp gan mài
Adeus! (sing.)	ลาก่อน!	laa gòrn
Adeus! (pl)	สวัสดี!	sà-wàt-dee
despedir-se (dizer adeus)	บอกลา	bòrk laa
Até mais!	ลาก่อน!	laa gòrn
Obrigado! -a!	ขอบคุณ!	khòrp khun
Muito obrigado! -a!	ขอบคุณมาก!	khòrp khun mâak
De nada	ยินดีช่วย	yin dee chûay
Não tem de quê	ไม่เป็นไร	mâi bpen rai

Não foi nada!	ไม่เป็นไร	mâi bpen rai
Desculpa!	ขอโทษที่	khŏr thôht thee
Desculpe!	ขอโทษ ครับ/ค่ะ!	khŏr thôht khráp / khâ
desculpar (vt)	ให้อภัย	hâi a-phai

desculpar-se (vr)	ขอโทษ	khŏr thôht
Me desculpe	ขอโทษ	khŏr thôht
Desculpe!	ขอโทษ!	khŏr thôht
perdoar (vt)	อภัย	a-phai
Não faz mal	ไม่เป็นไร!	mâi bpen rai
por favor	โปรด	bpròht

Não se esqueça!	อย่าลืม!	yàa leum
Com certeza!	แน่นอน!	nâe norn
Claro que não!	ไม่ใช่แน่!	mâi châi nâe
Está bem! De acordo!	โอเค!	oh-khay
Chega!	พอแล้ว	phor láew

3. Como se dirigir a alguém

Desculpe ...	ขอโทษ	khŏr thôht
senhor	ท่าน	thâan
senhora	คุณ	khun
senhorita	คุณ	khun
jovem	พ่อหนุ่ม	phôr nùm
menino	หนู	nŏo
menina	หนู	nŏo

4. Números cardinais. Parte 1

zero	ศูนย์	sŏon
um	หนึ่ง	nèung
dois	สอง	sŏrng
três	สาม	săam
quatro	สี่	sèe

cinco	ห้า	hâa
seis	หก	hòk
sete	เจ็ด	jèt
oito	แปด	bpàet
nove	เก้า	gâo

dez	สิบ	sìp
onze	สิบเอ็ด	sìp èt
doze	สิบสอง	sìp sŏrng
treze	สิบสาม	sìp săam
catorze	สิบสี่	sìp sèe

quinze	สิบห้า	sìp hâa
dezesseis	สิบหก	sìp hòk
dezessete	สิบเจ็ด	sìp jèt
dezoito	สิบแปด	sìp bpàet

dezenove	สิบเก้า	sìp gâo
vinte	ยี่สิบ	yêe sìp
vinte e um	ยี่สิบเอ็ด	yêe sìp èt
vinte e dois	ยี่สิบสอง	yêe sìp sŏrng
vinte e três	ยี่สิบสาม	yêe sìp săam

trinta	สามสิบ	săam sìp
trinta e um	สามสิบเอ็ด	săam-sìp-èt
trinta e dois	สามสิบสอง	săam-sìp-sŏrng
trinta e três	สามสิบสาม	săam-sìp-săam

quarenta	สี่สิบ	sèe sìp
quarenta e um	สี่สิบเอ็ด	sèe-sìp-èt
quarenta e dois	สี่สิบสอง	sèe-sìp-sŏrng
quarenta e três	สี่สิบสาม	sèe-sìp-săam

cinquenta	ห้าสิบ	hâa sìp
cinquenta e um	ห้าสิบเอ็ด	hâa-sìp-èt
cinquenta e dois	หาสิบสอง	hâa-sìp-sŏrng
cinquenta e três	หาสิบสาม	hâa-sìp-săam

sessenta	หกสิบ	hòk sìp
sessenta e um	หกสิบเอ็ด	hòk-sìp-èt
sessenta e dois	หกสิบสอง	hòk-sìp-sŏrng
sessenta e três	หกสิบสาม	hòk-sìp-săam

setenta	เจ็ดสิบ	jèt sìp
setenta e um	เจ็ดสิบเอ็ด	jèt-sìp-èt
setenta e dois	เจ็ดสิบสอง	jèt-sìp-sŏrng
setenta e três	เจ็ดสิบสาม	jèt-sìp-săam

oitenta	แปดสิบ	bpàet sìp
oitenta e um	แปดสิบเอ็ด	bpàet-sìp-èt
oitenta e dois	แปดสิบสอง	bpàet-sìp-sŏrng
oitenta e três	แปดสิบสาม	bpàet-sìp-săam

noventa	เก้าสิบ	gâo sìp
noventa e um	เก้าสิบเอ็ด	gâo-sìp-èt
noventa e dois	เก้าสิบสอง	gâo-sìp-sŏrng
noventa e três	เกาสิบสาม	gâo-sìp-săam

5. Números cardinais. Parte 2

cem	หนึ่งร้อย	nèung rói
duzentos	สองรอย	sŏrng rói
trezentos	สามรอย	săam rói
quatrocentos	สี่รอย	sèe rói
quinhentos	หารอย	hâa rói

seiscentos	หกร้อย	hòk rói
setecentos	เจ็ดรอย	jèt rói
oitocentos	แปดรอย	bpàet rói
novecentos	เการอย	gâo rói
mil	หนึ่งพัน	nèung phan

dois mil	สองพัน	sŏrng phan
três mil	สามพัน	săam phan
dez mil	หนึ่งหมื่น	nèung mèun
cem mil	หนึ่งแสน	nèung săen
um milhão	ลาน	láan
um bilhão	พันลาน	phan láan

6. Números ordinais

primeiro (adj)	แรก	râek
segundo (adj)	ที่สอง	thêe sŏrng
terceiro (adj)	ที่สาม	thêe săam
quarto (adj)	ที่สี่	thêe sèe
quinto (adj)	ที่หา	thêe hâa
sexto (adj)	ที่หก	thêe hòk
sétimo (adj)	ที่เจ็ด	thêe jèt
oitavo (adj)	ที่แปด	thêe bpàet
nono (adj)	ที่เกา	thêe gâo
décimo (adj)	ที่สิบ	thêe sìp

7. Números. Frações

fração (f)	เศษสวน	sàyt sùan
um meio	หนึ่งสวนสอง	nèung sùan sŏrng
um terço	หนึ่งสวนสาม	nèung sùan săam
um quarto	หนึ่งสวนสี่	nèung sùan sèe
um oitavo	หนึ่งสวนแปด	nèung sùan bpàet
um décimo	หนึ่งสวนสิบ	nèung sùan sìp
dois terços	สองสวนสาม	sŏrng sùan săam
três quartos	สามสวนสี่	săam sùan sèe

8. Números. Operações básicas

subtração (f)	การลบ	gaan lóp
subtrair (vi, vt)	ลบ	lóp
divisão (f)	การหาร	gaan hăan
dividir (vt)	หาร	hăan
adição (f)	การบวก	gaan bùak
somar (vt)	บวก	bùak
adicionar (vt)	เพิ่ม	phêrm
multiplicação (f)	การคูณ	gaan khon
multiplicar (vt)	คูณ	khoon

9. Números. Diversos

algarismo, dígito (m)	ตัวเลข	dtua lâyk
número (m)	เลข	lâyk

numeral (m)	ตัวเลข	dtua lâyk
menos (m)	เครื่องหมายลบ	khrêuang măai lóp
mais (m)	เครื่องหมายบวก	khrêuang măai bùak
fórmula (f)	สูตร	sòot
cálculo (m)	การนับ	gaan náp
contar (vt)	นับ	náp
calcular (vt)	นับ	náp
comparar (vt)	เปรียบเทียบ	bprìap thîap
Quanto?	เท่าไหร่?	thâo rài
Quantos? -as?	กี่...?	gèe...?
soma (f)	ผลรวม	phŏn ruam
resultado (m)	ผลลัพธ์	phŏn láp
resto (m)	ที่เหลือ	thêe lĕua
alguns, algumas ...	สองสาม	sŏrng săam
pouco (~ tempo)	นิดหน่อย	nít nòi
poucos, poucas	น้อย	nói
resto (m)	ที่เหลือ	thêe lĕua
um e meio	หนึ่งครึ่ง	nèung khrêung
dúzia (f)	โหล	lŏh
ao meio	เป็นสองส่วน	bpen sŏrng sùan
em partes iguais	เท่าเทียมกัน	thâo thiam gan
metade (f)	ครึ่ง	khrêung
vez (f)	ครั้ง	khráng

10. Os verbos mais importantes. Parte 1

abrir (vt)	เปิด	bpèrt
acabar, terminar (vt)	จบ	jòp
aconselhar (vt)	แนะนำ	náe nam
adivinhar (vt)	คาดเดา	khâat dao
advertir (vt)	เตือน	dteuan
ajudar (vt)	ช่วย	chûay
almoçar (vi)	ทานอาหารเที่ยง	thaan aa-hăan thîang
alugar (~ um apartamento)	เช่า	châo
amar (pessoa)	รัก	rák
ameaçar (vt)	ขู่	khòo
anotar (escrever)	จด	jòt
apressar-se (vr)	รีบ	rêep
arrepender-se (vr)	เสียใจ	sĭa jai
assinar (vt)	ลงนาม	long naam
brincar (vi)	ลอเล่น	lór lên
brincar, jogar (vi, vt)	เล่น	lên
buscar (vt)	หา	hăa
caçar (vi)	ล่า	lâa
cair (vi)	ตก	dtòk

cavar (vt)	ขุด	khùt
chamar (~ por socorro)	เรียก	rîak
chegar (vi)	มา	maa
chorar (vi)	ร้องไห้	rórng hâi
começar (vt)	เริ่ม	rêrm
comparar (vt)	เปรียบเทียบ	bprìap thîap
concordar (dizer "sim")	เห็นด้วย	hěn dûay
confiar (vt)	เชื่อ	chêua
confundir (equivocar-se)	สับสน	sàp sǒn
conhecer (vt)	รู้จัก	róo jàk
contar (fazer contas)	นับ	náp
contar com ...	พึงพา	phêung phaa
continuar (vt)	ทำต่อไป	tham dtòr bpai
controlar (vt)	ควบคุม	khûap khum
convidar (vt)	เชิญ	chern
correr (vi)	วิ่ง	wîng
criar (vt)	สร้าง	sâang
custar (vt)	ราคา	raa-khaa

11. Os verbos mais importantes. Parte 2

dar (vt)	ให้	hâi
dar uma dica	บอกใบ้	bòrk bâi
decorar (enfeitar)	ประดับ	bprà-dàp
defender (vt)	ปกป้อง	bpòk bpôrng
deixar cair (vt)	ทิ้งให้ตก	thíng hâi dtòk
descer (para baixo)	ลง	long
desculpar (vt)	ให้อภัย	hâi a-phai
desculpar-se (vr)	ขอโทษ	khǒr thôht
dirigir (~ uma empresa)	บริหาร	bor-rí-hǎan
discutir (notícias, etc.)	หารือ	hǎa-reu
disparar, atirar (vi)	ยิง	ying
dizer (vt)	บอก	bòrk
duvidar (vt)	สงสัย	sǒng-sǎi
encontrar (achar)	พบ	phóp
enganar (vt)	หลอก	lòrk
entender (vt)	เข้าใจ	khâo jai
entrar (na sala, etc.)	เข้า	khâo
enviar (uma carta)	ส่ง	sòng
errar (enganar-se)	ทำผิด	tham phìt
escolher (vt)	เลือก	lêuak
esconder (vt)	ซ่อน	sôrn
escrever (vt)	เขียน	khǐan
esperar (aguardar)	รอ	ror
esperar (ter esperança)	หวัง	wǎng
esquecer (vt)	ลืม	leum
estudar (vt)	เรียน	rian

exigir (vt)	เรียกร้อง	rîak rórng
existir (vi)	มีอยู่	mee yòo
explicar (vt)	อธิบาย	à-thí-baai

falar (vi)	พูด	phôot
faltar (a la escuela, etc.)	พลาด	phlâat
fazer (vt)	ทำ	tham
ficar em silêncio	นิ่งเงียบ	nîng ngîap
gabar-se (vr)	โออวด	ôh ùat

gostar (apreciar)	ชอบ	chôrp
gritar (vi)	ตะโกน	dtà-gohn
guardar (fotos, etc.)	รักษา	rák-săa
informar (vt)	แจง	jâeng
insistir (vi)	ยืนยัน	yeun yan

insultar (vt)	ดูถูก	doo thòok
interessar-se (vr)	สนใจใน	sŏn jai nai
ir (a pé)	ไป	bpai
ir nadar	ไปว่ายน้ำ	bpai wâai náam
jantar (vi)	ทานอาหารเย็น	thaan aa-hăan yen

12. Os verbos mais importantes. Parte 3

ler (vt)	อ่าน	àan
libertar, liberar (vt)	ปลดปล่อย	bplòt bplòi
matar (vt)	ฆ่า	khâa
mencionar (vt)	กล่าวถึง	glàao thĕung
mostrar (vt)	แสดง	sà-daeng

mudar (modificar)	เปลี่ยน	bplìan
nadar (vi)	ว่ายน้ำ	wâai náam
negar-se a ... (vr)	ปฏิเสธ	bpà-dtì-sàyt
objetar (vt)	คาน	kháan

observar (vt)	สังเกตการณ์	săng-gàyt gaan
ordenar (mil.)	สั่งการ	sàng gaan
ouvir (vt)	ได้ยิน	dâai yin
pagar (vt)	จ่าย	jàai
parar (vi)	หยุด	yùt

parar, cessar (vt)	หยุด	yùt
participar (vi)	มีส่วนร่วม	mee sùan rûam
pedir (comida, etc.)	สั่ง	sàng
pedir (um favor, etc.)	ขอ	khŏr
pegar (tomar)	เอา	ao

pegar (uma bola)	จับ	jàp
pensar (vi, vt)	คิด	khít
perceber (ver)	สังเกต	săng-gàyt
perdoar (vt)	ให้อภัย	hâi a-phai
perguntar (vt)	ถาม	thăam
permitir (vt)	อนุญาต	a-nú-yâat
pertencer a ... (vi)	เป็นของของ...	bpen khŏrng khŏrng...

planejar (vt)	วางแผน	waang phǎen
poder (~ fazer algo)	สามารถ	sǎa-mâat
possuir (uma casa, etc.)	เป็นเจ้าของ	bpen jâo khǒrng

preferir (vt)	ชอบ	chôrp
preparar (vt)	ทำอาหาร	tham aa-hǎan
prever (vt)	คาดหวัง	khâat wǎng
prometer (vt)	สัญญา	sǎn-yaa
pronunciar (vt)	ออกเสียง	òrk sǐang

propor (vt)	เสนอ	sà-něr
punir (castigar)	ลงโทษ	long thôht
quebrar (vt)	แตก	dtàek
queixar-se de ...	บ่น	bòn
querer (desejar)	ต้องการ	dtôrng gaan

13. Os verbos mais importantes. Parte 4

ralhar, repreender (vt)	ดุด่า	dù dàa
recomendar (vt)	แนะนำ	náe nam
repetir (dizer outra vez)	ซ้ำ	sám
reservar (~ um quarto)	จอง	jorng
responder (vt)	ตอบ	dtòrp

rezar, orar (vi)	ภาวนา	phaa-wá-naa
rir (vi)	หัวเราะ	hǔa rór
roubar (vt)	ขูโมย	khà-moi
saber (vt)	รู้	róo
sair (~ de casa)	ออกไป	òrk bpai

salvar (resgatar)	กู้	gôo
seguir (~ alguém)	ไปตาม...	bpai dtaam...
sentar-se (vr)	นั่ง	nâng
ser necessário	ต้องการ	dtôrng gaan

ser, estar	เป็น	bpen
significar (vt)	หมาย	mǎai
sorrir (vi)	ยิ้ม	yím
subestimar (vt)	ดูถูก	doo thòok
surpreender-se (vr)	ประหลาดใจ	bprà-làat jai

tentar (~ fazer)	พยายาม	phá-yaa-yaam
ter (vt)	มี	mee
ter fome	หิว	hǐw

ter medo	กลัว	glua
ter sede	กระหายน้ำ	grà-hǎai náam
tocar (com as mãos)	แตะต้อง	dtàe dtôrng
tomar café da manhã	ทานอาหารเช้า	thaan aa-hǎan cháo
trabalhar (vi)	ทำงาน	tham ngaan
traduzir (vt)	แปล	bplae

unir (vt)	สมาน	sà-mǎan
vender (vt)	ขาย	khǎai

ver (vt)	เห็น	hĕn
virar (~ para a direita)	เลี้ยว	líeow
voar (vi)	บิน	bin

14. Cores

cor (f)	สี	sĕe
tom (m)	สีออน	sĕe òrn
tonalidade (m)	สีสัน	sĕe săn
arco-íris (m)	สายรุ้ง	săai rúng

branco (adj)	สีขาว	sĕe khăao
preto (adj)	สีดำ	sĕe dam
cinza (adj)	สีเทา	sĕe thao

verde (adj)	สีเขียว	sĕe khĭeow
amarelo (adj)	สีเหลือง	sĕe lĕuang
vermelho (adj)	สีแดง	sĕe daeng

azul (adj)	สีน้ำเงิน	sĕe nám ngern
azul claro (adj)	สีฟ้า	sĕe fáa
rosa (adj)	สีชมพู	sĕe chom-poo
laranja (adj)	สีส้ม	sĕe sôm
violeta (adj)	สีม่วง	sĕe mûang
marrom (adj)	สีน้ำตาล	sĕe nám dtaan

| dourado (adj) | สีทอง | sĕe thorng |
| prateado (adj) | สีเงิน | sĕe ngern |

bege (adj)	สีน้ำตาลอ่อน	sĕe nám dtaan òrn
creme (adj)	สีครีม	sĕe khreem
turquesa (adj)	สีเขียวแกม น้ำเงิน	sĕe khĭeow gaem náam ngern
vermelho cereja (adj)	สีแดงเชอร์รี่	sĕe daeng cher-rêe
lilás (adj)	สีม่วงอ่อน	sĕe mûang-òrn
carmim (adj)	สีแดงเขม	sĕe daeng khâym

claro (adj)	อ่อน	òrn
escuro (adj)	แก	gàe
vivo (adj)	สด	sòt

de cor	สี	sĕe
a cores	สี	sĕe
preto e branco (adj)	ขาวดำ	khăao-dam
unicolor (de uma só cor)	สีเดียว	sĕe dieow
multicolor (adj)	หลากสี	làak sĕe

15. Questões

Quem?	ใคร?	khrai
O que?	อะไร?	a-rai
Onde?	ที่ไหน?	thêe năi

Para onde?	ที่ไหน?	thêe nǎi
De onde?	จากที่ไหน?	jàak thêe nǎi
Quando?	เมื่อไหร่?	mêua rài
Para quê?	ทำไม?	tham-mai
Por quê?	ทำไม?	tham-mai

Para quê?	เพื่ออะไร?	phêua a-rai
Como?	อย่างไร?	yàang rai
Qual (~ é o problema?)	อะไร?	a-rai
Qual (~ deles?)	ไหน?	nǎi

A quem?	สำหรับใคร?	sǎm-ràp khrai
De quem?	เกี่ยวกับใคร?	gìeow gàp khrai
Do quê?	เกี่ยวกับอะไร?	gìeow gàp a-rai
Com quem?	กับใคร?	gàp khrai

Quantos? -as?	กี่...?	gèe...?
Quanto?	เท่าไหร่?	thâo rài
De quem? (masc.)	ของใคร?	khǒrng khrai

16. Preposições

com (prep.)	กับ	gàp
sem (prep.)	ปราศจาก	bpràat-sà-jàak
a, para (exprime lugar)	ไปที่	bpai thêe
sobre (ex. falar ~)	เกี่ยวกับ	gìeow gàp
antes de ...	ก่อน	gòrn
em frente de ...	หน้า	nâa

debaixo de ...	ใต้	dtâi
sobre (em cima de)	เหนือ	nĕua
em ..., sobre ...	บน	bon
de, do (sou ~ Rio de Janeiro)	จาก	jàak
de (feito ~ pedra)	ทำใช้	tham chái

| em (~ 3 dias) | ใน | nai |
| por cima de ... | ขาม | khâam |

17. Palavras funcionais. Advérbios. Parte 1

Onde?	ที่ไหน?	thêe nǎi
aqui	ที่นี่	thêe nêe
lá, ali	ที่นั่น	thêe nân

| em algum lugar | ที่ใดที่หนึ่ง | thêe dai thêe nèung |
| em lugar nenhum | ไม่มีที่ไหน | mâi mee thêe nǎi |

| perto de ... | ข้าง | khâang |
| perto da janela | ข้างหน้าต่าง | khâang nâa dtàang |

| Para onde? | ที่ไหน? | thêe nǎi |
| aqui | ที่นี่ | thêe nêe |

23

para lá	ที่นั่น	thêe nân
daqui	จากที่นี่	jàak thêe nêe
de lá, dali	จากที่นั่น	jàak thêe nân

| perto | ใกล้ | glâi |
| longe | ไกล | glai |

perto de ...	ใกล้	glâi
à mão, perto	ใกล้ๆ	glâi glâi
não fica longe	ไม่ไกล	mâi glai

esquerdo (adj)	ซ้าย	sáai
à esquerda	ข้างซ้าย	khâang sáai
para a esquerda	ซ้าย	sáai

direito (adj)	ขวา	khwǎa
à direita	ข้างขวา	khâang kwǎa
para a direita	ขวา	khwǎa

em frente	ข้างหน้า	khâang nâa
da frente	หน้า	nâa
adiante (para a frente)	หน้า	nâa

atrás de ...	ข้างหลัง	khâang lǎng
de trás	จากข้างหลัง	jàak khâang lǎng
para trás	หลัง	lǎng

| meio (m), metade (f) | กลาง | glaang |
| no meio | ตรงกลาง | dtrorng glaang |

do lado	ข้าง	khâang
em todo lugar	ทุกที่	thúk thêe
por todos os lados	รอบ	rôrp

de dentro	จากข้างใน	jàak khâang nai
para algum lugar	ที่ไหน	thêe nǎi
diretamente	ตรงไป	dtrorng bpai
de volta	กลับ	glàp

| de algum lugar | จากที่ใด | jàak thêe dai |
| de algum lugar | จากที่ใด | jàak thêe dai |

em primeiro lugar	ข้อที่หนึ่ง	khôr thêe nèung
em segundo lugar	ข้อที่สอง	khôr thêe sǒrng
em terceiro lugar	ข้อที่สาม	khôr thêe sǎam

de repente	ในทันที	nai than thee
no início	ตอนแรก	dtorn-râek
pela primeira vez	เป็นครั้งแรก	bpen khráng râek
muito antes de ...	นานก่อน	naan gòrn
de novo	ใหม่	mài
para sempre	ใหจบสิ้น	hâi jòp sîn

nunca	ไม่เคย	mâi khoie
de novo	อีกครั้งหนึ่ง	èek khráng nèung
agora	ตอนนี้	dtorn-née

24

frequentemente	บ่อย	bòi
então	เวลานั้น	way-laa nán
urgentemente	อย่างเร่งด่วน	yàang râyng dùan
normalmente	มักจะ	mák jà

a propósito, ...	อนึ่ง	à-nèung
é possível	เป็นไปได้	bpen bpai dâai
provavelmente	อาจจะ	àat jà
talvez	อาจจะ	àat jà
além disso, ...	นอกจากนั้น...	nôrk jàak nán...
por isso ...	นั่นเป็นเหตุผลที่...	nân bpen hàyt phǒn thêe...
apesar de ...	แม้ว่า...	máe wâa...
graças a ...	เนื่องจาก...	nêuang jàak...

que (pron.)	อะไร	a-rai
que (conj.)	ที่	thêe
algo	อะไร	a-rai
alguma coisa	อะไรก็ตาม	a-rai gôr dtaam
nada	ไม่มีอะไร	mâi mee a-rai

quem	ใคร	khrai
alguém (~ que ...)	บางคน	baang khon
alguém (com ~)	บางคน	baang khon

ninguém	ไม่มีใคร	mâi mee khrai
para lugar nenhum	ไม่ไปไหน	mâi bpai nǎi
de ninguém	ไม่เป็นของ ของใคร	mâi bpen khǒrng khǒrng khrai
de alguém	ของคนหนึ่ง	khǒrng khon nèung

tão	มาก	mâak
também (gostaria ~ de ...)	ด้วย	dûay
também (~ eu)	ด้วย	dûay

18. Palavras funcionais. Advérbios. Parte 2

Por quê?	ทำไม?	tham-mai
por alguma razão	เพราะเหตุผลอะไร	phrór hàyt phǒn à-rai
porque ...	เพราะว่า,,,	phrór wâa
por qualquer razão	ด้วยจุดประสงค์อะไร	dûay jùt bprà-sǒng a-rai

e (tu ~ eu)	และ	láe
ou (ser ~ não ser)	หรือ	rěu
mas (porém)	แต่	dtàe
para (~ a minha mãe)	สำหรับ	sǎm-ràp

muito, demais	เกินไป	gern bpai
só, somente	เท่านั้น	thâo nán
exatamente	ตรง	dtrorng
cerca de (~ 10 kg)	ประมาณ	bprà-maan

aproximadamente	ประมาณ	bprà-maan
aproximado (adj)	ประมาณ	bprà-maan
quase	เกือบ	gèuap

resto (m)	ที่เหลือ	thêe lĕua
o outro (segundo)	อีก	èek
outro (adj)	อื่น	èun
cada (adj)	ทุก	thúk
qualquer (adj)	ใดๆ	dai dai
muitos, muitas	หลาย	lăai
muito	มาก	mâak
muitas pessoas	หลายคน	lăai khon
todos	ทุกๆ	thúk thúk

em troca de ...	ที่จะเปลี่ยนเป็น	thêe jà bplìan bpen
em troca	แทน	thaen
à mão	ใช้มือ	chái meu
pouco provável	แทบจะไม่	thâep jà mâi

provavelmente	อาจจะ	àat jà
de propósito	โดยเจตนา	doi jàyt-dtà-naa
por acidente	บังเอิญ	bang-ern

muito	มาก	mâak
por exemplo	ยกตัวอย่าง	yók dtua yàang
entre	ระหว่าง	rá-wàang
entre (no meio de)	ท่ามกลาง	tâam-glaang
tanto	มากมาย	mâak maai
especialmente	โดยเฉพาะ	doi chà-phór

Conceitos básicos. Parte 2

19. Opostos

rico (adj)	รวย	ruay
pobre (adj)	จน	jon
doente (adj)	เจ็บป่วย	jèp bpùay
bem (adj)	สบายดี	sà-baai dee
grande (adj)	ใหญ่	yài
pequeno (adj)	เล็ก	lék
rapidamente	อย่างเร็ว	yàang reo
lentamente	อยางชา	yàang cháa
rápido (adj)	เร็ว	reo
lento (adj)	ชา	cháa
alegre (adj)	ยินดี	yin dee
triste (adj)	เสียใจ	sĭa jai
juntos (ir ~)	ด้วยกัน	dûay gan
separadamente	ตางหาก	dtàang hàak
em voz alta (ler ~)	ออกเสียง	òrk sĭang
para si (em silêncio)	อย่างเงียบๆ	yàang ngîap ngîap
alto (adj)	สูง	sŏong
baixo (adj)	ต่ำ	dtàm
profundo (adj)	ลึก	léuk
raso (adj)	ตื้น	dtêun
sim	ใช่	châi
não	ไม่ใช่	mâi châi
distante (adj)	ไกล	glai
próximo (adj)	ใกล	glâi
longe	ไกล	glai
à mão, perto	ใกลๆ	glâi glâi
longo (adj)	ยาว	yaao
curto (adj)	สั้น	sân
bom (bondoso)	ใจดี	jai dee
mal (adj)	เลวร้าย	leo ráai
casado (adj)	แต่งงานแล้ว	dtàeng ngaan láew

solteiro (adj)	เป็นโสด	bpen sòht
proibir (vt)	ห้าม	hâam
permitir (vt)	อนุญาต	a-nú-yâat
fim (m)	จบ	jòp
início (m)	จุดเริ่มต้น	jùt rêrm-dtôn
esquerdo (adj)	ซ้าย	sáai
direito (adj)	ขวา	khwǎa
primeiro (adj)	แรก	râek
último (adj)	สุดท้าย	sùt tháai
crime (m)	อาชญากรรม	àat-yaa-gam
castigo (m)	การลงโทษ	gaan long thôht
ordenar (vt)	สั่ง	sàng
obedecer (vt)	เชื่อฟัง	chêua fang
reto (adj)	ตรง	dtrorng
curvo (adj)	โค้ง	khóhng
paraíso (m)	สวรรค์	sà-wǎn
inferno (m)	นรก	ná-rók
nascer (vi)	เกิด	gèrt
morrer (vi)	ตาย	dtaai
forte (adj)	แข็งแรง	khǎeng raeng
fraco, débil (adj)	อ่อนแอ	òrn ae
velho, idoso (adj)	แก่	gàe
jovem (adj)	หนุ่ม	nùm
velho (adj)	เก่าแก่	gào gàe
novo (adj)	ใหม่	mài
duro (adj)	แข็ง	khǎeng
macio (adj)	อ่อน	òrn
quente (adj)	อุ่น	ùn
frio (adj)	หนาว	nǎao
gordo (adj)	อ้วน	ûan
magro (adj)	ผอม	phǒrm
estreito (adj)	แคบ	khâep
largo (adj)	กว้าง	gwâang
bom (adj)	ดี	dee
mau (adj)	ไม่ดี	mâi dee
valente, corajoso (adj)	กล้าหาญ	glâa hǎan
covarde (adj)	ขี้ขลาด	khêe khlàat

20. Dias da semana

segunda-feira (f)	วันจันทร์	wan jan
terça-feira (f)	วันอังคาร	wan ang-khaan
quarta-feira (f)	วันพุธ	wan phút
quinta-feira (f)	วันพฤหัสบดี	wan phá-réu-hàt-sà-bor-dee
sexta-feira (f)	วันศุกร์	wan sùk
sábado (m)	วันเสาร์	wan săo
domingo (m)	วันอาทิตย์	wan aa-thít
hoje	วันนี้	wan née
amanhã	พรุงนี้	phrûng-née
depois de amanhã	วันมะรืนนี้	wan má-reun née
ontem	เมื่อวานนี้	mêua waan née
anteontem	เมื่อวานซืนนี้	mêua waan-seun née
dia (m)	วัน	wan
dia (m) de trabalho	วันทำงาน	wan tham ngaan
feriado (m)	วันนักขัตฤกษ์	wan nák-khàt-rêrk
dia (m) de folga	วันหยุด	wan yùt
fim (m) de semana	วันสุดสัปดาห์	wan sùt sàp-daa
o dia todo	ทั้งวัน	tháng wan
no dia seguinte	วันรุงขึ้น	wan rûng khêun
há dois dias	สองวันกอน	sŏrng wan gòrn
na véspera	วันกอนหนานี้	wan gòrn nâa née
diário (adj)	รายวัน	raai wan
todos os dias	ทุกวัน	thúk wan
semana (f)	สัปดาห์	sàp-daa
na semana passada	สัปดาห์กอน	sàp-daa gòrn
semana que vem	สัปดาห์หนา	sàp-daa nâa
semanal (adj)	รายสัปดาห์	raai sàp-daa
toda semana	ทุกสัปดาห์	thúk sàp-daa
duas vezes por semana	สัปดาห์ละสองครั้ง	sàp-daa lá sŏrng khráng
toda terça-feira	ทุกวันอังคาร	túk wan ang-khaan

21. Horas. Dia e noite

manhã (f)	เช้า	cháo
de manhã	ตอนเช้า	dtorn cháo
meio-dia (m)	เที่ยงวัน	thîang wan
à tarde	ตอนบาย	dtorn bàai
tardinha (f)	เย็น	yen
à tardinha	ตอนเย็น	dtorn yen
noite (f)	คืน	kheun
à noite	กลางคืน	glaang kheun
meia-noite (f)	เที่ยงคืน	thîang kheun
segundo (m)	วินาที	wí-naa-thee
minuto (m)	นาที	naa-thee
hora (f)	ชั่วโมง	chûa mohng

meia hora (f)	ครึ่งชั่วโมง	khrêung chûa mohng
quarto (m) de hora	สิบห้านาที	sìp hâa naa-thee
quinze minutos	สิบห้านาที	sìp hâa naa-thee
vinte e quatro horas	24 ชั่วโมง	yêe sìp sèe · chûa mohng
nascer (m) do sol	พระอาทิตย์ขึ้น	phrá aa-thít khêun
amanhecer (m)	ใกล้รุ่ง	glâi rûng
madrugada (f)	เช้า	cháo
pôr-do-sol (m)	พระอาทิตย์ตก	phrá aa-thít dtòk
de madrugada	ตอนเช้า	dtorn cháo
esta manhã	เช้านี้	cháo née
amanhã de manhã	พรุ่งนี้เช้า	phrûng-née cháo
esta tarde	บ่ายนี้	bàai née
à tarde	ตอนบ่าย	dtorn bàai
amanhã à tarde	พรุ่งนี้บ่าย	phrûng-née bàai
esta noite, hoje à noite	คืนนี้	kheun née
amanhã à noite	คืนพรุ่งนี้	kheun phrûng-née
às três horas em ponto	3 โมงตรง	sǎam mohng dtrorng
por volta das quatro	ประมาณ 4 โมง	bprà-maan sèe mohng
às doze	ภายใน 12 โมง	phaai nai sìp sǒng mohng
em vinte minutos	อีก 20 นาที	èek yêe sìp naa-thee
em uma hora	อีกหนึ่งชั่วโมง	èek nèung chûa mohng
a tempo	ทันเวลา	than way-laa
... um quarto para	อีกสิบห้านาที	èek sìp hâa naa-thee
dentro de uma hora	ภายในหนึ่งชั่วโมง	phaai nai nèung chûa mohng
a cada quinze minutos	ทุก 15 นาที	thúk sìp hâa naa-thee
as vinte e quatro horas	ทั้งวัน	tháng wan

22. Meses. Estações

janeiro (m)	มกราคม	mók-gà-raa khom
fevereiro (m)	กุมภาพันธ์	gum-phaa phan
março (m)	มีนาคม	mee-naa khom
abril (m)	เมษายน	may-sǎa-yon
maio (m)	พฤษภาคม	phréut-sà-phaa khom
junho (m)	มิถุนายน	mí-thù-naa-yon
julho (m)	กรกฎาคม	gà-rá-gà-daa-khom
agosto (m)	สิงหาคม	sǐng hǎa khom
setembro (m)	กันยายน	gan-yaa-yon
outubro (m)	ตุลาคม	dtù-laa khom
novembro (m)	พฤศจิกายน	phréut-sà-jì-gaa-yon
dezembro (m)	ธันวาคม	than-waa khom
primavera (f)	ฤดูใบไม้ผลิ	réu-doo bai máai phlì
na primavera	ฤดูใบไม้ผลิ	réu-doo bai máai phlì
primaveril (adj)	ฤดูใบไม้ผลิ	réu-doo bai máai phlì
verão (m)	ฤดูร้อน	réu-doo rórn

no verão	ฤดูร้อน	réu-doo rórn
de verão	ฤดูร้อน	réu-doo rórn
outono (m)	ฤดูใบไม้ร่วง	réu-doo bai máai rûang
no outono	ฤดูใบไม้ร่วง	réu-doo bai máai rûang
outonal (adj)	ฤดูใบไม้รวง	réu-doo bai máai rûang
inverno (m)	ฤดูหนาว	réu-doo năao
no inverno	ฤดูหนาว	réu-doo năao
de inverno	ฤดูหนาว	réu-doo năao
mês (m)	เดือน	deuan
este mês	เดือนนี้	deuan née
mês que vem	เดือนหน้า	deuan nâa
no mês passado	เดือนที่แลว	deuan thêe láew
um mês atrás	หนึ่งเดือนก่อนหน้านี้	nèung deuan gòrn nâa née
em um mês	อีกหนึ่งเดือน	èek nèung deuan
em dois meses	อีกสองเดือน	èek sŏrng deuan
todo o mês	ทั้งเดือน	tháng deuan
um mês inteiro	ตลอดทั้งเดือน	dtà-lòrt tháng deuan
mensal (adj)	รายเดือน	raai deuan
mensalmente	ทุกเดือน	thúk deuan
todo mês	ทุกเดือน	thúk deuan
duas vezes por mês	เดือนละสองครั้ง	deuan lá sŏrng kráng
ano (m)	ปี	bpee
este ano	ปีนี้	bpee née
ano que vem	ปีหน้า	bpee nâa
no ano passado	ปีที่แลว	bpee thêe láew
há um ano	หนึ่งปีก่อน	nèung bpee gòrn
em um ano	อีกหนึ่งปี	èek nèung bpee
dentro de dois anos	อีกสองปี	èek sŏng bpee
todo o ano	ทั้งปี	tháng bpee
um ano inteiro	ตลอดทั้งปี	dtà-lòrt tháng bpee
cada ano	ทุกปี	thúk bpee
anual (adj)	รายปี	raai bpee
anualmente	ทุกปี	thúk bpee
quatro vezes por ano	ปีละสี่ครั้ง	bpee lá sèe khráng
data (~ de hoje)	วันที่	wan thêe
data (ex. ~ de nascimento)	วันเดือนปี	wan deuan bpee
calendário (m)	ปฏิทิน	bpà-dtì-thin
meio ano	ครึ่งปี	khrêung bpee
seis meses	หกเดือน	hòk deuan
estação (f)	ฤดูกาล	réu-doo gaan
século (m)	ศตวรรษ	sà-dtà-wát

23. Tempo. Diversos

tempo (m)	เวลา	way-laa
momento (m)	ครูหนึ่ง	khrôo nèung

instante (m)	ครู่เดียว	khrôo dieow
instantâneo (adj)	เพียงครู่เดียว	phiang khrôo dieow
lapso (m) de tempo	ช่วงเวลา	chûang way-laa
vida (f)	ชีวิต	chee-wít
eternidade (f)	ตลอดกาล	dtà-lòrt gaan
época (f)	สมัย	sà-măi
era (f)	ยุค	yúk
ciclo (m)	วัฏจักร	wát-dtà-jàk
período (m)	ช่วง	chûang
prazo (m)	ระยะเวลา	rá-yá way-laa
futuro (m)	อนาคต	a-naa-khót
futuro (adj)	อนาคต	a-naa-khót
da próxima vez	ครั้งหน้า	khráng nâa
passado (m)	อดีต	a-dèet
passado (adj)	ที่ผ่านมา	thêe phàan maa
na última vez	ครั้งที่แลว	khráng thêe láew
mais tarde	ภายหลัง	phaai lăng
depois de ...	หลังจาก	lăng jàak
atualmente	เวลานี้	way-laa née
agora	ตอนนี้	dtorn-née
imediatamente	ทันที	than thee
em breve	อีกไม่นาน	èek mâi naan
de antemão	ลวงหนา	lûang nâa
há muito tempo	นานมาแล้ว	naan maa láew
recentemente	เมื่อเร็ว ๆ นี้	mêua reo reo née
destino (m)	ชะตากรรม	chá-dtaa gam
recordações (f pl)	ความทรงจำ	khwaam song jam
arquivo (m)	จดหมายเหตุ	jòt măai hàyt
durante ...	ระหวาง...	rá-wàang...
durante muito tempo	นาน	naan
pouco tempo	ไม่นาน	mâi naan
cedo (levantar-se ~)	ลวงหนา	lûang nâa
tarde (deitar-se ~)	ชา	cháa
para sempre	ตลอดกาล	dtà-lòrt gaan
começar (vt)	เริ่ม	rêrm
adiar (vt)	เลื่อน	lêuan
ao mesmo tempo	ในเวลาเดียวกัน	nai way-laa dieow gan
permanentemente	อย่างถาวร	yàang thăa-won
constante (~ ruído, etc.)	ต่อเนื่อง	dtòr nêuang
temporário (adj)	ชั่วคราว	chûa khraao
às vezes	บางครั้ง	baang khráng
raras vezes, raramente	ไม่บอย	mâi bòi
frequentemente	บอย	bòi

24. Linhas e formas

quadrado (m)	สี่เหลี่ยมจัตุรัส	sèe lìam jàt-dtù-ràt
quadrado (adj)	สี่เหลี่ยมจัตุรัส	sèe lìam jàt-dtù-ràt

círculo (m)	วงกลม	wong glom
redondo (adj)	กลม	glom
triângulo (m)	รูปสามเหลี่ยม	rôop săam lìam
triangular (adj)	สามเหลี่ยม	săam lìam
oval (f)	รูปกลมรี	rôop glom ree
oval (adj)	กลมรี	glom ree
retângulo (m)	สี่เหลี่ยมมุมฉาก	sèe lìam mum chàak
retangular (adj)	สี่เหลี่ยมมุมฉาก	sèe lìam mum chàak
pirâmide (f)	พีระมิด	phee-rá-mít
losango (m)	รูปสี่เหลี่ยมขนมเปียกปูน	rôop sèe lìam khà-nŏm bpìak bpoon
trapézio (m)	รูปสี่เหลี่ยมคางหมู	rôop sèe lìam khaang mŏo
cubo (m)	ลูกบาศก์	lôok bàat
prisma (m)	ปริซึม	bprì seum
circunferência (f)	เส้นรอบวง	sên rôrp wong
esfera (f)	ทรงกลม	song glom
globo (m)	ลูกกลม	lôok glom
diâmetro (m)	เส้นผ่านศูนย์กลาง	sên phàan sŏon-glaang
raio (m)	เส้นรัศมี	sên rát-sà-mĕe
perímetro (m)	เส้นรอบวง	sên rôrp wong
centro (m)	กลาง	glaang
horizontal (adj)	แนวนอน	naew norn
vertical (adj)	แนวตั้ง	naew dtâng
paralela (f)	เส้นขนาน	sên khà-năan
paralelo (adj)	ขนาน	khà-năan
linha (f)	เส้น	sên
traço (m)	เส้น	sên
reta (f)	เส้นตรง	sên dtrorng
curva (f)	เส้นโค้ง	sên khóhng
fino (linha ~a)	บาง	baang
contorno (m)	เส้นขอบ	sâyn khòrp
interseção (f)	เส้นตัด	sên dtàt
ângulo (m) reto	มุมฉาก	mum chàak
segmento (m)	เซกเมนต์	sâyk-mayn
setor (m)	เซกเตอร์	sâyk-dtêr
lado (de um triângulo, etc.)	ขาง	khâang
ângulo (m)	มุม	mum

25. Unidades de medida

peso (m)	น้ำหนัก	nám nàk
comprimento (m)	ความยาว	khwaam yaao
largura (f)	ความกว้าง	khwaam gwâang
altura (f)	ความสูง	khwaam sŏong
profundidade (f)	ความลึก	khwaam léuk
volume (m)	ปริมาณ	bpà-rí-maan
área (f)	บริเวณ	bor-rí-wayn
grama (m)	กรัม	gram

miligrama (m)	มิลลิกรัม	min-lí gram
quilograma (m)	กิโลกรัม	gì-loh gram
tonelada (f)	ตัน	dtan
libra (453,6 gramas)	ปอนด์	bporn
onça (f)	ออนซ์	orn

metro (m)	เมตร	máyt
milímetro (m)	มิลลิเมตร	min-lí mâyt
centímetro (m)	เซ็นติเมตร	sen dtì mâyt
quilômetro (m)	กิโลเมตร	gì-loh máyt
milha (f)	ไมล์	mai

polegada (f)	นิ้ว	níw
pé (304,74 mm)	ฟุต	fút
jarda (914,383 mm)	หลา	lăa

| metro (m) quadrado | ตารางเมตร | dtaa-raang máyt |
| hectare (m) | เฮกตาร์ | hêek dtaa |

litro (m)	ลิตร	lít
grau (m)	องศา	ong-săa
volt (m)	โวลต์	wohn
ampère (m)	แอมแปร์	aem-bpae
cavalo (m) de potência	แรงม้า	raeng máa

quantidade (f)	จำนวน	jam-nuan
um pouco de ...	นิดหน่อย	nít nói
metade (f)	ครึ่ง	khrêung
dúzia (f)	โหล	lŏh
peça (f)	สวน	sùan

| tamanho (m), dimensão (f) | ขนาด | khà-nàat |
| escala (f) | มาตราส่วน | mâat-dtraa sùan |

mínimo (adj)	น้อยที่สุด	nói thêe sùt
menor, mais pequeno	เล็กที่สุด	lék thêe sùt
médio (adj)	กลาง	glaang
máximo (adj)	สูงสุด	sŏong sùt
maior, mais grande	ใหญ่ที่สุด	yài têe sùt

26. Recipientes

pote (m) de vidro	ขวดโหล	khùat lŏh
lata (~ de cerveja)	กระป๋อง	grà-bpŏrng
balde (m)	ถัง	thăng
barril (m)	ถัง	thăng

bacia (~ de plástico)	กะทะ	gà-thá
tanque (m)	ถังเก็บน้ำ	thăng gèp nám
cantil (m) de bolso	กระติกน้ำ	grà-dtìk nám
galão (m) de gasolina	ภาชนะ	phaa-chá-ná
cisterna (f)	ถังบรรจุ	thăng ban-jù
caneca (f)	แกว	gâew
xícara (f)	ถ้วย	thûay

pires (m)	จานรอง	jaan rorng
copo (m)	แก้ว	gâew
taça (f) de vinho	แก้วไวน์	gâew wai
panela (f)	หม้อ	môr

garrafa (f)	ขวด	khùat
gargalo (m)	ปาก	bpàak

jarra (f)	คนโท	khon-thoh
jarro (m)	เหยือก	yèuak
recipiente (m)	ภาชนะ	phaa-chá-ná
pote (m)	หม้อ	môr
vaso (m)	แจกัน	jae-gan

frasco (~ de perfume)	กระติก	grà-dtìk
frasquinho (m)	ขวดเล็ก	khùat lék
tubo (m)	หลอด	lòrt

saco (ex. ~ de açúcar)	ถุง	thǔng
sacola (~ plastica)	ถุง	thǔng
maço (de cigarros, etc.)	ซอง	sorng

caixa (~ de sapatos, etc.)	กล่อง	glòrng
caixote (~ de madeira)	ลัง	lang
cesto (m)	ตะกร้า	dtà-grâa

27. Materiais

material (m)	วัสดุ	wát-sà-dù
madeira (f)	ไม้	máai
de madeira	ไม้	máai

vidro (m)	แก้ว	gâew
de vidro	แกว	gâew

pedra (f)	หิน	hǐn
de pedra	หิน	hǐn

plástico (m)	พลาสติก	pláat-dtìk
plástico (adj)	พลาสติก	pláat-dtìk

borracha (f)	ยาง	yaang
de borracha	ยาง	yaang

tecido, pano (m)	ผ้า	phâa
de tecido	ผา	phâa

papel (m)	กระดาษ	grà-dàat
de papel	กระดาษ	grà-dàat

papelão (m)	กระดาษแข็ง	grà-dàat khǎeng
de papelão	กระดาษแข็ง	grà-dàat khǎeng
polietileno (m)	โพลีเอทิลีน	phoh-lee-ay-thí-leen
celofane (m)	เซลโลเฟน	sayn loh-fayn

| linóleo (m) | เสื้อน้ำมัน | sèua náam man |
| madeira (f) compensada | ไม้อัด | máai àt |

porcelana (f)	เครื่องเคลือบดินเผา	khrêuang khlêuap din phǎo
de porcelana	เครื่องเคลือบดินเผา	khrêuang khlêuap din phǎo
argila (f), barro (m)	ดินเหนียว	din nǐeow
de barro	ดินเหนียว	din nǐeow
cerâmica (f)	เซรามิก	say-raa mík
de cerâmica	เซรามิก	say-raa mík

28. Metais

metal (m)	โลหะ	loh-hà
metálico (adj)	โลหะ	loh-hà
liga (f)	โลหะสัมฤทธิ์	loh-hà sǎm-rít

ouro (m)	ทอง	thorng
de ouro	ทอง	thorng
prata (f)	เงิน	ngern
de prata	เงิน	ngern

ferro (m)	เหล็ก	lèk
de ferro	เหล็ก	lèk
aço (m)	เหล็กกล้า	lèk glâa
de aço (adj)	เหล็กกล้า	lèk glâa
cobre (m)	ทองแดง	thorng daeng
de cobre	ทองแดง	thorng daeng

alumínio (m)	อะลูมิเนียม	a-loo-mí-niam
de alumínio	อะลูมิเนียม	a-loo-mí-niam
bronze (m)	ทองบรอนซ์	thorng-bron
de bronze	ทองบรอนซ์	thorng-bron

latão (m)	ทองเหลือง	thorng lěuang
níquel (m)	นิกเกิล	ník-gêrn
platina (f)	ทองคำขาว	thorng kham khǎao
mercúrio (m)	ปรอท	bpa -ròrt
estanho (m)	ดีบุก	dee-bùk
chumbo (m)	ตะกั่ว	dtà-gùa
zinco (m)	สังกะสี	sǎng-gà-sěe

O SER HUMANO

O ser humano. O corpo

29. Humanos. Conceitos básicos

ser (m) humano	มนุษย์	má-nút
homem (m)	ผู้ชาย	phôo chaai
mulher (f)	ผู้หญิง	phôo yǐng
criança (f)	เด็ก, ลูก	dèk, lôok
menina (f)	เด็กผู้หญิง	dèk phôo yǐng
menino (m)	เด็กผู้ชาย	dèk phôo chaai
adolescente (m)	วัยรุ่น	wai rûn
velho (m)	ชายชรา	chaai chá-raa
velha (f)	หญิงชรา	yǐng chá-raa

30. Anatomia humana

organismo (m)	ร่างกาย	râang gaai
coração (m)	หัวใจ	hǔa jai
sangue (m)	เลือด	lêuat
artéria (f)	เส้นเลือดแดง	sâyn lêuat daeng
veia (f)	เส้นเลือดดำ	sâyn lêuat dam
cérebro (m)	สมอง	sà-mǒrng
nervo (m)	เส้นประสาท	sên bprà-sàat
nervos (m pl)	เส้นประสาท	sên bprà-sàat
vértebra (f)	กระดูกสันหลัง	grà-dòok sǎn-lǎng
coluna (f) vertebral	สันหลัง	sǎn lǎng
estômago (m)	กระเพาะอาหาร	grà phór aa-hǎan
intestinos (m pl)	ลำไส้	lam sâi
intestino (m)	ลำไส้	lam sâi
fígado (m)	ตับ	dtàp
rim (m)	ไต	dtai
osso (m)	กระดูก	grà-dòok
esqueleto (m)	โครงกระดูก	khrohng grà-dòok
costela (f)	ซี่โครง	sêe khrohng
crânio (m)	กะโหลก	gà-lòhk
músculo (m)	กล้ามเนื้อ	glâam néua
bíceps (m)	กล้ามเนื้อไบเซ็ปส์	glâam néua bai-sép
tríceps (m)	กล้ามเนื้อไทรเซปส์	gglâam néua thrai-sâyp
tendão (m)	เส้นเอ็น	sâyn en
articulação (f)	ขอตอ	khôr dtòr

pulmões (m pl)	ปอด	bpòrt
órgãos (m pl) genitais	อวัยวะเพศ	a-wai-wá phâyt
pele (f)	ผิวหนัง	phĭw năng

31. Cabeça

cabeça (f)	หัว	hŭa
rosto, cara (f)	หน้า	nâa
nariz (m)	จมูก	jà-mòok
boca (f)	ปาก	bpàak

olho (m)	ตา	dtaa
olhos (m pl)	ตา	dtaa
pupila (f)	รูม่านตา	roo mâan dtaa
sobrancelha (f)	คิ้ว	khíw
cílio (f)	ขนตา	khŏn dtaa
pálpebra (f)	เปลือกตา	bplèuak dtaa

língua (f)	ลิ้น	lín
dente (m)	ฟัน	fan
lábios (m pl)	ริมฝีปาก	rim fĕe bpàak
maçãs (f pl) do rosto	โหนกแก้ม	nòhk gâem
gengiva (f)	เหงือก	ngèuak
palato (m)	เพดานปาก	phay-daan bpàak

narinas (f pl)	รูจมูก	roo jà-mòok
queixo (m)	คาง	khaang
mandíbula (f)	ขากรรไกร	khăa gan-grai
bochecha (f)	แก้ม	gâem

testa (f)	หน้าผาก	nâa phàak
têmpora (f)	ขมับ	khà-màp
orelha (f)	หู	hŏo
costas (f pl) da cabeça	หลังศีรษะ	lăng sĕe-sà
pescoço (m)	คอ	khor
garganta (f)	ลำคอ	lam khor

cabelo (m)	ผม	phŏm
penteado (m)	ทรงผม	song phŏm
corte (m) de cabelo	ทรงผม	song phŏm
peruca (f)	ผมปลอม	phŏm bplorm

bigode (m)	หนวด	nùat
barba (f)	เครา	krao
ter (~ barba, etc.)	ลองไว้	lorng wái
trança (f)	ผมเปีย	phŏm bpia
suíças (f pl)	จอน	jorn

ruivo (adj)	ผมแดง	phŏm daeng
grisalho (adj)	ผมหงอก	phŏm ngòrk
careca (adj)	หัวล้าน	hŭa láan
calva (f)	หัวล้าน	hŭa láan
rabo-de-cavalo (m)	ผมทรงหางม้า	phŏm song hăang máa
franja (f)	ผมม้า	phŏm máa

32. Corpo humano

mão (f)	มือ	meu
braço (m)	แขน	khăen
dedo (m)	นิ้ว	níw
dedo (m) do pé	นิ้วเท้า	níw tháo
polegar (m)	นิ้วโป้ง	níw bpôhng
dedo (m) mindinho	นิ้วก้อย	níw gôi
unha (f)	เล็บ	lép
punho (m)	กำปั้น	gam bpân
palma (f)	ฝ่ามือ	fàa meu
pulso (m)	ข้อมือ	khôr meu
antebraço (m)	แขนช่วงล่าง	khăen chûang lâang
cotovelo (m)	ข้อศอก	khôr sòrk
ombro (m)	ไหล่	lài
perna (f)	ขา	khăa
pé (m)	เท้า	tháo
joelho (m)	หัวเข่า	hŭa khào
panturrilha (f)	น่อง	nôrng
quadril (m)	สะโพก	sà-phôhk
calcanhar (m)	ส้นเท้า	sôn tháo
corpo (m)	ร่างกาย	râang gaai
barriga (f), ventre (m)	ท้อง	thórng
peito (m)	อก	òk
seio (m)	หน้าอก	nâa òk
lado (m)	ข้าง	khâang
costas (dorso)	หลัง	lăng
região (f) lombar	หลังส่วนล่าง	lăng sùan lâang
cintura (f)	เอว	eo
umbigo (m)	สะดือ	sà-deu
nádegas (f pl)	ก้น	gôn
traseiro (m)	ก้น	gôn
sinal (m), pinta (f)	ไฝเสน่ห์	făi sà-này
sinal (m) de nascença	ปาน	bpaan
tatuagem (f)	รอยสัก	roi sàk
cicatriz (f)	แผลเป็น	phlăe bpen

Vestuário & Acessórios

33. Roupa exterior. Casacos

roupa (f)	เสื้อผ้า	sêua phâa
roupa (f) exterior	เสื้อนอก	sêua nôk
roupa (f) de inverno	เสื้อกันหนาว	sêua gan nǎao
sobretudo (m)	เสื้อโค้ท	sêua khóht
casaco (m) de pele	เสื้อโค้ทขนสัตว์	sêua khóht khǒn sàt
jaqueta (f) de pele	แจ๊คเก็ตขนสัตว์	jáek-gèt khǒn sàt
casaco (m) acolchoado	แจ็คเก็ตกันหนาว	jàek-gèt gan nǎao
casaco (m), jaqueta (f)	แจ๊คเก็ต	jáek-gèt
impermeável (m)	เสื้อกันฝน	sêua gan fǒn
a prova d'água	ซึ่งกันน้ำได้	sêung gan náam dâai

34. Vestuário de homem & mulher

camisa (f)	เสื้อ	sêua
calça (f)	กางเกง	gaang-gayng
jeans (m)	กางเกงยีนส์	gaang-gayng yeen
paletó, terno (m)	แจ็คเก็ตสูท	jàek-gèt sòot
terno (m)	ชุดสูท	chút sòot
vestido (ex. ~ de noiva)	ชุดเดรส	chút draet
saia (f)	กระโปรง	grà bprohng
blusa (f)	เสื้อ	sêua
casaco (m) de malha	แจูคเก็ตถัก	jáek-gèt thàk
casaco, blazer (m)	แจคเก็ต	jáek-gèt
camiseta (f)	เสื้อยืด	sêua yêut
short (m)	กางเกงขาสั้น	gaang-gayng khǎa sân
training (m)	ชุดวอรม	chút wom
roupão (m) de banho	เสื้อคลุมอาบน้ำ	sêua khlum àap náam
pijama (m)	ชุดนอน	chút norn
suéter (m)	เสื้อไหมพรม	sêua mǎi phrom
pulôver (m)	เสื้อกันหนาวแบบสวม	sêua gan nǎao bàep sǔam
colete (m)	เสื้อกั๊ก	sêua gák
fraque (m)	เสื้อเทลโค้ต	sêua thayn-khóht
smoking (m)	ชุดทักซิโด	chút thák sí dôh
uniforme (m)	เครื่องแบบ	khrêuang bàep
roupa (f) de trabalho	ชุดทำงาน	chút tam ngaan
macacão (m)	ชุดเอี๊ยม	chút íam
jaleco (m), bata (f)	เสื้อคลุม	sêua khlum

35. Vestuário. Roupa interior

roupa (f) íntima	ชุดชั้นใน	chút chán nai
cueca boxer (f)	กางเกงในชาย	gaang-gayng nai chaai
calcinha (f)	กางเกงในสตรี	gaang-gayng nai sàt-dtree
camiseta (f)	เสื้อชั้นใน	sêua chán nai
meias (f pl)	ถุงเท้า	thŭng tháo
camisola (f)	ชุดนอนสตรี	chút norn sàt-dtree
sutiã (m)	ยกทรง	yók song
meias longas (f pl)	ถุงเท้ายาว	thŭng tháo yaao
meias-calças (f pl)	ถุงน่องเต็มตัว	thŭng nôrng dtem dtua
meias (~ de nylon)	ถุงน่อง	thŭng nôrng
maiô (m)	ชุดว่ายน้ำ	chút wâai náam

36. Adereços de cabeça

chapéu (m), touca (f)	หมวก	mùak
chapéu (m) de feltro	หมวก	mùak
boné (m) de beisebol	หมวกเบสบอล	mùak bàyt-bon
boina (~ italiana)	หมวกติงลี่	mùak dting lêe
boina (ex. ~ basca)	หมวกเบเรต์	mùak bay-rây
capuz (m)	ฮูด	hóot
chapéu panamá (m)	หมวกปานามา	mùak bpaa-naa-maa
touca (f)	หมวกไหมพรม	mùak măi phrom
lenço (m)	ผ้าโพกศีรษะ	phâa phôhk sěe-sà
chapéu (m) feminino	หมวกสตรี	mùak sàt-dtree
capacete (m) de proteção	หมวกนิรภัย	mùak ní-rá-phai
bibico (m)	หมวกหนีบ	mùak nèep
capacete (m)	หมวกกันน็อค	mùak ní-rá-phai
chapéu-coco (m)	หมวกกลมทรงสูง	mùak glom song sŏong
cartola (f)	หมวกทรงสูง	mùak song sŏong

37. Calçado

calçado (m)	รองเท้า	rorng tháo
botinas (f pl), sapatos (m pl)	รองเท้า	rorng tháo
sapatos (de salto alto, etc.)	รองเท้า	rorng tháo
botas (f pl)	รองเท้าบูท	rorng tháo bòot
pantufas (f pl)	รองเท้าแตะในบ้าน	rorng tháo dtàe nai bâan
tênis (~ Nike, etc.)	รองเท้ากีฬา	rorng tháo gee-laa
tênis (~ Converse)	รองเท้าผ้าใบ	rorng tháo phâa bai
sandálias (f pl)	รองเท้าแตะ	rorng tháo dtàe
sapateiro (m)	คนซ่อมรองเท้า	khon sôrm rorng tháo
salto (m)	สันรองเท้า	sôn rorng tháo

par (m)	คู่	khôo
cadarço (m)	เชือกรองเท้า	chêuak rorng tháo
amarrar os cadarços	ผูกเชือกรองเท้า	phòok chêuak rorng tháo
calçadeira (f)	ที่ช้อนรองเท้า	thêe chón rorng tháo
graxa (f) para calçado	ยาขัดรองเทา	yaa khàt rorng tháo

38. Têxtil. Tecidos

algodão (m)	ผ้าย	fâai
de algodão	ผ้าย	fâai
linho (m)	แฟลกซ์	fláek
de linho	แฟลกซ์	fláek

seda (f)	ไหม	măi
de seda	ไหม	măi
lã (f)	ขนสัตว์	khŏn sàt
de lã	ขนสัตว	khŏn sàt

veludo (m)	กำมะหยี่	gam-má-yèe
camurça (f)	หนังกลับ	năng glàp
veludo (m) cotelê	ผ้าลูกฟูก	phâa lôok fôok

nylon (m)	ไนลอน	nai-lorn
de nylon	ไนลอน	nai-lorn
poliéster (m)	โพลีเอสเตอร์	poh-lee-àyt-dtêr
de poliéster	โพลีเอสเตอร์	poh-lee-àyt-dtêr

couro (m)	หนัง	năng
de couro	หนัง	năng
pele (f)	ขนสัตว์	khŏn sàt
de pele	ขนสัตว	khŏn sàt

39. Acessórios pessoais

luva (f)	ถุงมือ	thŭng meu
mitenes (f pl)	ถุงมือ	thŭng meu
cachecol (m)	ผ้าพันคอ	phâa phan khor

óculos (m pl)	แว่นตา	wâen dtaa
armação (f)	กรอบแว่น	gròrp wâen
guarda-chuva (m)	ร่ม	rôm
bengala (f)	ไม้เท้า	máai tháo
escova (f) para o cabelo	แปรงหวีผม	bpraeng wĕe phŏm
leque (m)	พัด	phát

gravata (f)	เนคไท	nâyk-thai
gravata-borboleta (f)	โบว์หูกระต่าย	boh hŏo grà-dtàai
suspensórios (m pl)	สายเอี่ยม	săai íam
lenço (m)	ผ้าเช็ดหน้า	phâa chét-nâa

pente (m)	หวี	wĕe
fivela (f) para cabelo	ที่หนีบผม	têe nèep phŏm

grampo (m)	กิ๊บ	gíp
fivela (f)	หัวเข็มขัด	hŭa khĕm khàt
cinto (m)	เข็มขัด	khĕm khàt
alça (f) de ombro	สายกระเป๋า	săai grà-bpăo
bolsa (f)	กระเป๋า	grà-bpăo
bolsa (feminina)	กระเป๋าถือ	grà-bpăo thĕu
mochila (f)	กระเป๋าสะพายหลัง	grà-bpăo sà-phaai lăng

40. Vestuário. Diversos

moda (f)	แฟชั่น	fae-chân
na moda (adj)	คานิยม	khâa ní-yom
estilista (m)	นักออกแบบแฟชั่น	nák òrk bàep fae-chân
colarinho (m)	คอปกเสื้อ	khor bpòk sêua
bolso (m)	กระเป๋า	grà-bpăo
de bolso	กระเป๋า	grà-bpăo
manga (f)	แขนเสื้อ	khăen sêua
ganchinho (m)	ที่แขวนเสื้อ	thêe khwăen sêua
bragueta (f)	ซิปกางเกง	síp gaang-gayng
zíper (m)	ซิป	síp
colchete (m)	ซิป	síp
botão (m)	กระดุม	grà dum
botoeira (casa de botão)	รูกระดุม	roo grà dum
soltar-se (vr)	หลุดออก	lùt òrk
costurar (vi)	เย็บ	yép
bordar (vt)	ปัก	bpàk
bordado (m)	ลายปัก	laai bpàk
agulha (f)	เข็มเย็บผ้า	khĕm yép phâa
fio, linha (f)	เสนดาย	sây-dâai
costura (f)	รอยเย็บ	roi yép
sujar-se (vr)	สกปรก	sòk-gà-bpròk
mancha (f)	รอยเปื้อน	roi bpêuan
amarrotar-se (vr)	พับเป็นรอยยน	pháp bpen roi yôn
rasgar (vt)	ฉีก	chèek
traça (f)	แมลงกินผ้า	má-laeng gin phâa

41. Cuidados pessoais. Cosméticos

pasta (f) de dente	ยาสีฟัน	yaa sĕe fan
escova (f) de dente	แปรงสีฟัน	bpraeng sĕe fan
escovar os dentes	แปรงฟัน	bpraeng fan
gilete (f)	มีดโกน	mêet gohn
creme (m) de barbear	ครีมโกนหนวด	khreem gohn nùat
barbear-se (vr)	โกน	gohn
sabonete (m)	สบู	sà-bòo

xampu (m)	แชมพู	chaem-phoo
tesoura (f)	กรรไกร	gan-grai
lixa (f) de unhas	ตะไบเล็บ	dtà-bai lép
corta-unhas (m)	กรรไกรตัดเล็บ	gan-grai dtàt lép
pinça (f)	แหนบ	nàep
cosméticos (m pl)	เครื่องสำอาง	khrêuang sǎm-aang
máscara (f)	มาสก์หน้า	mâak nâa
manicure (f)	การแต่งเล็บ	gaan dtàeng lép
fazer as unhas	แต่งเล็บ	dtàeng lép
pedicure (f)	การแต่งเล็บเท้า	gaan dtàeng lép táo
bolsa (f) de maquiagem	กระเป๋าเครื่องสำอาง	grà-bpǎo khrêuang sǎm-aang
pó (de arroz)	แป้งฝุ่น	bpaeng-fùn
pó (m) compacto	ตลับแป้ง	dtà-làp bpâeng
blush (m)	แป้งทาแก้ม	bpâeng thaa gâem
perfume (m)	น้ำหอม	nám hǒrm
água-de-colônia (f)	น้ำหอมออน ๆ	náam hǒrm òn òn
loção (f)	โลชั่น	loh-chân
colônia (f)	โคโลญจ์	khoh-lohn
sombra (f) de olhos	อายแชโดว์	aai-chae-doh
delineador (m)	อายไลเนอร์	aai lai-ner
máscara (f), rímel (m)	มาสคารา	mâat-khaa-râa
batom (m)	ลิปสติก	líp-sà-dtìk
esmalte (m)	น้ำยาทาเล็บ	nám yaa-thaa lép
laquê (m), spray fixador (m)	สเปรย์ฉีดผม	sà-bpray chèet phǒm
desodorante (m)	ยาดับกลิ่น	yaa dàp glìn
creme (m)	ครีม	khreem
creme (m) de rosto	ครีมทาหน้า	khreem thaa nâa
creme (m) de mãos	ครีมทามือ	khreem thaa meu
creme (m) antirrugas	ครีมลดริ้วรอย	khreem lót ríw roi
creme (m) de dia	ครีมกลางวัน	khreem klaang wan
creme (m) de noite	ครีมกลางคืน	khreem klaang kheun
de dia	กลางวัน	glaang wan
da noite	กลางคืน	glaang kheun
absorvente (m) interno	ผ้าอนามัยแบบสอด	phâa a-naa-mai bàep sòrt
papel (m) higiênico	กระดาษชำระ	grà-dàat cham-rá
secador (m) de cabelo	เครื่องเป่าผม	khrêuang bpào phǒm

42. Joalheria

joias (f pl)	เครื่องเพชรพลอย	khrêuang phét phloi
precioso (adj)	เพชรพลอย	phét phloi
marca (f) de contraste	ตราฮอลมาร์ค	dtraa hon-mâak
anel (m)	แหวน	wǎen
aliança (f)	แหวนแต่งงาน	wǎen dtàeng ngaan
pulseira (f)	กำไลข้อมือ	gam-lai khôr meu
brincos (m pl)	ตุ้มหู	dtûm hǒo

colar (m)	สร้อยคอ	sôi khor
coroa (f)	มงกุฎ	mong-gùt
colar (m) de contas	สรอยคออลูกปัด	sôi khor lôok bpàt

diamante (m)	เพชร	phét
esmeralda (f)	มรกต	mor-rá-gòt
rubi (m)	พลอยสีทับทิม	phloi sěe tháp-thim
safira (f)	ไพลิน	phai-lin
pérola (f)	ไข่มุก	khài múk
âmbar (m)	อำพัน	am phan

43. Relógios de pulso. Relógios

relógio (m) de pulso	นาฬิกา	naa-lí-gaa
mostrador (m)	หน้าปัด	nâa bpàt
ponteiro (m)	เข็ม	khěm
bracelete (em aço)	สายนาฬิกาข้อมือ	sǎai naa-lí-gaa khôr meu
bracelete (em couro)	สายรัดข้อมือ	sǎai rát khôr meu

pilha (f)	แบตเตอรี่	bàet-dter-rêe
acabar (vi)	หมด	mòt
trocar a pilha	เปลี่ยนแบตเตอรี่	bplìan bàet-dter-rêe
estar adiantado	เดินเร็วเกินไป	dern reo gern bpai
estar atrasado	เดินช้า	dern cháa

relógio (m) de parede	นาฬิกาแขวนผนัง	naa-lí-gaa khwǎen phà-nǎng
ampulheta (f)	นาฬิกาทราย	naa-lí-gaa saai
relógio (m) de sol	นาฬิกาแดด	naa-lí-gaa dàet
despertador (m)	นาฬิกาปลุก	naa-lí-gaa bplùk
relojoeiro (m)	ช่างซ่อมนาฬิกา	châang sôrm naa-lí-gaa
reparar (vt)	ซ่อม	sôrm

Alimentação. Nutrição

44. Comida

carne (f)	เนื้อ	néua
galinha (f)	ไก่	gài
frango (m)	เนื้อลูกไก่	néua lôok gài
pato (m)	เป็ด	bpèt
ganso (m)	ห่าน	hàan
caça (f)	สัตว์ที่ล่า	sàt thêe lâa
peru (m)	ไก่งวง	gài nguang

carne (f) de porco	เนื้อหมู	néua mǒo
carne (f) de vitela	เนื้อลูกวัว	néua lôok wua
carne (f) de carneiro	เนื้อแกะ	néua gàe
carne (f) de vaca	เนื้อวัว	néua wua
carne (f) de coelho	เนื้อกระต่าย	néua grà-dtàai

linguiça (f), salsichão (m)	ไส้กรอก	sâi gròrk
salsicha (f)	ไส้กรอกเวียนนา	sâi gròrk wian-naa
bacon (m)	หมูเบคอน	mǒo bay-khorn
presunto (m)	แฮม	haem
pernil (m) de porco	แฮมแกมมอน	haem gaem-morn

patê (m)	ปาเต	bpaa dtay
fígado (m)	ตับ	dtàp
guisado (m)	เนื้อสับ	néua sàp
língua (f)	ลิ้น	lín

ovo (m)	ไข่	khài
ovos (m pl)	ไข่	khài
clara (f) de ovo	ไข่ขาว	khài khǎao
gema (f) de ovo	ไขแดง	khài daeng

peixe (m)	ปลา	bplaa
mariscos (m pl)	อาหารทะเล	aa hǎan thá-lay
crustáceos (m pl)	สัตว์พวกกุ้งกั้งปู	sàt phûak gûng gâng bpoo
caviar (m)	ไข่ปลา	khài-bplaa

caranguejo (m)	ปู	bpoo
camarão (m)	กุ้ง	gûng
ostra (f)	หอยนางรม	hǒi naang rom
lagosta (f)	กุ้งมังกร	gûng mang-gon
polvo (m)	ปลาหมึก	bplaa mèuk
lula (f)	ปลาหมึกกล้วย	bplaa mèuk-glûay

esturjão (m)	ปลาสเตอร์เจียน	bpláa sà-dtêr jian
salmão (m)	ปลาแซลมอน	bplaa saen-morn
halibute (m)	ปลาตาเดียว	bplaa dtaa-dieow
bacalhau (m)	ปลาค็อด	bplaa khót

cavala, sarda (f)	ปลาแม็คเคอเร็ล	bplaa máek-kay-a-rěn
atum (m)	ปลาทูน่า	bplaa thoo-nâa
enguia (f)	ปลาไหล	bplaa lǎi
truta (f)	ปลาเทราท์	bplaa thrau
sardinha (f)	ปลาซาร์ดีน	bplaa saa-deen
lúcio (m)	ปลาไพค	bplaa phai
arenque (m)	ปลาเฮอร์ริง	bplaa her-ring
pão (m)	ขนมปัง	khà-nǒm bpang
queijo (m)	เนยแข็ง	noie khǎeng
açúcar (m)	น้ำตาล	nám dtaan
sal (m)	เกลือ	gleua
arroz (m)	ข้าว	khâao
massas (f pl)	พาสตา	phâat-dtâa
talharim, miojo (m)	กวยเตี๋ยว	gǔay-dtǐeow
manteiga (f)	เนย	noie
óleo (m) vegetal	น้ำมันพืช	nám man phêut
óleo (m) de girassol	น้ำมันดอกทานตะวัน	nám man dòrk thaan dtà-wan
margarina (f)	เนยเทียม	noie thiam
azeitonas (f pl)	มะกอก	má-gòrk
azeite (m)	น้ำมันมะกอก	nám man má-gòrk
leite (m)	นม	nom
leite (m) condensado	นมข้น	nom khôn
iogurte (m)	โยเกิร์ต	yoh-gèrt
creme (m) azedo	ซาวร์ครีม	saao khreem
creme (m) de leite	ครีม	khreem
maionese (f)	มาย็องเนส	maa-yorng-nâyt
creme (m)	สวนผสมของเนย และน้ำตาล	sùan phà-sǒm khǒrng noie láe nám dtaan
grãos (m pl) de cereais	เมล็ดธัญพืช	má-lét than-yá-phêut
farinha (f)	แป้ง	bpâeng
enlatados (m pl)	อาหารกระป๋อง	aa-hǎan grà-bpǒrng
flocos (m pl) de milho	คอร์นเฟลค	khorn-flâyk
mel (m)	น้ำผึ้ง	nám phêung
geleia (m)	แยม	yaem
chiclete (m)	หมากฝรั่ง	màak fà-ràng

45. Bebidas

água (f)	น้ำ	nám
água (f) potável	น้ำดื่ม	nám dèum
água (f) mineral	น้ำแร่	nám râe
sem gás (adj)	ไม่มีฟอง	mâi mee forng
gaseificada (adj)	น้ำอัดลม	nám àt lom
com gás	มีฟอง	mee forng

| gelo (m) | น้ำแข็ง | nám khǎeng |
| com gelo | ใส่น้ำแข็ง | sài nám khǎeng |

não alcoólico (adj)	ไม่มีแอลกอฮอล์	mâi mee aen-gor-hor
refrigerante (m)	เครื่องดื่มที่ไม่มีแอลกอฮอล์	krêuang dèum têe mâi mee aen-gor-hor
refresco (m)	เครื่องดื่มให้ความสดชื่น	khrêuang dèum hâi khwaam sòt chêun
limonada (f)	น้ำเลมอนเนด	nám lay-morn-nâyt

bebidas (f pl) alcoólicas	เหล้า	lǎu
vinho (m)	ไวน์	wai
vinho (m) branco	ไวน์ขาว	wai khǎao
vinho (m) tinto	ไวน์แดง	wai daeng

licor (m)	สุรา	sù-raa
champanhe (m)	แชมเปญ	chaem-bpayn
vermute (m)	เหล้าองุ่นขาวซึ่งมีกลิ่นหอม	lâo a-ngùn khǎao sêung mee glìn hǒrm

uísque (m)	เหล้าวิสกี้	lǎu wít-sa -gêe
vodca (f)	เหล้าวอดก้า	lǎu wórt-gâa
gim (m)	เหล้ายิน	lǎu yin
conhaque (m)	เหล้าคอนยัก	lǎu khorn yák
rum (m)	เหลารัม	lǎu ram

café (m)	กาแฟ	gaa-fae
café (m) preto	กาแฟดำ	gaa-fae dam
café (m) com leite	กาแฟใส่นม	gaa-fae sài nom
cappuccino (m)	กาแฟคาปูชิโน	gaa-fae khaa bpoo chí noh
café (m) solúvel	กาแฟสำเร็จรูป	gaa-fae sǎm-rèt rôop

leite (m)	นม	nom
coquetel (m)	ค็อกเทล	khók-tayn
batida (f), milkshake (m)	มิลค์เชค	min-châyk

suco (m)	น้ำผลไม้	nám phǒn-lá-máai
suco (m) de tomate	น้ำมะเขือเทศ	nám má-khěua thâyt
suco (m) de laranja	น้ำส้ม	nám sôm
suco (m) fresco	น้ำผลไม้คั้นสด	nám phǒn-lá-máai khán sòt

cerveja (f)	เบียร์	bia
cerveja (f) clara	เบียร์ไลท์	bia lai
cerveja (f) preta	เบียร์ดารค	bia dàak

chá (m)	ชา	chaa
chá (m) preto	ชาดำ	chaa dam
chá (m) verde	ชาเขียว	chaa khǐeow

46. Vegetais

vegetais (m pl)	ผัก	phàk
verdura (f)	ผักใบเขียว	phàk bai khǐeow
tomate (m)	มะเขือเทศ	má-khěua thâyt

pepino (m)	แตงกวา	dtaeng-gwaa
cenoura (f)	แครอท	khae-rót
batata (f)	มันฝรั่ง	man fà-ràng
cebola (f)	หัวหอม	hǔa hǒrm
alho (m)	กระเทียม	grà-thiam

couve (f)	กะหล่ำปลี	gà-làm bplee
couve-flor (f)	ดอกกะหล่ำ	dòrk gà-làm
couve-de-bruxelas (f)	กะหล่ำดาว	gà-làm-daao
brócolis (m pl)	บร็อคโคลี่	bròrk-khoh-lêe

beterraba (f)	บีทรูท	bee-trôot
berinjela (f)	มะเขือยาว	má-khěua-yaao
abobrinha (f)	แตงซูคินี	dtaeng soo-khí-nee
abóbora (f)	ฟักทอง	fák-thorng
nabo (m)	หัวผักกาด	hǔa-phàk-gàat

salsa (f)	ผักชีฝรั่ง	phàk chee fà-ràng
endro, aneto (m)	ผักชีลาว	phàk-chee-laao
alface (f)	ผักกาดหอม	phàk gàat hǒrm
aipo (m)	คื่นฉ่าย	khêun-châai
aspargo (m)	หน่อไม้ฝรั่ง	nòr máai fà-ràng
espinafre (m)	ผักขม	phàk khǒm

ervilha (f)	ถั่วลันเตา	thùa-lan-dtao
feijão (~ soja, etc.)	ถั่ว	thùa
milho (m)	ข้าวโพด	khâao-phôht
feijão (m) roxo	ถั่วรูปไต	thùa rôop dtai

pimentão (m)	พริกหยวก	phrík-yùak
rabanete (m)	หัวไชเท้า	hǔa chai tháo
alcachofra (f)	อาร์ติโชค	aa dtì chôhk

47. Frutos. Nozes

fruta (f)	ผลไม้	phǒn-lá-máai
maçã (f)	แอปเปิ้ล	àep-bpêrn
pera (f)	แพร	phae
limão (m)	มะนาว	má-naao
laranja (f)	สม	sôm
morango (m)	สตรอว์เบอร์รี่	sà-dtror-ber-rêe

tangerina (f)	ส้มแมนดาริน	sôm maen daa rin
ameixa (f)	พลัม	phlam
pêssego (m)	ลูกทอ	lôok thór
damasco (m)	แอปริคอท	ae-bprì-khôrt
framboesa (f)	ราสเบอร์รี่	râat-ber-rêe
abacaxi (m)	สับปะรด	sàp-bpà-rót

banana (f)	กล้วย	glûay
melancia (f)	แตงโม	dtaeng moh
uva (f)	องุ่น	a-ngùn
ginja (f)	เชอร์รี่	cher-rêe
cereja (f)	เชอร์รี่ป่า	cher-rêe bpàa

melão (m)	เมลอน	may-lorn
toranja (f)	ส้มโอ	sôm oh
abacate (m)	อะโวคาโด	a-who-khaa-doh
mamão (m)	มะละกอ	má-lá-gor
manga (f)	มะม่วง	má-mûang
romã (f)	ทับทิม	tháp-thim

groselha (f) vermelha	เรดเคอร์แรนท์	râyt-khêr-raen
groselha (f) negra	แบล็คเคอุรแรนท์	blàek khêr-raen
groselha (f) espinhosa	กูสเบอร์รี่	gòot-ber-rêe
mirtilo (m)	บิลเบอร์รี่	bil-ber-rêe
amora (f) silvestre	แบล็คเบอร์รี่	blàek ber-rêe

passa (f)	ลูกเกด	lôok gàyt
figo (m)	มะเดื่อฝรั่ง	má dèua fà-ràng
tâmara (f)	ลูกอินทผลัม	lôok in-thá-plăm

amendoim (m)	ถั่วลิสง	thùa-lí-sŏng
amêndoa (f)	อัลมอนด์	an-morn
noz (f)	วอลนัต	wor-lá-nát
avelã (f)	เฮเซลนัท	hay sayn nát
coco (m)	มะพร้าว	má-phráao
pistaches (m pl)	ถั่วพิสตาชิโอ	thùa phít dtaa chí oh

48. Pão. Bolaria

pastelaria (f)	ขนม	khà-nŏm
pão (m)	ขนมปัง	khà-nŏm bpang
biscoito (m), bolacha (f)	คุกกี้	khúk-gêe

chocolate (m)	ช็อกโกแลต	chók-goh-láet
de chocolate	ช็อกโกแลต	chók-goh-láet
bala (f)	ลูกกวาด	lôok gwàat
doce (bolo pequeno)	ขนมเค้ก	khà-nŏm kháyk
bolo (m) de aniversário	ขนมเค้ก	khà-nŏm kháyk

| torta (f) | ขนมพาย | khà-nŏm phaai |
| recheio (m) | ไส้ในขนม | sâi nai khà-nŏm |

geleia (m)	แยม	yaem
marmelada (f)	แยมผิวส้ม	yaem phĭw sôm
wafers (m pl)	วาฟเฟิล	waaf-fern
sorvete (m)	ไอศกรีม	ai-sà-greem
pudim (m)	พุดดิ้ง	phút-dîng

49. Pratos cozinhados

prato (m)	มื้ออาหาร	méu aa-hăan
cozinha (~ portuguesa)	อาหาร	aa-hăan
receita (f)	ตำราอาหาร	dtam-raa aa-hăan
porção (f)	ส่วน	sùan
salada (f)	สลัด	sà-làt

sopa (f)	ซุป	súp
caldo (m)	ซุปน้ำใส	súp nám-săi
sanduíche (m)	แซนด์วิช	saen-wít
ovos (m pl) fritos	ไข่ทอด	khài thôrt

| hambúrguer (m) | แฮมเบอร์เกอร์ | haem-ber-gêr |
| bife (m) | สเต็กเนื้อ | sà-dtèk néua |

acompanhamento (m)	เครื่องเคียง	khrêuang khiang
espaguete (m)	สปาเก็ตตี้	sà-bpaa-gèt-dtêe
purê (m) de batata	มันฝรั่งบด	man fà-ràng bòt
pizza (f)	พิซซ่า	phít-sâa
mingau (m)	ข้าวต้ม	khâao-dtôm
omelete (f)	ไข่เจียว	khài jieow

fervido (adj)	ต้ม	dtôm
defumado (adj)	รมควัน	rom khwan
frito (adj)	ทอด	thôrt
seco (adj)	ตากแห้ง	dtàak hâeng
congelado (adj)	แช่แข็ง	châe khăeng
em conserva (adj)	ดอง	dorng

doce (adj)	หวาน	wăan
salgado (adj)	เค็ม	khem
frio (adj)	เย็น	yen
quente (adj)	ร้อน	rórn
amargo (adj)	ขม	khŏm
gostoso (adj)	อร่อย	à-ròi

cozinhar em água fervente	ต้ม	dtôm
preparar (vt)	ทำอาหาร	tham aa-hăan
fritar (vt)	ทอด	thôrt
aquecer (vt)	อุ่น	ùn

salgar (vt)	ใส่เกลือ	sài gleua
apimentar (vt)	ใส่พริกไทย	sài phrík thai
ralar (vt)	ขูด	khòot
casca (f)	เปลือก	bplèuak
descascar (vt)	ปอกเปลือก	bpòrk bplêuak

50. Especiarias

sal (m)	เกลือ	gleua
salgado (adj)	เค็ม	khem
salgar (vt)	ใส่เกลือ	sài gleua

pimenta-do-reino (f)	พริกไทย	phrík thai
pimenta (f) vermelha	พริกแดง	phrík daeng
mostarda (f)	มัสตาร์ด	mát-dtàat
raiz-forte (f)	ฮอสแรดิช	hórt rae dìt

condimento (m)	เครื่องปรุงรส	khrêuang bprung rót
especiaria (f)	เครื่องเทศ	khrêuang thâyt
molho (~ inglês)	ซอส	sós

vinagre (m)	น้ำส้มสายชู	nám sôm săai choo
anis estrelado (m)	เทียนสัตตบุษย์	thian-sàt-dtà-bùt
manjericão (m)	ใบโหระพา	bai hŏh rá phaa
cravo (m)	กานพลู	gaan-phloo
gengibre (m)	ขิง	khĭng
coentro (m)	ผักชีลา	pàk-chee-laa
canela (f)	อบเชย	òp-choie
gergelim (m)	งา	ngaa
folha (f) de louro	ใบกระวาน	bai grà-waan
páprica (f)	พริกป่น	phrík bpòn
cominho (m)	เทียนตากบ	thian dtaa gòp
açafrão (m)	หญ้าฝรั่น	yâa fà-ràn

51. Refeições

comida (f)	อาหาร	aa-hăan
comer (vt)	กิน	gin
café (m) da manhã	อาหารเช้า	aa-hăan cháo
tomar café da manhã	ทานอาหารเช้า	thaan aa-hăan cháo
almoço (m)	ขาวเที่ยง	khâao thîang
almoçar (vi)	ทานอาหารเที่ยง	thaan aa-hăan thîang
jantar (m)	อาหารเย็น	aa-hăan yen
jantar (vi)	ทานอาหารเย็น	thaan aa-hăan yen
apetite (m)	ความอยากอาหาร	kwaam yàak aa hăan
Bom apetite!	กินให้อร่อย!	gin hâi a-ròi
abrir (~ uma lata, etc.)	เปิด	bpèrt
derramar (~ líquido)	ทำหก	tham hòk
derramar-se (vr)	ทำหกออกมา	tham hòk òrk maa
ferver (vi)	ตูม	dtôm
ferver (vt)	ตูม	dtôm
fervido (adj)	ตุม	dtôm
esfriar (vt)	แชเย็น	châe yen
esfriar-se (vr)	แชเย็น	châe yen
sabor, gosto (m)	รสชาติ	rót châat
fim (m) de boca	รส	rót
emagrecer (vi)	ลดน้ำหนัก	lót nám nàk
dieta (f)	อาหารพิเศษ	aa-hăan phí-sàyt
vitamina (f)	วิตามิน	wí-dtaa-min
caloria (f)	แคลอรี่	khae-lor-rêe
vegetariano (m)	คนกินเจ	khon gin jay
vegetariano (adj)	มังสวิรัติ	mang-sà-wí-rát
gorduras (f pl)	ไขมัน	khăi man
proteínas (f pl)	โปรตีน	bproh-dteen
carboidratos (m pl)	คาร์โบไฮเดรต	kaa-boh-hai-dràyt
fatia (~ de limão, etc.)	แผน	phàen
pedaço (~ de bolo)	ชิน	chín
migalha (f), farelo (m)	เศษ	sàyt

52. Por a mesa

colher (f)	ช้อน	chórn
faca (f)	มีด	mêet
garfo (m)	สอม	sôrm
xícara (f)	แก้ว	gâew
prato (m)	จาน	jaan
pires (m)	จานรอง	jaan rorng
guardanapo (m)	ผ้าเช็ดปาก	phâa chét bpàak
palito (m)	ไม้จิ้มฟัน	máai jîm fan

53. Restaurante

restaurante (m)	ร้านอาหาร	ráan aa-hǎan
cafeteria (f)	ร้านกาแฟ	ráan gaa-fae
bar (m), cervejaria (f)	ร้านเหล้า	ráan lâo
salão (m) de chá	รานน้ำชา	ráan nám chaa
garçom (m)	คนเสิร์ฟชาย	khon sèrf chaai
garçonete (f)	คนเสิร์ฟหญิง	khon sèrf yǐng
barman (m)	บาร์เทนเดอร์	baa-thayn-dêr
cardápio (m)	เมนู	may-noo
lista (f) de vinhos	รายการไวน์	raai gaan wai
reservar uma mesa	จองโต๊ะ	jorng dtó
prato (m)	มื้ออาหาร	méu aa-hǎan
pedir (vt)	สั่ง	sàng
fazer o pedido	สั่งอาหาร	sàng aa-hǎan
aperitivo (m)	เครื่องดื่มเหล้า กอนอาหาร	khrêuang dèum lâo gòrn aa-hǎan
entrada (f)	ของกินเล่น	khǒrng gin lâyn
sobremesa (f)	ของหวาน	khǒrng wǎan
conta (f)	คิดเงิน	khít ngern
pagar a conta	จ่ายค่าอาหาร	jàai khâa aa hǎan
dar o troco	ให้เงินทอน	hâi ngern thorn
gorjeta (f)	เงินทิป	ngern thíp

Família, parentes e amigos

54. Informação pessoal. Formulários

nome (m)	ชื่อ	chêu
sobrenome (m)	นามสกุล	naam sà-gun
data (f) de nascimento	วันเกิด	wan gèrt
local (m) de nascimento	สถานที่เกิด	sà-thǎan thêe gèrt
nacionalidade (f)	สัญชาติ	sǎn-châat
lugar (m) de residência	ที่อยู่อาศัย	thêe yòo aa-sǎi
país (m)	ประเทศ	bprà-thâyt
profissão (f)	อาชีพ	aa-chêep
sexo (m)	เพศ	phâyt
estatura (f)	ความสูง	khwaam sǒong
peso (m)	น้ำหนัก	nám nàk

55. Membros da família. Parentes

mãe (f)	มารดา	maan-daa
pai (m)	บิดา	bì-daa
filho (m)	ลูกชาย	lôok chaai
filha (f)	ลูกสาว	lôok sǎao
caçula (f)	ลูกสาวคนเล็ก	lôok sǎao khon lék
caçula (m)	ลูกชายคนเล็ก	lôok chaai khon lék
filha (f) mais velha	ลูกสาวคนโต	lôok sǎao khon dtoh
filho (m) mais velho	ลูกชายคนโต	lôok chaai khon dtoh
irmão (m) mais velho	พี่ชาย	phêe chaai
irmão (m) mais novo	น้องชาย	nórng chaai
irmã (f) mais velha	พี่สาว	phêe sǎao
irmã (f) mais nova	น้องสาว	nórng sǎao
primo (m)	ลูกพี่ลูกน้อง	lôok phêe lôok nórng
prima (f)	ลูกพี่ลูกน้อง	lôok phêe lôok nórng
mamãe (f)	แม่	mâe
papai (m)	พ่อ	phôr
pais (pl)	พ่อแม่	phôr mâe
criança (f)	เด็ก, ลูก	dèk, lôok
crianças (f pl)	เด็กๆ	dèk dèk
avó (f)	ย่า, ยาย	yâa, yaai
avô (m)	ปู่, ตา	bpòo, dtaa
neto (m)	หลานชาย	lǎan chaai
neta (f)	หลานสาว	lǎan sǎao

netos (pl)	หลานๆ	lăan
tio (m)	ลุง	lung
tia (f)	ป้า	bpâa
sobrinho (m)	หลานชาย	lăan chaai
sobrinha (f)	หลานสาว	lăan săao

sogra (f)	แม่ยาย	mâe yaai
sogro (m)	พ่อสามี	phôr săa-mee
genro (m)	ลูกเขย	lôok khŏie
madrasta (f)	แม่เลี้ยง	mâe líang
padrasto (m)	พ่อเลี้ยง	phôr líang

criança (f) de colo	ทารก	thaa-rók
bebê (m)	เด็กเล็ก	dèk lék
menino (m)	เด็ก	dèk

mulher (f)	ภรรยา	phan-rá-yaa
marido (m)	สามี	săa-mee
esposo (m)	สามี	săa-mee
esposa (f)	ภรรยา	phan-rá-yaa

casado (adj)	แต่งงานแล้ว	dtàeng ngaan láew
casada (adj)	แต่งงานแล้ว	dtàeng ngaan láew
solteiro (adj)	เป็นโสด	bpen sòht
solteirão (m)	ชายโสด	chaai sòht
divorciado (adj)	หย่าแล้ว	yàa láew
viúva (f)	แม่หม้าย	mâe mâai
viúvo (m)	พ่อหม้าย	phôr mâai

parente (m)	ญาติ	yâat
parente (m) próximo	ญาติใกล้ชิด	yâat glâi chít
parente (m) distante	ญาติห่างๆ	yâat hàang hàang
parentes (m pl)	ญาติๆ	yâat

órfão (m)	เด็กชายกำพร้า	dèk chaai gam phráa
órfã (f)	เด็กหญิงกำพรา	dèk yĭng gam phráa
tutor (m)	ผู้ปกครอง	phôo bpòk khrorng
adotar (um filho)	บุญธรรม	bun tham
adotar (uma filha)	บุญธรรม	bun tham

56. Amigos. Colegas de trabalho

amigo (m)	เพื่อน	phêuan
amiga (f)	เพื่อน	phêuan
amizade (f)	มิตรภาพ	mít-dtrà-phâap
ser amigos	เป็นเพื่อน	bpen phêuan

amigo (m)	เพื่อนสนิท	phêuan sà-nìt
amiga (f)	เพื่อนสนิท	phêuan sà-nìt
parceiro (m)	หุ้นส่วน	hûn sùan

chefe (m)	หัวหน้า	hŭa-nâa
superior (m)	ผู้บังคับบัญชา	phôo bang-kháp ban-chaa
proprietário (m)	เจ้าของ	jâo khŏrng

subordinado (m)	ลูกน้อง	lôok nórng
colega (m, f)	เพื่อนรวมงาน	phêuan rûam ngaan
conhecido (m)	ผู้คุ้นเคย	phôo khún khoie
companheiro (m) de viagem	เพื่อนรวมทาง	pêuan rûam thaang
colega (m) de classe	เพื่อนรุ่น	phêuan rûn
vizinho (m)	เพื่อนบ้านผู้ชาย	phêuan bâan pôo chaai
vizinha (f)	เพื่อนบ้านผู้หญิง	phêuan bâan phôo yǐng
vizinhos (pl)	เพื่อนบ้าน	phêuan bâan

57. Homem. Mulher

mulher (f)	ผู้หญิง	phôo yǐng
menina (f)	หญิงสาว	yǐng sǎao
noiva (f)	เจ้าสาว	jâo sǎao
bonita, bela (adj)	สวย	sǔay
alta (adj)	สูง	sǒong
esbelta (adj)	ผอม	phǒrm
baixa (adj)	เตี้ย	dtîa
loira (f)	ผมสีทอง	phǒm sěe thorng
morena (f)	ผมสีคล้ำ	phǒm sěe khlám
de senhora	สตรี	sàt-dtree
virgem (f)	บริสุทธิ์	bor-rí-sùt
grávida (adj)	ตั้งครรภ์	dtâng khan
homem (m)	ผู้ชาย	phôo chaai
loiro (m)	ผมสีทอง	phǒm sěe thorng
moreno (m)	ผมสีคล้ำ	phǒm sěe khlám
alto (adj)	สูง	sǒong
baixo (adj)	เตี้ย	dtîa
rude (adj)	หยาบคาย	yàap kaai
atarracado (adj)	แข็งแรง	khǎeng raeng
robusto (adj)	กำยำ	gam-yam
forte (adj)	แข็งแรง	khǎeng raeng
força (f)	ความแข็งแรง	khwaam khǎeng raeng
gordo (adj)	ท้วม	thúam
moreno (adj)	ผิวดำ	phǐw dam
esbelto (adj)	ผอม	phǒrm
elegante (adj)	สง่า	sà-ngàa

58. Idade

idade (f)	อายุ	aa-yú
juventude (f)	วัยเยาว์	wai yao
jovem (adj)	หนุ่ม	nùm
mais novo (adj)	อายุน้อยกว่า	aa-yú nói gwàa

mais velho (adj)	อายุสูงกว่า	aa-yú sŏong gwàa
jovem (m)	ชายหนุ่ม	chaai nùm
adolescente (m)	วัยรุ่น	wai rûn
rapaz (m)	คนหนุ่ม	khon nùm

| velho (m) | ชายชรา | chaai chá-raa |
| velha (f) | หญิงชรา | yĭng chá-raa |

adulto	ผู้ใหญ่	phôo yài
de meia-idade	วัยกลาง	wai glaang
idoso, de idade (adj)	วัยชรา	wai chá-raa
velho (adj)	แก่	gàe

aposentadoria (f)	การเกษียณอายุ	gaan gà-sĭan aa-yú
aposentar-se (vr)	เกษียณ	gà-sĭan
aposentado (m)	ผู้เกษียณอายุ	phôo gà-sĭan aa-yú

59. Crianças

criança (f)	เด็ก, ลูก	dèk, lôok
crianças (f pl)	เด็กๆ	dèk dèk
gêmeos (m pl), gêmeas (f pl)	แฝด	fàet

berço (m)	เปล	bplay
chocalho (m)	ของเล่นกุ๋งกิ๋ง	khŏrng lên gúng-gîng
fralda (f)	ผ้าอ้อม	phâa ôrm

chupeta (f), bico (m)	จุกนม	jùk-nom
carrinho (m) de bebê	รถเข็นเด็ก	rót khĕn dèk
jardim (m) de infância	โรงเรียนอนุบาล	rohng rian a-nú-baan
babysitter, babá (f)	คนเฝ้าเด็ก	khon fâo dèk

infância (f)	วัยเด็ก	wai dèk
boneca (f)	ตุ๊กตา	dtúk-dtaa
brinquedo (m)	ของเล่น	khŏrng lên
jogo (m) de montar	ชุดของเล่นก่อสร้าง	chút khŏrng lên gòr sâang

bem-educado (adj)	มีกิริยามารยาทดี	mee gì-rí-yaa maa-rá-yâat dee
malcriado (adj)	ไม่มีมารยาท	mâi mee maa-rá-yâat
mimado (adj)	เสียคน	sĭa khon

| ser travesso | ซน | son |
| travesso, traquinas (adj) | ซน | son |

| travessura (f) | ความเกเร | kwaam gay-ray |
| criança (f) travessa | เด็กเกเร | dèk gay-ray |

| obediente (adj) | ที่เชื่อฟัง | thêe chêua fang |
| desobediente (adj) | ที่ไม่เชื่อฟัง | thêe mâi chêua fang |

dócil (adj)	ที่เชื่อฟังผู้ใหญ่	thêe chêua fang phôo yài
inteligente (adj)	ฉลาด	chà-làat
prodígio (m)	เด็กมีพรสวรรค์	dèk mee phon sà-wăn

60. Casais. Vida de família

beijar (vt)	จูบ	jòop
beijar-se (vr)	จูบ	jòop
família (f)	ครอบครัว	khrôrp khrua
familiar (vida ~)	ครอบครัว	khrôrp khrua
casal (m)	ผัวเมีย	phǔa mia
matrimônio (m)	การแต่งงาน	gaan dtàeng ngaan
lar (m)	บ้าน	bâan
dinastia (f)	วงศ์ตระกูล	wong dtrà-goon
encontro (m)	การออกเดท	gaan òrk dàyt
beijo (m)	การจูบ	gaan jòop
amor (m)	ความรัก	khwaam rák
amar (pessoa)	รัก	rák
amado, querido (adj)	ที่รัก	thêe rák
ternura (f)	ความละเมียดละไม	khwaam lá-mîat lá-mai
afetuoso (adj)	ละเมียดละไม	lá-mîat lá-mai
fidelidade (f)	ความซื่อ	khwaam sêu
fiel (adj)	ซื่อ	sêu
cuidado (m)	การดูแล	gaan doo lae
carinhoso (adj)	ชอบดูแล	chôrp doo lae
recém-casados (pl)	คู่แต่งงานใหม่	khôo dtàeng ngaan mài
lua (f) de mel	ฮันนีมูน	han-nee-moon
casar-se (com um homem)	แต่งงาน	dtàeng ngaan
casar-se (com uma mulher)	แต่งงาน	dtàeng ngaan
casamento (m)	การสมรส	gaan sǒm rót
bodas (f pl) de ouro	การสมรสครบรอบ50ปี	gaan sǒm rót khróp rôrp hâa-sìp bpee
aniversário (m)	วันครบรอบ	wan khróp rôrp
amante (m)	คู่รัก	khôo rák
amante (f)	เมียน้อย	mia nói
adultério (m), traição (f)	การคบชู้	gaan khóp chóo
cometer adultério	คบชู้	khóp chóo
ciumento (adj)	หึงหวง	hěung hǔang
ser ciumento, -a	หึง	hěung
divórcio (m)	การหย่าร้าง	gaan yàa ráang
divorciar-se (vr)	หย่า	yàa
brigar (discutir)	ทะเลาะ	thá-lór
fazer as pazes	ประนีประนอม	bprà-nee-bprà-nom
juntos (ir ~)	ด้วยกัน	dûay gan
sexo (m)	เพศสัมพันธ์	phâyt sǎm-phan
felicidade (f)	ความสุข	khwaam sùk
feliz (adj)	มีความสุข	mee khwaam sùk
infelicidade (f)	เหตุร้าย	hàyt ráai
infeliz (adj)	ไม่มีความสุข	mâi mee khwaam sùk

Caráter. Sentimentos. Emoções

61. Sentimentos. Emoções

sentimento (m)	ความรู้สึก	khwaam róo sèuk
sentimentos (m pl)	ความรู้สึก	khwaam róo sèuk
sentir (vt)	รู้สึก	róo sèuk
fome (f)	ความหิว	khwaam hǐw
ter fome	หิว	hǐw
sede (f)	ความกระหาย	khwaam grà-hǎai
ter sede	กระหาย	grà-hǎai
sonolência (f)	ความง่วง	khwaam ngûang
estar sonolento	ง่วง	ngûang
cansaço (m)	ความเหนื่อย	khwaam nèuay
cansado (adj)	เหนื่อย	nèuay
ficar cansado	เหนื่อย	nèuay
humor (m)	อารมณ์	aa-rom
tédio (m)	ความเบื่อ	khwaam bèua
entediar-se (vr)	เบื่อ	bèua
reclusão (isolamento)	ความเหงา	khwaam ngǎo
isolar-se (vr)	ปลีกวิเวก	bplèek wí-wâyk
preocupar (vt)	ทำให้...เป็นห่วง	tham hâi...bpen hùang
estar preocupado	กังวล	gang-won
preocupação (f)	ความเป็นห่วง	khwaam bpen hùang
ansiedade (f)	ความวิตกกังวล	khwaam wí-dtòk gang-won
preocupado (adj)	เป็นห่วงใหญ่	bpen hùang yài
estar nervoso	กระวนกระวาย	grà won grà waai
entrar em pânico	ตื่นตระหนก	dtèun dtrà-nòk
esperança (f)	ความหวัง	khwaam wǎng
esperar (vt)	หวัง	wǎng
certeza (f)	ความแน่ใจ	khwaam nâe jai
certo, seguro de ...	แน่ใจ	nâe jai
indecisão (f)	ความไม่มั่นใจ	khwaam mâi mân jai
indeciso (adj)	ไม่มั่นใจ	mâi mân jai
bêbado (adj)	เมา	mao
sóbrio (adj)	ไม่เมา	mâi mao
fraco (adj)	อ่อนแอ	òrn ae
feliz (adj)	มีความสุข	mee khwaam sùk
assustar (vt)	ทำให้...กลัว	tham hâi...glua
fúria (f)	ความโกรธเคือง	khwaam gròht kheuang
ira, raiva (f)	ความเดือดดาล	khwaam dèuat daan
depressão (f)	ความหดหู่	khwaam hòt-hòo
desconforto (m)	อึดอัด	èut àt

conforto (m)	สบาย	sà-baai
arrepender-se (vr)	เสียดาย	sĭa daai
arrependimento (m)	ความเสียดาย	khwaam sĭa daai
azar (m), má sorte (f)	โชคราย	chôhk ráai
tristeza (f)	ความเศรา	khwaam sâo

vergonha (f)	ความละอายใจ	khwaam lá-aai jai
alegria (f)	ความปีติ	khwaam bpì-dtì
entusiasmo (m)	ความกระตือรือรน	khwaam grà-dteu-reu-rón
entusiasta (m)	คนที่กระตือรือรน	khon thêe grà-dteu-reu-rón
mostrar entusiasmo	แสดงความ กระตือรือรน	sà-daeng khwaam grà-dteu-reu-rón

62. Caráter. Personalidade

caráter (m)	นิสัย	ní-sǎi
falha (f) de caráter	ขอเสีย	khôr sĭa
mente (f)	สติ	sà-dtì
razão (f)	สติ	sà-dtì

consciência (f)	มโนธรรม	má-noh tham
hábito, costume (m)	นิสัย	ní-sǎi
habilidade (f)	ความสามารถ	khwaam sǎa-mâat
saber (~ nadar, etc.)	สามารถ	sǎa-mâat

paciente (adj)	อดทน	òt thon
impaciente (adj)	ใจรอนใจเร็ว	jai rórn jai reo
curioso (adj)	อยากรูอยากเห็น	yàak róo yàak hěn
curiosidade (f)	ความอยากรูอยากเห็น	khwaam yàak róo yàak hěn

modéstia (f)	ความถอมตน	khwaam thòrm dton
modesto (adj)	ถอมตน	thòrm dton
imodesto (adj)	หยาบโลน	yàap lohn

preguiça (f)	ความขี้เกียจ	khwaam khêe gìat
preguiçoso (adj)	ขี้เกียจ	khêe gìat
preguiçoso (m)	คนขี้เกียจ	khon khêe gìat

astúcia (f)	ความเจาเลห	khwaam jâo lây
astuto (adj)	เจาเลห	jâo lây
desconfiança (f)	ความหวาดระแวง	khwaam wàat rá-waeng
desconfiado (adj)	เคลือบแคลง	khlêuap-khlaeng

generosidade (f)	ความเอื้อเฟื้อ	khwaam êua féua
generoso (adj)	มีน้ำใจ	mee nám jai
talentoso (adj)	มีพรสวรรค	mee phon sà-wǎn
talento (m)	พรสวรรค	phon sà-wǎn

corajoso (adj)	กลาหาญ	glâa hǎan
coragem (f)	ความกลาหาญ	khwaam glâa hǎan
honesto (adj)	ซื่อสัตย	sêu sàt
honestidade (f)	ความซื่อสัตย	khwaam sêu sàt
prudente, cuidadoso (adj)	ระมัดระวัง	rá mát rá-wang
valoroso (adj)	กลา	glâa

| sério (adj) | เอาจริงเอาจัง | ao jing ao jang |
| severo (adj) | เข็มงวด | khêm ngûat |

decidido (adj)	เด็ดเดี่ยว	dèt dìeow
indeciso (adj)	ไม่เด็ดขาด	mâi dèt khàat
tímido (adj)	อาย	aai
timidez (f)	ความขวยอาย	khwaam khǔay aai

confiança (f)	ความไว้ใจ	khwaam wái jai
confiar (vt)	ไว้เนื้อเชื่อใจ	wái néua chêua jai
crédulo (adj)	เชื่อใจ	chêua jai

sinceramente	อย่างจริงใจ	yàang jing jai
sincero (adj)	จริงใจ	jing jai
sinceridade (f)	ความจริงใจ	khwaam jing jai
aberto (adj)	เปิดเผย	bpèrt phǒie

calmo (adj)	ใจเย็น	jai yen
franco (adj)	จริงใจ	jing jai
ingênuo (adj)	หลงเชื่อ	lǒng chêua
distraído (adj)	ใจลอย	jai loi
engraçado (adj)	ตลก	dtà-lòk

ganância (f)	ความโลภ	khwaam lôhp
ganancioso (adj)	โลภ	lôhp
avarento, sovina (adj)	ขี้เหนียว	khêe nǐeow
mal (adj)	เลว	leo
teimoso (adj)	ดื้อ	dêu
desagradável (adj)	ไม่น่าพึงพอใจ	mâi nâa pheung phor jai

egoísta (m)	คนที่เห็นแก่ตัว	khon thêe hěn gàe dtua
egoísta (adj)	เห็นแก่ตัว	hěn gàe dtua
covarde (m)	ดูขี้ขลาด	khon khêe khlàat
covarde (adj)	ขี้ขลาด	khêe khlàat

63. O sono. Sonhos

dormir (vi)	นอน	norn
sono (m)	ความนอน	khwaam norn
sonho (m)	ความฝัน	khwaam fǎn
sonhar (ver sonhos)	ฝัน	fǎn
sonolento (adj)	ง่วง	ngûang

cama (f)	เตียง	dtiang
colchão (m)	ฟูกนอน	fôok norn
cobertor (m)	ผ้าห่ม	phâa hòm
travesseiro (m)	หมอน	mǒrn
lençol (m)	ผ้าปูที่นอน	phâa bpoo thêe norn

insônia (f)	อาการนอนไม่หลับ	aa-gaan norn mâi làp
sem sono (adj)	นอนไม่หลับ	norn mâi làp
sonífero (m)	ยานอนหลับ	yaa-norn-làp
tomar um sonífero	กินยานอนหลับ	gin yaa-norn-làp
estar sonolento	ง่วง	ngûang

bocejar (vi)	หาว	hăao
ir para a cama	ไปนอน	bpai norn
fazer a cama	ปูที่นอน	bpoo thêe norn
adormecer (vi)	หลับ	làp

pesadelo (m)	ฝันร้าย	făn ráai
ronco (m)	การกรน	gaan-kron
roncar (vi)	กรน	gron

despertador (m)	นาฬิกาปลุก	naa-lí-gaa bplùk
acordar, despertar (vt)	ปลุก	bplùk
acordar (vi)	ตื่น	dtèun
levantar-se (vr)	ลุกขึ้น	lúk khêun
lavar-se (vr)	ล้างหน้าล้างตา	láang nâa láang dtaa

64. Humor. Riso. Alegria

humor (m)	อารมณ์ขัน	aa-rom khăn
senso (m) de humor	อารมณ์	aa-rom
divertir-se (vr)	เริงรื่น	rerng rêun
alegre (adj)	เริงรื่น	rerng rêun
diversão (f)	ความรื่นเริง	khwaam rêun-rerng

sorriso (m)	รอยยิ้ม	roi yím
sorrir (vi)	ยิ้ม	yím
começar a rir	เริมหัวเราะ	rêrm hŭa rór
rir (vi)	หัวเราะ	hŭa rór
riso (m)	การหัวเราะ	gaan hŭa rór

anedota (f)	เรื่องขำขัน	rêuang khăm khăn
engraçado (adj)	ตลก	dtà-lòk
ridículo, cômico (adj)	ขบขัน	khòp khăn

brincar (vi)	ล้อเล่น	lór lên
piada (f)	ตลก	dtà-lòk
alegria (f)	ความสุขสันต์	khwaam sùk-săn
regozijar-se (vr)	โมทนา	moh-thá-naa
alegre (adj)	ยินดี	yin dee

65. Discussão, conversação. Parte 1

| comunicação (f) | การสื่อสาร | gaan sèu săn |
| comunicar-se (vr) | สื่อสาร | sèu săn |

conversa (f)	การสนทนา	gaan sŏn-thá-naa
diálogo (m)	บทสนทนา	bòt sŏn-thá-naa
discussão (f)	การหารือ	gaan hăa-reu
debate (m)	การโต้แยง	gaan dtôh yáeng
debater (vt)	โต้แยง	dtôh yáeng

| interlocutor (m) | คู่สนทนา | khôo sŏn-tá-naa |
| tema (m) | หัวขอ | hŭa khôr |

ponto (m) de vista	แง่คิด	ngâe khít
opinião (f)	ความคิดเห็น	khwaam khít hěn
discurso (m)	สุนทรพจน์	sǔn tha ra phót

discussão (f)	การหารือ	gaan hǎa-reu
discutir (vt)	หารือ	hǎa-reu
conversa (f)	การสนทนา	gaan sǒn-thá-naa
conversar (vi)	คุยกัน	khui gan
reunião (f)	การพบกัน	gaan phóp gan
encontrar-se (vr)	พบ	phóp

provérbio (m)	สุภาษิต	sù-phaa-sìt
ditado, provérbio (m)	คำกล่าว	kham glàao
adivinha (f)	ปริศนา	bprìt-sà-nǎa
dizer uma adivinha	ถามปริศนา	thǎam bprìt-sà-nǎa
senha (f)	รหัสผ่าน	rá-hàt phàan
segredo (m)	ความลับ	khwaam láp

juramento (m)	คำสาบาน	kham sǎa-baan
jurar (vi)	สาบาน	sǎa baan
promessa (f)	คำสัญญา	kham sǎn-yaa
prometer (vt)	สัญญา	sǎn-yaa

conselho (m)	คำแนะนำ	kham náe nam
aconselhar (vt)	แนะนำ	náe nam
seguir o conselho	ทำตามคำแนะนำ	tham dtaam kham náe nam
escutar (~ os conselhos)	เชื่อฟัง	chêua fang

novidade, notícia (f)	ข่าว	khàao
sensação (f)	ข่าวดัง	khàao dang
informação (f)	ข้อมูล	khôr moon
conclusão (f)	ข้อสรุป	khôr sà-rùp
voz (f)	เสียง	sǐang
elogio (m)	คำชมเชย	kham chom choie
amável, querido (adj)	ใจดี	jai dee

palavra (f)	คำ	kham
frase (f)	วลี	wá-lee
resposta (f)	คำตอบ	kham dtòrp
verdade (f)	ความจริง	khwaam jing
mentira (f)	การโกหก	gaan goh-hòk

pensamento (m)	ความคิด	khwaam khít
ideia (f)	ความคิด	khwaam khít
fantasia (f)	จินตนาการ	jin-dtà-naa gaan

66. Discussão, conversação. Parte 2

estimado, respeitado (adj)	ที่นับถือ	thêe náp thěu
respeitar (vt)	นับถือ	náp thěu
respeito (m)	ความนับถือ	khwaam náp thěu
Estimado ..., Caro ...	ท่าน	thâan
apresentar (alguém a alguém)	แนะนำ	náe nam

conhecer (vt)	รู้จัก	róo jàk
intenção (f)	ความตั้งใจ	khwaam dtâng jai
tencionar (~ fazer algo)	ตั้งใจ	dtâng jai
desejo (de boa sorte)	การขอพร	gaan khŏr phon
desejar (ex. ~ boa sorte)	ขอ	khŏr

surpresa (f)	ความประหลาดใจ	khwaam bprà-làat jai
surpreender (vt)	ทำให้...ประหลาดใจ	tham hâi...bprà-làat jai
surpreender-se (vr)	ประหลาดใจ	bprà-làat jai

dar (vt)	ให้	hâi
pegar (tomar)	รับ	ráp
devolver (vt)	ให้คืน	hâi kheun
retornar (vt)	เอาคืน	ao kheun

desculpar-se (vr)	ขอโทษ	khŏr thôht
desculpa (f)	คำขอโทษ	kham khŏr thôht
perdoar (vt)	ให้อภัย	hâi a-phai

falar (vi)	คุยกัน	khui gan
escutar (vt)	ฟัง	fang
ouvir até o fim	ฟังจนจบ	fang jon jòp
entender (compreender)	เข้าใจ	khâo jai

mostrar (vt)	แสดง	sà-daeng
olhar para ...	ดู	doo
chamar (alguém para ...)	เรียก	rîak
perturbar, distrair (vt)	รบกวน	róp guan
perturbar (vt)	รบกวน	róp guan
entregar (~ em mãos)	ส่ง	sòng

pedido (m)	ข้อร้องขอ	khŏr rórng khŏr
pedir (ex. ~ ajuda)	ร้องขอ	rórng khŏr
exigência (f)	ข้อเรียกร้อง	khŏr rîak rórng
exigir (vt)	เรียกร้อง	rîak rórng

insultar (chamar nomes)	แซว	saew
zombar (vt)	ล้อเลียน	lór lian
zombaria (f)	ข้อล้อเลียน	khŏr lór lian
alcunha (f), apelido (m)	ชื่อเล่น	chêu lên

insinuação (f)	การพูดเป็นนัย	gaan phôot bpen nai
insinuar (vt)	พูดเป็นนัย	phôot bpen nai
querer dizer	หมายความว่า	măai khwaam wâa

descrição (f)	คำพรรณนา	kham phan-ná-naa
descrever (vt)	พรรณนา	phan-ná-naa
elogio (m)	คำชม	kham chom
elogiar (vt)	ชม	chom

desapontamento (m)	ความผิดหวัง	khwaam phìt wăng
desapontar (vt)	ทำให้...ผิดหวัง	tham hâi...phìt wăng
desapontar-se (vr)	ผิดหวัง	phìt wăng

| suposição (f) | ข้อสมมุติ | khŏr sŏm mút |
| supor (vt) | สมมุติ | sŏm mút |

| advertência (f) | คำเตือน | kham dteuan |
| advertir (vt) | เตือน | dteuan |

67. Discussão, conversação. Parte 3

| convencer (vt) | เกลี้ยกล่อม | glîak-glôrm |
| acalmar (vt) | ทำให้...สงบ | tham hâi...sà-ngòp |

silêncio (o ~ é de ouro)	ความเงียบ	khwaam ngîap
ficar em silêncio	เงียบ	ngîap
sussurrar (vt)	กระซิบ	grà síp
sussurro (m)	เสียงกระซิบ	sĭang grà síp

| francamente | พูดตรงๆ | phôot dtrorng dtrorng |
| na minha opinião ... | ในสายตาของ ผม/ฉัน... | nai săai dtaa-kŏrng phŏm/chăn... |

detalhe (~ da história)	รายละเอียด	raai lá-ìat
detalhado (adj)	โดยละเอียด	doi lá-ìat
detalhadamente	อย่างละเอียด	yàang lá-ìat

| dica (f) | คำบอกใบ้ | kham bòrk bâi |
| dar uma dica | บอกใบ | bòrk bâi |

olhar (m)	การมอง	gaan morng
dar uma olhada	มอง	morng
fixo (olhada ~a)	จอง	jôrng
piscar (vi)	กระพริบตา	grà phríp dtaa
piscar (vt)	ขยิบตา	khà-yìp dtaa
acenar com a cabeça	พยักหน้า	phá-yák nâa

suspiro (m)	การถอนหายใจ	gaan thŏrn hăai jai
suspirar (vi)	ถอนหายใจ	thŏrn hăai-jai
estremecer (vi)	สั่น	sàn
gesto (m)	อิริยาบถ	i-rí-yaa-bòt
tocar (com as mãos)	สัมผัส	săm-phàt
agarrar (~ pelo braço)	จับ	jàp
bater de leve	แตะ	dtàe

Cuidado!	ระวัง!	rá-wang
Sério?	จริงหรือ?	jing rěu
Tem certeza?	คุณแน่ใจหรือ?	khun nâe jai rěu
Boa sorte!	ขอให้โชคดี!	khŏr hâi chôhk dee
Entendi!	ฉันเข้าใจ!	chăn khâo jai
Que pena!	น่าเสียดาย!	nâa sĭa-daai

68. Acordo. Recusa

consentimento (~ mútuo)	การยินยอม	gaan yin yorm
consentir (vi)	ยินยอม	yin yorm
aprovação (f)	คำอนุมัติ	kham a-nú-mát
aprovar (vt)	อนุมัติ	a-nú-mát

recusa (f)	คำปฏิเสธ	kham bpà-dtì-sàyt
negar-se a ...	ปฏิเสธ	bpà-dtì-sàyt
Ótimo!	เยี่ยม!	yîam
Tudo bem!	ดีเลย!	dee loie
Está bem! De acordo!	โอเค!	oh-khay
proibido (adj)	ไม่ได้รับอนุญาต	mâi dâai ráp a-nú-yâat
é proibido	ห้าม	hâam
é impossível	มันเป็นไปไม่ได้	man bpen bpai mâi dâai
incorreto (adj)	ไม่ถูกต้อง	mâi thòok dtôrng
rejeitar (~ um pedido)	ปฏิเสธ	bpà-dtì-sàyt
apoiar (vt)	สนับสนุน	sà-nàp-sà-nǔn
aceitar (desculpas, etc.)	ยอมรับ	yorm ráp
confirmar (vt)	ยืนยัน	yeun yan
confirmação (f)	คำยืนยัน	kham yeun yan
permissão (f)	คำอนุญาต	kham a-nú-yâat
permitir (vt)	อนุญาต	a-nú-yâat
decisão (f)	การตัดสินใจ	gaan dtàt sǐn jai
não dizer nada	ไม่พูดอะไร	mâi phôot a-rai
condição (com uma ~)	เงื่อนไข	ngêuan khǎi
pretexto (m)	ข้ออ้าง	khôr âang
elogio (m)	คำชม	kham chom
elogiar (vt)	ชม	chom

69. Sucesso. Boa sorte. Insucesso

êxito, sucesso (m)	ความสำเร็จ	khwaam sǎm-rèt
com êxito	ให้เป็นผลสำเร็จ	hâi bpen phǒn sǎm-rèt
bem sucedido (adj)	ที่สำเร็จ	thêe sǎm-rèt
sorte (fortuna)	โชค	chôhk
Boa sorte!	ขอให้โชคดี!	khôr hâi chôhk dee
de sorte	มีโชค	mee chôhk
sortudo, felizardo (adj)	มีโชคดี	mee chôhk dee
fracasso (m)	ความล้มเหลว	khwaam lóm lěo
pouca sorte (f)	โชคร้าย	chôhk ráai
azar (m), má sorte (f)	โชคร้าย	chôhk ráai
mal sucedido (adj)	ไม่ประสบ	mâi bprà-sòp
	ความสำเร็จ	khwaam sǎm-rèt
catástrofe (f)	ความล้มเหลว	khwaam lóm lěo
orgulho (m)	ความภาคภูมิใจ	khwaam phâak phoom jai
orgulhoso (adj)	ภูมิใจ	phoom jai
estar orgulhoso, -a	ภูมิใจ	phoom jai
vencedor (m)	ผู้ชนะ	phôo chá-ná
vencer (vi, vt)	ชนะ	chá-ná
perder (vt)	แพ้	pháe
tentativa (f)	ความพยายาม	khwaam phá-yaa-yaam

| tentar (vt) | พยายาม | phá-yaa-yaam |
| chance (m) | โอกาส | oh-gàat |

70. Conflitos. Emoções negativas

grito (m)	เสียงตะโกน	sĭang dtà-gohn
gritar (vi)	ตะโกน	dtà-gohn
começar a gritar	เริ่มตะโกน	rêrm dtà-gohn

discussão (f)	การทะเลาะ	gaan thá-lór
brigar (discutir)	ทะเลาะ	thá-lór
escândalo (m)	ความทะเลาะ	khwaam thá-lór
criar escândalo	ตีโพยตีพาย	dtee phoi dtee phaai
conflito (m)	ความขัดแย้ง	khwaam khàt yáeng
mal-entendido (m)	การเข้าใจผิด	gaan khâo jai phìt

insulto (m)	คำดูถูก	kham doo thòok
insultar (vt)	ดูถูก	doo thòok
insultado (adj)	โดนดูถูก	dohn doo thòok
ofensa (f)	ความเคียดแค้น	khwaam khîat-kháen
ofender (vt)	ลวงเกิน	lûang gern
ofender-se (vr)	ถือสา	thĕu săa

indignação (f)	ความโกรธแค้น	khwaam gròht kháen
indignar-se (vr)	ขุนเคือง	khùn kheuang
queixa (f)	คำร้อง	kham rórng
queixar-se (vr)	บ่น	bòn

desculpa (f)	คำขอโทษ	kham khŏr thôht
desculpar-se (vr)	ขอโทษ	khŏr thôht
pedir perdão	ขออภัย	khŏr a-phai

crítica (f)	คำวิจารณ์	kham wí-jaan
criticar (vt)	วิจารณ์	wí-jaan
acusação (f)	การกล่าวหา	gaan glàao hăa
acusar (vt)	กล่าวหา	glàao hăa

vingança (f)	การแก้แค้น	gaan gâe kháen
vingar (vt)	แก้แค้น	gâe kháen
vingar-se de	แก้แค้น	gâe kháen

desprezo (m)	ความดูหมิ่น	khwaam doo mìn
desprezar (vt)	ดูหมิ่น	doo mìn
ódio (m)	ความเกลียดชัง	khwaam glìat chang
odiar (vt)	เกลียด	glìat

nervoso (adj)	กระวนกระวาย	grà won grà waai
estar nervoso	กระวนกระวาย	grà won grà waai
zangado (adj)	โกรธ	gròht
zangar (vt)	ทำให้...โกรธ	tham hâi...gròht

humilhação (f)	ความเสียดเย้ย	khwaam sìat yóie
humilhar (vt)	ฉีกหน้า	chèek nâa
humilhar-se (vr)	ฉีกหน้าตนเอง	chèek nâa dton ayng

choque (m)	ความตกตะลึง	khwaam dtòk dtà-leung
chocar (vt)	ทำให้...ตกตะลึง	tham hâi...dtòk dtà-leung
aborrecimento (m)	ปัญหา	bpan-hǎa
desagradável (adj)	ไม่น่าพึงพอใจ	mâi nâa pheung phor jai
medo (m)	ความกลัว	khwaam glua
terrível (tempestade, etc.)	แย	yâe
assustador (ex. história ~a)	น่ากลัว	nâa glua
horror (m)	ความกลัว	khwaam glua
horrível (crime, etc.)	แยมาก	yâe mâak
começar a tremer	เริ่มตัวสั่น	rêrm dtua sàn
chorar (vi)	รองไห้	rórng hâi
começar a chorar	เริ่มรองไห้	rêrm rórng hâi
lágrima (f)	น้ำตา	nám dtaa
falta (f)	ความผิด	khwaam phìt
culpa (f)	ผิด	phìt
desonra (f)	เสียเกียรติ	sǐa gìat
protesto (m)	การปะรุะทวง	gaan bprà-thúang
estresse (m)	ความวาวุนใจ	khwaam wáa-wûn-jai
perturbar (vt)	รบกวน	róp guan
zangar-se com ...	โกรธจัด	gròht jàt
zangado (irritado)	โกรธ	gròht
terminar (vt)	ยุติ	yút-dtì
praguejar	ดุดา	dù dàa
assustar-se	ตกใจ	dtòk jai
golpear (vt)	ตี	dtee
brigar (na rua, etc.)	สู	sôo
resolver (o conflito)	ยุติ	yút-dtì
descontente (adj)	ไม่พอใจ	mâi phor jai
furioso (adj)	โกรธจัด	gròht jàt
Não está bem!	มันไม่ค่อยดี	man mâi khôi dee
É ruim!	มันไม่ดีเลย	man mâi dee loie

Medicina

71. Doenças

doença (f)	โรค	rôhk
estar doente	ป่วย	bpùay
saúde (f)	สุขภาพ	sùk-khà-phâap
nariz (m) escorrendo	น้ำมูกไหล	nám môok lǎi
amigdalite (f)	ตอมทอนซิลอักเสบ	dtòm thorn-sin àk-sàyp
resfriado (m)	หวัด	wàt
ficar resfriado	เป็นหวัด	bpen wàt
bronquite (f)	โรคหลอดลมอักเสบ	rôhk lòrt lom àk-sàyp
pneumonia (f)	โรคปอดบวม	rôhk bpòrt-buam
gripe (f)	ไข้หวัดใหญ่	khâi wàt yài
míope (adj)	สายตาสั้น	sǎai dtaa sân
presbita (adj)	สายตายาว	sǎai dtaa yaao
estrabismo (m)	ตาเหล่	dtaa làay
estrábico, vesgo (adj)	เป็นตาเหล่	bpen dtaa kǎy rěu làay
catarata (f)	ตุอกระจก	dtôr grà-jòk
glaucoma (m)	ตอหิน	dtôr hǐn
AVC (m), apoplexia (f)	โรคหลอดเลือดสมอง	rôhk lòrt lêuat sà-mǒrng
ataque (m) cardíaco	อาการหัวใจวาย	aa-gaan hǔa jai waai
enfarte (m) do miocárdio	กล้ามเนื้อหัวใจตาย	glâam néua hǔa jai dtaai
	เหตุขาดเลือด	hàyt khàat lêuat
paralisia (f)	อัมพาต	am-má-phâat
paralisar (vt)	ทำให้เป็นอัมพาต	tham hâi bpen am-má-phâat
alergia (f)	ภูมิแพ้	phoom pháe
asma (f)	โรคหืด	rôhk hèut
diabetes (f)	โรคเบาหวาน	rôhk bao wǎan
dor (f) de dente	อาการปวดฟัน	aa-gaan bpùat fan
cárie (f)	ฟันผุ	fan phù
diarreia (f)	อาการท้องเสีย	aa-gaan thórng sǐa
prisão (f) de ventre	อาการท้องผูก	aa-gaan thórng phòok
desarranjo (m) intestinal	อาการปวดท้อง	aa-gaan bpùat thórng
intoxicação (f) alimentar	ภาวะอาหารเป็นพิษ	phaa-wá aa hǎan bpen pít
intoxicar-se	กินอาหารเป็นพิษ	gin aa hǎan bpen phít
artrite (f)	โรคข้ออักเสบ	rôhk khôr àk-sàyp
raquitismo (m)	โรคกระดูกออน	rôhk grà-dòok òrn
reumatismo (m)	โรครูมาติก	rôhk roo-maa-dtìk
arteriosclerose (f)	ภาวะหลอดเลือดแข็ง	phaa-wá lòrt lêuat khǎeng
gastrite (f)	โรคกระเพาะอาหาร	rôhk grà-phór aa-hǎan
apendicite (f)	ไส้ติ่งอักเสบ	sâi dtìng àk-sàyp

| colecistite (f) | โรคถุงน้ำดีอักเสบ | rôhk thǔng nám dee àk-sàyp |
| úlcera (f) | แผลเปื่อย | phlǎe bpèuay |

sarampo (m)	โรคหัด	rôhk hàt
rubéola (f)	โรคหัดเยอรมัน	rôhk hàt yer-rá-man
icterícia (f)	โรคดีซ่าน	rôhk dee sâan
hepatite (f)	โรคตับอักเสบ	rôhk dtàp àk-sàyp

esquizofrenia (f)	โรคจิตเภท	rôhk jìt-dtà-phâyt
raiva (f)	โรคพิษสุนัขบ้า	rôhk phít sù-nák bâa
neurose (f)	โรคประสาท	rôhk bprà-sàat
contusão (f) cerebral	สมองกระทบกระเทือน	sà-mǒrng grà-thóp grà-theuan

câncer (m)	มะเร็ง	má-reng
esclerose (f)	การแข็งตัวของเนื้อเยื่อรางกาย	gaan kǎeng dtua kǒng néua yêua râang gaai
esclerose (f) múltipla	โรคปลอกประสาทเสื่อมแข็ง	rôhk bplòk bprà-sàat sèuam kǎeng

alcoolismo (m)	โรคพิษสุราเรื้อรัง	rôhk phít sù-raa réua rang
alcoólico (m)	คนขี้เหล้า	khon khêe lâo
sífilis (f)	โรคซิฟิลิส	rôhk sí-fí-lít
AIDS (f)	โรคเอดส์	rôhk àyt

tumor (m)	เนื้องอก	néua ngôk
maligno (adj)	ร้าย	ráai
benigno (adj)	ไม่ร้าย	mâi ráai

febre (f)	ไข้	khâi
malária (f)	ไข้มาลาเรีย	kâi maa-laa-ria
gangrena (f)	เนื้อตายเน่า	néua dtaai nâo
enjoo (m)	ภาวะเมาคลื่น	phaa-wá mao khlêun
epilepsia (f)	โรคลมบ้าหมู	rôhk lom bâa-mǒo

epidemia (f)	โรคระบาด	rôhk rá-bàat
tifo (m)	โรครากสาดใหญ่	rôhk râak-sàat yài
tuberculose (f)	วัณโรค	wan-ná-rôhk
cólera (f)	อหิวาตกโรค	a-hì-wâat-gà-rôhk
peste (f) bubônica	กาฬโรค	gaan-lá-rôhk

72. Sintomas. Tratamentos. Parte 1

sintoma (m)	อาการ	aa-gaan
temperatura (f)	อุณหภูมิ	un-hà-phoom
febre (f)	อุณหภูมิสูง	un-hà-phoom sǒong
pulso (m)	ชีพจร	chêep-phá-jon

vertigem (f)	อาการเวียนหัว	aa-gaan wian hǔa
quente (testa, etc.)	ร้อน	rórn
calafrio (m)	หนาวสั่น	nǎao sàn
pálido (adj)	หน้าเชียว	nâa sieow
tosse (f)	การไอ	gaan ai
tossir (vi)	ไอ	ai

espirrar (vi)	จาม	jaam
desmaio (m)	การเป็นลม	gaan bpen lom
desmaiar (vi)	เป็นลม	bpen lom
mancha (f) preta	ฟกช้ำ	fók chám
galo (m)	บวม	buam
machucar-se (vr)	ชน	chon
contusão (f)	รอยฟกช้ำ	roi fók chám
machucar-se (vr)	ได้รอยช้ำ	dâai roi chám
mancar (vi)	กะโผลกกะเผลก	gà-phlòhk-gà-phlàyk
deslocamento (f)	ขอหลุด	khôr lùt
deslocar (vt)	ทำขอหลุด	tham khôr lùt
fratura (f)	กระดูกหัก	grà-dòok hàk
fraturar (vt)	หักกระดูก	hàk grà-dòok
corte (m)	รอยบาด	roi bàat
cortar-se (vr)	ทำบาด	tham bàat
hemorragia (f)	การเลือดไหล	gaan lêuat lăi
queimadura (f)	แผลไฟไหม้	phlăe fai mâi
queimar-se (vr)	ได้รับแผลไฟไหม้	dâai ráp phlăe fai mâi
picar (vt)	ตำ	dtam
picar-se (vr)	ตำตัวเอง	dtam dtua ayng
lesionar (vt)	ทำให้บาดเจ็บ	tham hâi bàat jèp
lesão (m)	การบาดเจ็บ	gaan bàat jèp
ferida (f), ferimento (m)	แผล	phlăe
trauma (m)	แผลบาดเจ็บ	phlăe bàat jèp
delirar (vi)	คลุ้มคลั่ง	khlúm khlâng
gaguejar (vi)	พูดตะกุกตะกัก	phôot dtà-gùk-dtà-gàk
insolação (f)	โรคลมแดด	rôhk lom dàet

73. Sintomas. Tratamentos. Parte 2

dor (f)	ความเจ็บปวด	khwaam jèp bpùat
farpa (no dedo, etc.)	เสี้ยน	sîan
suor (m)	เหงื่อ	ngèua
suar (vi)	เหงื่อออก	ngèua òrk
vômito (m)	การอาเจียน	gaan aa-jian
convulsões (f pl)	การชัก	gaan chák
grávida (adj)	ตั้งครรภ์	dtâng khan
nascer (vi)	เกิด	gèrt
parto (m)	การคลอด	gaan khlôrt
dar à luz	คลอดบุตร	khlôrt bùt
aborto (m)	การแท้งบุตร	gaan tháeng bùt
respiração (f)	การหายใจ	gaan hăai-jai
inspiração (f)	การหายใจเข้า	gaan hăai-jai khâo
expiração (f)	การหายใจออก	gaan hăai-jai òrk
expirar (vi)	หายใจออก	hăai-jai òrk

inspirar (vi)	หายใจเข้า	hăai-jai khâo
inválido (m)	คนพิการ	khon phí-gaan
aleijado (m)	พิการ	phí-gaan
drogado (m)	ผู้ติดยาเสพติด	phôo dtìt yaa-sàyp-dtìt
surdo (adj)	หูหนวก	hŏo nùak
mudo (adj)	เป็นใบ	bpen bâi
surdo-mudo (adj)	หูหนวกเป็นใบ	hŏo nùak bpen bâi
louco, insano (adj)	บ้า	bâa
louco (m)	คนบ้า	khon bâa
louca (f)	คนบ้า	khon bâa
ficar louco	เสียสติ	sĭa sà-dtì
gene (m)	ยีน	yeun
imunidade (f)	ภูมิคุ้มกัน	phoom khúm gan
hereditário (adj)	เป็นกรรมพันธุ์	bpen gam-má-phan
congênito (adj)	แต่กำเนิด	dtàe gam-nèrt
vírus (m)	เชื้อไวรัส	chéua wai-rát
micróbio (m)	จุลินทรีย์	jù-lin-see
bactéria (f)	แบคทีเรีย	bàek-tee-ria
infecção (f)	การติดเชื้อ	gaan dtìt chéua

74. Sintomas. Tratamentos. Parte 3

hospital (m)	โรงพยาบาล	rohng phá-yaa-baan
paciente (m)	ผู้ป่วย	phôo bpùay
diagnóstico (m)	การวินิจฉัยโรค	gaan wí-nít-chăi rôhk
cura (f)	การรักษา	gaan rák-săa
tratamento (m) médico	การรักษาทางการแพทย์	gaan rák-săa thaang gaan phâet
curar-se (vr)	รับการรักษา	ráp gaan rák-săa
tratar (vt)	รักษา	rák-săa
cuidar (pessoa)	รักษา	rák-săa
cuidado (m)	การดูแลรักษา	gaan doo lae rák-săa
operação (f)	การผ่าตัด	gaan phàa dtàt
enfaixar (vt)	พันแผล	phan phlăe
enfaixamento (m)	การพันแผล	gaan phan phlăe
vacinação (f)	การฉีดวัคซีน	gaan chèet wák-seen
vacinar (vt)	ฉีดวัคซีน	chèet wák-seen
injeção (f)	การฉีดยา	gaan chèet yaa
dar uma injeção	ฉีดยา	chèet yaa
ataque (~ de asma, etc.)	มีอาการเฉียบพลัน	mee aa-gaan chìap phlan
amputação (f)	การตัดอวัยวะออก	gaan dtàt a-wai-wá òrk
amputar (vt)	ตัด	dtàt
coma (f)	อาการโคม่า	aa-gaan khoh-mâa
estar em coma	อยู่ในอาการโคม่า	yòo nai aa-gaan khoh-mâa
reanimação (f)	หน่วยอภิบาล	nùay à-phí-baan
recuperar-se (vr)	ฟื้นตัว	féun dtua

estado (~ de saúde)	อาการ	aa-gaan
consciência (perder a ~)	สติสัมปชัญญะ	sà-dtì săm-bpà-chan-yá
memória (f)	ความทรงจำ	khwaam song jam
tirar (vt)	ถอน	thŏrn
obturação (f)	การอุด	gaan ùt
obturar (vt)	อุด	ùt
hipnose (f)	การสะกดจิต	gaan sà-gòt jìt
hipnotizar (vt)	สะกดจิต	sà-gòt jìt

75. Médicos

médico (m)	แพทย์	phâet
enfermeira (f)	พยาบาล	phá-yaa-baan
médico (m) pessoal	แพทย์ส่วนตัว	phâet sùan dtua
dentista (m)	ทันตแพทย์	than-dtà phâet
oculista (m)	จักษุแพทย์	jàk-sù phâet
terapeuta (m)	อายุรแพทย์	aa-yú-rá-phâet
cirurgião (m)	ศัลยแพทย์	săn-yá-phâet
psiquiatra (m)	จิตแพทย์	jìt-dtà-phâet
pediatra (m)	กุมารแพทย์	gù-maan phâet
psicólogo (m)	นักจิตวิทยา	nák jìt wít-thá-yaa
ginecologista (m)	นรีแพทย์	ná-ree phâet
cardiologista (m)	หทัยแพทย์	hà-thai phâet

76. Medicina. Drogas. Acessórios

medicamento (m)	ยา	yaa
remédio (m)	ยา	yaa
receitar (vt)	จ่ายยา	jàai yaa
receita (f)	ใบสั่งยา	bai sàng yaa
comprimido (m)	ยาเม็ด	yaa mét
unguento (m)	ยาทา	yaa thaa
ampola (f)	หลอดยา	lòrt yaa
solução, preparado (m)	ยาส่วนผสม	yaa sùan phà-sŏm
xarope (m)	น้ำเชื่อม	nám chêuam
cápsula (f)	ยาเม็ด	yaa mét
pó (m)	ยาผง	yaa phŏng
atadura (f)	ผ้าพันแผล	phâa phan phlăe
algodão (m)	สำลี	săm-lee
iodo (m)	ไอโอดีน	ai oh-deen
curativo (m) adesivo	พลาสเตอร์	phláat-dtêr
conta-gotas (m)	ที่หยอดตา	thêe yòrt dtaa
termômetro (m)	ปรอท	bpa -ròrt
seringa (f)	เข็มฉีดยา	khĕm chèet-yaa
cadeira (f) de rodas	รถเข็นคนพิการ	rót khĕn khon phí-gaan

muletas (f pl)	ไม้ค้ำยัน	máai khám yan
analgésico (m)	ยาแกปวด	yaa gâe bpùat
laxante (m)	ยาระบาย	yaa rá-baai
álcool (m)	เอธานอล	ay-thaa-norn
ervas (f pl) medicinais	สมุนไพร ทางการแพทย์	sà-mŭn phrai thaang gaan phâet
de ervas (chá ~)	สมุนไพร	sà-mŭn phrai

77. Fumar. Produtos tabágicos

tabaco (m)	ยาสูบ	yaa sòop
cigarro (m)	บุหรี่	bù rèe
charuto (m)	ซิการ์	sí-gâa
cachimbo (m)	ไปป์	bpai
maço (~ de cigarros)	ซอง	sorng

fósforos (m pl)	ไม้ขีด	máai khèet
caixa (f) de fósforos	กลองไม้ขีด	glòrng máai khèet
isqueiro (m)	ไฟแช็ก	fai cháek
cinzeiro (m)	ที่เขี่ยบุหรี่	thêe khìa bù rèe
cigarreira (f)	กลองใส่บุหรี่	glòrng sài bù rèe

| piteira (f) | ที่ต่อบุหรี่ | thêe dtòr bù rèe |
| filtro (m) | ตัวกรองบุหรี่ | dtua grorng bù rèe |

fumar (vi, vt)	สูบ	sòop
acender um cigarro	จุดบุหรี่	jùt bù rèe
tabagismo (m)	การสูบบุหรี่	gaan sòop bù rèe
fumante (m)	ผู้สูบบุหรี่	pôo sòop bù rèe

bituca (f)	ก้นบุหรี่	gôn bù rèe
fumaça (f)	ควันบุหรี่	khwan bù rèe
cinza (f)	ขี้บุหรี่	khêe bù rèe

HABITAT HUMANO

Cidade

cidade (f)	เมือง	meuang
capital (f)	เมืองหลวง	meuang lǔang
aldeia (f)	หมู่บ้าน	mòo bâan
mapa (m) da cidade	แผนที่เมือง	phǎen thêe meuang
centro (m) da cidade	ใจกลางเมือง	jai glaang-meuang
subúrbio (m)	ชานเมือง	chaan meuang
suburbano (adj)	ชานเมือง	chaan meuang
periferia (f)	รอบนอกเมือง	rôrp nôrk meuang
arredores (m pl)	เขตรอบเมือง	khàyt rôrp-meuang
quarteirão (m)	บล็อกผังเมือง	blòrk phǎng meuang
quarteirão (m) residencial	บล็อกที่อยู่อาศัย	blòrk thêe yòo aa-sǎi
tráfego (m)	การจราจร	gaan jà-raa-jon
semáforo (m)	ไฟจราจร	fai jà-raa-jon
transporte (m) público	ขนส่งมวลชน	khǒn sòng muan chon
cruzamento (m)	สี่แยก	sèe yâek
faixa (f)	ทางม้าลาย	thaang máa laai
túnel (m) subterrâneo	อุโมงค์คนเดิน	u-mohng kon dern
cruzar, atravessar (vt)	ข้าม	khâam
pedestre (m)	คนเดินเท้า	khon dern tháo
calçada (f)	ทางเท้า	thaang tháo
ponte (f)	สะพาน	sà-phaan
margem (f) do rio	ทางเลียบแม่น้ำ	thaang lîap mâe náam
fonte (f)	น้ำพุ	nám phú
alameda (f)	ทางเลียบสวน	thaang lîap sǔan
parque (m)	สวน	sǔan
bulevar (m)	ถนนกว้าง	thà-nǒn gwâang
praça (f)	จัตุรัส	jàt-dtù-ràt
avenida (f)	ถนนใหญ่	thà-nǒn yài
rua (f)	ถนน	thà-nǒn
travessa (f)	ซอย	soi
beco (m) sem saída	ทางตัน	thaang dtan
casa (f)	บ้าน	bâan
edifício, prédio (m)	อาคาร	aa-khaan
arranha-céu (m)	ตึกระฟ้า	dtèuk rá-fáa
fachada (f)	ด้านหน้าอาคาร	dâan-nâa aa-khaan
telhado (m)	หลังคา	lǎng khaa

janela (f)	หน้าต่าง	nâa dtàang
arco (m)	ซุ้มประตู	súm bprà-dtoo
coluna (f)	เสา	săo
esquina (f)	มุม	mum
vitrine (f)	หน้าต่างร้านค้า	nâa dtàang ráan kháa
letreiro (m)	ป้ายร้าน	bpâai ráan
cartaz (do filme, etc.)	โปสเตอร์	bpòht-dtêr
cartaz (m) publicitário	ป้ายโฆษณา	bpâai khôht-sà-naa
painel (m) publicitário	กระดานปิดประกาศ โฆษณา	grà-daan bpìt bprà-gàat khôht-sà-naa
lixo (m)	ขยะ	khà-yà
lata (f) de lixo	ถังขยะ	thăng khà-yà
jogar lixo na rua	ทิ้งขยะ	thíng khà-yà
aterro (m) sanitário	ที่ทิ้งขยะ	thêe thíng khà-yà
orelhão (m)	ตู้โทรศัพท์	dtôo thoh-rá-sàp
poste (m) de luz	เสาไฟ	săo khohm
banco (m)	ม้านั่ง	máa nâng
polícia (m)	เจ้าหน้าที่ตำรวจ	jâo nâa-thêe dtam-rùat
polícia (instituição)	ตำรวจ	dtam-rùat
mendigo, pedinte (m)	ขอทาน	khŏr thaan
desabrigado (m)	คนไร้บ้าน	khon rái bâan

79. Instituições urbanas

loja (f)	ร้านค้า	ráan kháa
drogaria (f)	ร้านขายยา	ráan khăai yaa
ótica (f)	ร้านตัดแว่น	ráan dtàt wâen
centro (m) comercial	ศูนย์การค้า	sŏon gaan kháa
supermercado (m)	ซูเปอร์มาร์เก็ต	soo-bper-maa-gèt
padaria (f)	ร้านขนมปัง	ráan khà-nŏm bpang
padeiro (m)	คนอบขนมปัง	khon òp khà-nŏm bpang
pastelaria (f)	ร้านขนม	ráan khà-nŏm
mercearia (f)	ร้านขายของชำ	ráan khăai khŏrng cham
açougue (m)	ร้านขายเนื้อ	ráan khăai néua
fruteira (f)	ร้านขายผัก	ráan khăai phàk
mercado (m)	ตลาด	dtà-làat
cafeteria (f)	ร้านกาแฟ	ráan gaa-fae
restaurante (m)	ร้านอาหาร	ráan aa-hăan
bar (m)	บาร์	baa
pizzaria (f)	ร้านพิซซ่า	ráan phís-sâa
salão (m) de cabeleireiro	ร้านทำผม	ráan tham phŏm
agência (f) dos correios	โรงไปรษณีย์	rohng bprai-sà-nee
lavanderia (f)	ร้านซักแห้ง	ráan sák hâeng
estúdio (m) fotográfico	ห้องถ่ายภาพ	hôrng thàai phâap
sapataria (f)	ร้านขายรองเท้า	ráan khăai rorng táo
livraria (f)	ร้านขายหนังสือ	ráan khăai năng-sĕu

loja (f) de artigos esportivos	ร้านขายอุปกรณ์กีฬา	ráan khǎai u-bpà-gon gee-laa
costureira (m)	ร้านซ่อมเสื้อผ้า	ráan sôrm sêua phâa
aluguel (m) de roupa	ร้านเช่าเสื้อออกงาน	ráan châo sêua òrk ngaan
videolocadora (f)	ร้านเช่าวิดีโอ	ráan châo wí-dee-oh
circo (m)	โรงละครสัตว์	rohng lá-khon sàt
jardim (m) zoológico	สวนสัตว์	sǔan sàt
cinema (m)	โรงภาพยนตร์	rohng phâap-phá-yon
museu (m)	พิพิธภัณฑ์	phí-phítha phan
biblioteca (f)	ห้องสมุด	hôrng sà-mùt
teatro (m)	โรงละคร	rohng lá-khon
ópera (f)	โรงอุปรากร	rohng ù-bpà-raa-gon
boate (casa noturna)	ไนท์คลับ	nai-khláp
cassino (m)	คาสิโน	khaa-sì-noh
mesquita (f)	สุเหร่า	sù-rào
sinagoga (f)	โบสถ์ยิว	bòht yiw
catedral (f)	อาสนวิหาร	aa sǒn wí-hǎan
templo (m)	วิหาร	wí-hǎan
igreja (f)	โบสถ์	bòht
faculdade (f)	วิทยาลัย	wít-thá-yaa-lai
universidade (f)	มหาวิทยาลัย	má-hǎa wít-thá-yaa-lai
escola (f)	โรงเรียน	rohng rian
prefeitura (f)	ศาลากลางจังหวัด	sǎa-laa glaang jang-wàt
câmara (f) municipal	ศาลาเทศบาล	sǎa-laa thâyt-sà-baan
hotel (m)	โรงแรม	rohng raem
banco (m)	ธนาคาร	thá-naa-khaan
embaixada (f)	สถานทูต	sà-thǎan thôot
agência (f) de viagens	บริษัททัวร์	bor-rí-sàt thua
agência (f) de informações	สำนักงาน	sǎm-nák ngaan
	ศูนย์ข้อมูล	sǒon khôr moon
casa (f) de câmbio	ร้านแลกเงิน	ráan lâek ngern
metrô (m)	รถไฟใต้ดิน	rót fai dtâi din
hospital (m)	โรงพยาบาล	rohng phá-yaa-baan
posto (m) de gasolina	ปั๊มน้ำมัน	bpám náam man
parque (m) de estacionamento	ลานจอดรถ	laan jòrt rót

80. Sinais

letreiro (m)	ป้ายร้าน	bpâai ráan
aviso (m)	ป้ายเตือน	bpâai dteuan
cartaz, pôster (m)	โปสเตอร์	bpòht-dtêr
placa (f) de direção	ป้ายบอกทาง	bpâai bòrk thaang
seta (f)	ลูกศร	lôok sǒn
aviso (advertência)	คำเตือน	kham dteuan
sinal (m) de aviso	ป้ายเตือน	bpâai dteuan
avisar, advertir (vt)	เตือน	dteuan

dia (m) de folga	วันหยุด	wan yùt
horário (~ dos trens, etc.)	ตารางเวลา	dtaa-raang way-laa
horário (m)	เวลาทำการ	way-laa tham gaan
BEM-VINDOS!	ยินดีต้อนรับ!	yin dee dtôrn ráp
ENTRADA	ทางเข้า	thaang khâo
SAÍDA	ทางออก	thaang òrk
EMPURRE	ผลัก	phlàk
PUXE	ดึง	deung
ABERTO	เปิด	bpèrt
FECHADO	ปิด	bpìt
MULHER	หญิง	yĭng
HOMEM	ชาย	chaai
DESCONTOS	ลดราคา	lót raa-khaa
SALDOS, PROMOÇÃO	ขายของลดราคา	khăai khŏrng lót raa-khaa
NOVIDADE!	ใหม่!	mài
GRÁTIS	ฟรี	free
ATENÇÃO!	โปรดทราบ!	bpròht sâap
NÃO HÁ VAGAS	ไม่มีห้องว่าง	mâi mee hôrng wâang
RESERVADO	จองแล้ว	jorng láew
ADMINISTRAÇÃO	สำนักงาน	săm-nák ngaan
SOMENTE PESSOAL AUTORIZADO	เฉพาะพนักงาน	chà-phór phá-nák ngaan
CUIDADO CÃO FEROZ	ระวังสุนัข!	rá-wang sù-nák
PROIBIDO FUMAR!	ห้ามสูบบุหรี่	hâam sòop bù rèe
NÃO TOCAR	ห้ามแตะ!	hâam dtàe
PERIGOSO	อันตราย	an-dtà-raai
PERIGO	อันตราย	an-dtà-raai
ALTA TENSÃO	ไฟฟ้าแรงสูง	fai fáa raeng sŏong
PROIBIDO NADAR	ห้ามว่ายน้ำ!	hâam wâai náam
COM DEFEITO	เสีย	sĭa
INFLAMÁVEL	อันตรายติดไฟ	an-dtà-raai dtìt fai
PROIBIDO	ห้าม	hâam
ENTRADA PROIBIDA	ห้ามผ่าน!	hâam phàan
CUIDADO TINTA FRESCA	สีพื้นเปียก	sĕe phéun bpìak

81. Transportes urbanos

ônibus (m)	รถเมล์	rót may
bonde (m) elétrico	รถราง	rót raang
trólebus (m)	รถโดยสารประจำทางไฟฟ้า	rót doi săan bprà-jam thaang fai fáa
rota (f), itinerário (m)	เส้นทาง	sên thaang
número (m)	หมวยเลข	măai lâyk
ir de ... (carro, etc.)	ไปด้วย	bpai dûay
entrar no ...	ขึ้น	khêun

descer do ...	ลง	long
parada (f)	ป้าย	bpâai
próxima parada (f)	ป้ายถัดไป	bpâai thàt bpai
terminal (m)	ป้ายสุดท้าย	bpâai sùt tháai
horário (m)	ตารางเวลา	dtaa-raang way-laa
esperar (vt)	รอ	ror
passagem (f)	ตั๋ว	dtǔa
tarifa (f)	ค่าตั๋ว	khâa dtǔa
bilheteiro (m)	คนขายตั๋ว	khon khǎai dtǔa
controle (m) de passagens	การตรวจตั๋ว	gaan dtrùat dtǔa
revisor (m)	พนักงานตรวจตั๋ว	phá-nák ngaan dtrùat dtǔa
atrasar-se (vr)	ไปสาย	bpai sǎai
perder (o autocarro, etc.)	พลาด	phlâat
estar com pressa	รีบเร่ง	rêep râyng
táxi (m)	แท็กซี่	tháek-sêe
taxista (m)	คนขับแท็กซี่	khon khàp tháek-sêe
de táxi (ir ~)	โดยแท็กซี่	doi tháek-sêe
ponto (m) de táxis	ป้ายจอดแท็กซี่	bpâai jòrt tháek sêe
chamar um táxi	เรียกแท็กซี่	rîak tháek sêe
pegar um táxi	ขึ้นรถแท็กซี่	khêun rót tháek-sêe
tráfego (m)	การจราจร	gaan jà-raa-jon
engarrafamento (m)	การจราจรติดขัด	gaan jà-raa-jon dtìt khàt
horas (f pl) de pico	ชั่วโมงเร่งด่วน	chûa mohng râyng dùan
estacionar (vi)	จอด	jòrt
estacionar (vt)	จอด	jòrt
parque (m) de estacionamento	ลานจอดรถ	laan jòrt rót
metrô (m)	รถไฟใต้ดิน	rót fai dtâi din
estação (f)	สถานี	sà-thǎa-nee
ir de metrô	ขึ้นรถไฟใต้ดิน	khêun rót fai dtâi din
trem (m)	รถไฟ	rót fai
estação (f) de trem	สถานีรถไฟ	sà-thǎa-nee rót fai

82. Turismo

monumento (m)	อนุสาวรีย์	a-nú-sǎa-wá-ree
fortaleza (f)	ป้อม	bpôrm
palácio (m)	วัง	wang
castelo (m)	ปราสาท	bpraa-sàat
torre (f)	หอ	hǒr
mausoléu (m)	สุสาน	sù-sǎan
arquitetura (f)	สถาปัตยกรรม	sà-thǎa-bpàt-dtà-yá-gam
medieval (adj)	ยุคกลาง	yúk glaang
antigo (adj)	โบราณ	boh-raan
nacional (adj)	แห่งชาติ	hàeng châat
famoso, conhecido (adj)	ที่มีชื่อเสียง	thêe mee chêu-sǐang
turista (m)	นักท่องเที่ยว	nák thôrng thîeow
guia (pessoa)	มัคคุเทศก์	mák-khú-thâyt

excursão (f)	ทัศนศึกษา	thát-sà-ná-sèuk-săa
mostrar (vt)	แสดง	sà-daeng
contar (vt)	เล่า	lâo

encontrar (vt)	หาพบ	hăa phóp
perder-se (vr)	หลงทาง	lŏng thaang
mapa (~ do metrô)	แผนที่	phăen thêe
mapa (~ da cidade)	แผนที่	phăen thêe

lembrança (f), presente (m)	ของที่ระลึก	khŏrng thêe rá-léuk
loja (f) de presentes	ร้านขาย ของที่ระลึก	ráan khăai khŏrng thêe rá-léuk
tirar fotos, fotografar	ถ่ายภาพ	thàai phâap
fotografar-se (vr)	ได้รับการ ถ่ายภาพให้	dâai ráp gaan thàai phâap hâi

83. Compras

comprar (vt)	ซื้อ	séu
compra (f)	ของซื้อ	khŏrng séu
fazer compras	ไปซื้อของ	bpai séu khŏrng
compras (f pl)	การชอปปิง	gaan chôp bping

| estar aberta (loja) | เปิด | bpèrt |
| estar fechada | ปิด | bpìt |

calçado (m)	รองเท้า	rorng tháo
roupa (f)	เสื้อผ้า	sêua phâa
cosméticos (m pl)	เครื่องสำอาง	khrêuang săm-aang
alimentos (m pl)	อาหาร	aa-hăan
presente (m)	ของขวัญ	khŏrng khwăn

| vendedor (m) | พนักงานขาย | phá-nák ngaan khăai |
| vendedora (f) | พนักงานขาย | phá-nák ngaan khăai |

caixa (f)	ที่จ่ายเงิน	thêe jàai ngern
espelho (m)	กระจก	grà-jòk
balcão (m)	เคาน์เตอร์	khao-dtêr
provador (m)	ห้องลองเสื้อผ้า	hôrng lorng sêua phâa

provar (vt)	ลอง	lorng
servir (roupa, caber)	เหมาะ	mò
gostar (apreciar)	ชอบ	chôrp

preço (m)	ราคา	raa-khaa
etiqueta (f) de preço	ป้ายราคา	bpâai raa-khaa
custar (vt)	ราคา	raa-khaa
Quanto?	ราคาเท่าไหร่?	raa-khaa thâo rài
desconto (m)	ลดราคา	lót raa-khaa

não caro (adj)	ไม่แพง	mâi phaeng
barato (adj)	ถูก	thòok
caro (adj)	แพง	phaeng
É caro	มันราคาแพง	man raa-khaa phaeng

aluguel (m)	การเช่า	gaan châo
alugar (roupas, etc.)	เช่า	châo
crédito (m)	สินเชื่อ	sĭn chêua
a crédito	ชื่อเงินเชื่อ	séu ngern chêua

84. Dinheiro

dinheiro (m)	เงิน	ngern
câmbio (m)	การแลกเปลี่ยนสกุลเงิน	gaan lâek bplìan sà-gun ngern
taxa (f) de câmbio	อัตราแลกเปลี่ยนสกุลเงิน	àt-dtraa lâek bplìan sà-gun ngern
caixa (m) eletrônico	เอทีเอ็ม	ay-thee-em
moeda (f)	เหรียญ	rĭan
dólar (m)	ดอลลาร์	dorn-lâa
euro (m)	ยูโร	yoo-roh
lira (f)	ลีราอิตาลี	lee-raa ì-dtaa-lee
marco (m)	มาร์ค	mâak
franco (m)	ฟรังค์	frang
libra (f) esterlina	ปอนด์สเตอร์ลิง	bporn sà-dtêr-ling
iene (m)	เยน	yayn
dívida (f)	หนี้	nêe
devedor (m)	ลูกหนี้	lôok nêe
emprestar (vt)	ให้ยืม	hâi yeum
pedir emprestado	ขอยืม	khŏr yeum
banco (m)	ธนาคาร	thá-naa-khaan
conta (f)	บัญชี	ban-chee
depositar (vt)	ฝาก	fàak
depositar na conta	ฝากเงินเข้าบัญชี	fàak ngern khâo ban-chee
sacar (vt)	ถอน	thŏrn
cartão (m) de crédito	บัตรเครดิต	bàt khray-dìt
dinheiro (m) vivo	เงินสด	ngern sòt
cheque (m)	เช็ค	chék
passar um cheque	เขียนเช็ค	khĭan chék
talão (m) de cheques	สมุดเช็ค	sà-mùt chék
carteira (f)	กระเป๋าเงิน	grà-bpăo ngern
niqueleira (f)	กระเป๋าสตางค์	grà-bpăo sà-dtaang
cofre (m)	ตู้เซฟ	dtôo sâyf
herdeiro (m)	ทายาท	thaa-yâat
herança (f)	มรดก	mor-rá-dòrk
fortuna (riqueza)	เงินจำนวนมาก	ngern jam-nuan mâak
arrendamento (m)	สัญญาเช่า	săn-yaa châo
aluguel (pagar o ~)	ค่าเช่า	kâa châo
alugar (vt)	เช่า	châo
preço (m)	ราคา	raa-khaa
custo (m)	ราคา	raa-khaa

soma (f)	จำนวนเงินรวม	jam-nuan ngern ruam
gastar (vt)	จ่าย	jàai
gastos (m pl)	ค่าจ่าย	khâa jàai
economizar (vi)	ประหยัด	bprà-yàt
econômico (adj)	ประหยัด	bprà-yàt
pagar (vt)	จ่าย	jàai
pagamento (m)	การจ่ายเงิน	gaan jàai ngern
troco (m)	เงินทอน	ngern thorn
imposto (m)	ภาษี	phaa-sěe
multa (f)	ค่าปรับ	khâa bpràp
multar (vt)	ปรับ	bpràp

85. Correios. Serviço postal

agência (f) dos correios	โรงไปรษณีย์	rohng bprai-sà-nee
correio (m)	จดหมาย	jòt mǎai
carteiro (m)	บุรุษไปรษณีย์	bù-rùt bprai-sà-nee
horário (m)	เวลาทำการ	way-laa tham gaan
carta (f)	จดหมาย	jòt mǎai
carta (f) registada	จดหมายลงทะเบียน	jòt mǎai long thá-bian
cartão (m) postal	ไปรษณียบัตร	bprai-sà-nee-yá-bàt
telegrama (m)	โทรเลข	thoh-rá-lâyk
encomenda (f)	พัสดุ	phát-sà-dù
transferência (f) de dinheiro	การโอนเงิน	gaan ohn ngern
receber (vt)	รับ	ráp
enviar (vt)	ฝาก	fàak
envio (m)	การฝาก	gaan fàak
endereço (m)	ที่อยู่	thêe yòo
código (m) postal	รหัสไปรษณีย์	rá-hàt bprai-sà-nee
remetente (m)	ผู้ฝาก	phôo fàak
destinatário (m)	ผู้รับ	phôo ráp
nome (m)	ชื่อ	chêu
sobrenome (m)	นามสกุล	naam sà-gun
tarifa (f)	อัตราค่าส่งไปรษณีย์	àt-dtraa khâa sòng bprai-sà-nee
ordinário (adj)	มาตรฐาน	mâat-dtrà-thǎan
econômico (adj)	ประหยัด	bprà-yàt
peso (m)	น้ำหนัก	nám nàk
pesar (estabelecer o peso)	มีน้ำหนัก	mee nám nàk
envelope (m)	ซอง	sorng
selo (m) postal	แสตมป์ไปรษณีย์	sà-dtaem bprai-sà-nee
colar o selo	แสตมป์ตราประทับบนซอง	sà-dtaem dtraa bprà-tháp bon song

Moradia. Casa. Lar

86. Casa. Habitação

casa (f)	บ้าน	bâan
em casa	ที่บาน	thêe bâan
pátio (m), quintal (f)	สนาม	sà-năam
cerca, grade (f)	รั้ว	rúa
tijolo (m)	อิฐ	ìt
de tijolos	อิฐ	ìt
pedra (f)	หิน	hĭn
de pedra	หิน	hĭn
concreto (m)	คอนกรีต	khorn-grèet
concreto (adj)	คอนกรีต	khorn-grèet
novo (adj)	ใหม่	mài
velho (adj)	เก่า	gào
decrépito (adj)	เสื่อมสภาพ	sèuam sà-phâap
moderno (adj)	ทันสมัย	than sà-măi
de vários andares	ที่มีหลายชั้น	thêe mee lăai chán
alto (adj)	สูง	sŏong
andar (m)	ชั้น	chán
de um andar	ชั้นเดียว	chán dieow
térreo (m)	ชั้นลาง	chán lâang
andar (m) de cima	ชั้นบนสุด	chán bon sùt
telhado (m)	หลังคา	lăng khaa
chaminé (f)	ปลองควัน	bplòrng khwan
telha (f)	กระเบื้องหลังคา	grà-bêuang lăng khaa
de telha	กระเบื้อง	grà-bêuang
sótão (m)	หองใตหลังคา	hôrng dtâi lăng-khaa
janela (f)	หน้าต่าง	nâa dtàang
vidro (m)	แกว	gâew
parapeito (m)	ชั้นติดผนัง	chán dtìt phà-năng
	ใตหนาตาง	dtâi nâa dtàang
persianas (f pl)	ชัตเตอร์	chát-dtêr
parede (f)	ฝาผนัง	făa phà-năng
varanda (f)	ระเบียง	rá-biang
calha (f)	รางน้ำ	raang náam
em cima	ชั้นบน	chán bon
subir (vi)	ขึ้นไปขางบน	khêun bpai khâang bon
descer (vi)	ลง	long
mudar-se (vr)	ยายไป	yáai bpai

87. Casa. Entrada. Elevador

entrada (f)	ทางเข้า	thaang khâo
escada (f)	บันได	ban-dai
degraus (m pl)	ขั้นบันได	khân ban-dai
corrimão (m)	ราวบันได	raao ban-dai
hall (m) de entrada	หองโถง	hôrng thŏhng
caixa (f) de correio	ตู้จดหมาย	dtôo jòt măai
lata (f) do lixo	ถังขยะ	thăng khà-yà
calha (f) de lixo	ช่องทิ้งขยะ	chôrng thíng khà-yà
elevador (m)	ลิฟต์	líf
elevador (m) de carga	ลิฟต์ขนของ	líf khŏn khŏrng
cabine (f)	กรงลิฟต์	grorng líf
pegar o elevador	ขึ้นลิฟต	khêun líf
apartamento (m)	อูพาร์ตเมนต์	a-phâat-mayn
residentes (pl)	ผู้อาศัย	phôo aa-săi
vizinho (m)	เพื่อนบ้าน	phêuan bâan
vizinha (f)	เพื่อนบ้าน	phêuan bâan
vizinhos (pl)	เพื่อนบาน	phêuan bâan

88. Casa. Eletricidade

eletricidade (f)	ไฟฟ้า	fai fáa
lâmpada (f)	หลอดไฟฟ้า	lòrt fai fáa
interruptor (m)	ปุ่มปิดเปิดไฟ	bpùm bpìt bpèrt fai
fusível, disjuntor (m)	ฟิวส	fiw
fio, cabo (m)	สายไฟฟ้า	săai fai fáa
instalação (f) elétrica	การเดินสายไฟ	gaan dern săai fai
medidor (m) de eletricidade	มิเตอร์วัดไฟฟ้า	mí-dtêr wát fai fáa
indicação (f), registro (m)	คามิเตอร	khâa mí-dtêr

89. Casa. Portas. Fechaduras

porta (f)	ประตู	bprà-dtoo
portão (m)	ประตูรั้ว	bprà-dtoo rúa
maçaneta (f)	ลูกบิดประตู	lôok bìt bprà-dtoo
destrancar (vt)	ไข	khăi
abrir (vt)	เปิด	bpèrt
fechar (vt)	ปิด	bpìt
chave (f)	ลูกกุญแจ	lôok gun-jae
molho (m)	พวง	phuang
ranger (vi)	ออดแอด	órt-áet
rangido (m)	เสียงออดแอด	sĭang órt-áet
dobradiça (f)	บานพับ	baan pháp
capacho (m)	ที่เช็ดเทา	thêe chét tháo
fechadura (f)	แมกุญแจ	mâe gun-jae

buraco (m) da fechadura	รูกุญแจ	roo gun-jae
barra (f)	ไม้ที่วางขวาง	máai thêe waang khwăang
fecho (ferrolho pequeno)	กลอนประตู	glorn bprà-dtoo
cadeado (m)	ดอกกุญแจ	dòrk gun-jae

tocar (vt)	กดออด	gòt òrt
toque (m)	เสียงดัง	sĭang dang
campainha (f)	กระดิ่งประตู	grà-dìng bprà-dtoo
botão (m)	ปุ่มออดหน้าประตู	bpùm òrt nâa bprà-dtoo
batida (f)	เสียงเคาะ	sĭang khór
bater (vi)	เคาะ	khór

código (m)	รหัส	rá-hàt
fechadura (f) de código	กุญแจรหัส	gun-jae rá-hàt
interfone (m)	อินเตอรคอม	in-dtêr-khom
número (m)	เลข	lâyk
placa (f) de porta	ป้ายหน้าประตู	bpâai nâa bprà-dtoo
olho (m) mágico	ช่องตาแมว	chôrng dtaa maew

90. Casa de campo

aldeia (f)	หมู่บ้าน	mòo bâan
horta (f)	สวนผัก	sŭan phàk
cerca (f)	รั้ว	rúa
cerca (f) de piquete	รั้วปักดิน	rúa bpàk din
portão (f) do jardim	ประตูรั้วเล็กๆ	bprà-dtoo rúa lék lék

celeiro (m)	ยุ้งฉาง	yúng chăang
adega (f)	ห้องใต้ดิน	hôrng dtâi din
galpão, barracão (m)	โรงนา	rohng naa
poço (m)	บ่อน้ำ	bòr náam

fogão (m)	เตา	dtao
atiçar o fogo	จุดไฟ	jùt fai
lenha (carvão ou ~)	ฟืน	feun
acha, lenha (f)	ทอน	thôrn

varanda (f)	เฉลียงหน้าบ้าน	chà-lĭang nâa bâan
alpendre (m)	ระเบียง	rá-biang
degraus (m pl) de entrada	บันไดทางเข้าบ้าน	ban-dai thaang khâo bâan
balanço (m)	ชิงช้า	ching cháa

91. Moradia. Mansão

casa (f) de campo	บ้านสไตล์คันทรี่	bâan sà-dtai khan trêe
vila (f)	คฤหาสน์	khá-réu-hàat
ala (~ do edifício)	สวน	sùan

jardim (m)	สวน	sŭan
parque (m)	สวน	sŭan
estufa (f)	เรือนกระจกเขตร้อน	reuan grà-jòk khàyt rórn
cuidar de ...	ดูแล	doo lae

piscina (f)	สระว่ายน้ำ	sà wâai náam
academia (f) de ginástica	โรงยิม	rohng-yim
quadra (f) de tênis	สนามเทนนิส	sà-nǎam then-nít
cinema (m)	หองฉายหนัง	hôrng chǎai nǎng
garagem (f)	โรงรถ	rohng rót

propriedade (f) privada	ทรัพย์สินส่วนบุคคล	sáp sǐn sùan bùk-khon
terreno (m) privado	ที่ดินสวนบุคคล	thêe din sùan bùk-khon

advertência (f)	คำเตือน	kham dteuan
sinal (m) de aviso	ป้ายเตือน	bpâai dteuan

guarda (f)	ผู้รักษา	phôo rák-sǎa
	ความปลอดภัย	khwaam bplòrt phai
guarda (m)	ยาม	yaam
alarme (m)	สัญญาณกันขโมย	sǎn-yaan gan khà-moi

92. Castelo. Palácio

castelo (m)	ปราสาท	bpraa-sàat
palácio (m)	วัง	wang
fortaleza (f)	ป้อม	bpôrm

muralha (f)	กำแพง	gam-phaeng
torre (f)	หอ	hǒr
calabouço (m)	หอกลาง	hǒr klaang

grade (f) levadiça	ประตูชักรอก	bprà-dtoo chák rôrk
passagem (f) subterrânea	ทางใตดิน	taang dtâi din
fosso (m)	คูเมือง	khoo meuang
corrente, cadeia (f)	โซ่	sôh
seteira (f)	ชองยิงธนู	chôrng ying thá-noo

magnífico (adj)	ภัทร	phát
majestoso (adj)	โอโถง	òh thǒhng
inexpugnável (adj)	ที่ไม่สามารถ	thêe mâi sǎa-mâat
	เจาะเขาไปถึง	jòr khâo bpai thěung
medieval (adj)	ยุคกลาง	yúk glaang

93. Apartamento

apartamento (m)	อพาร์ตเมนต์	a-phâat-mayn
quarto, cômodo (m)	หอง	hôrng
quarto (m) de dormir	หองนอน	hôrng norn
sala (f) de jantar	หองรับประทาน	hôrng ráp bprà-thaan
	อาหาร	aa-hǎan
sala (f) de estar	หองนั่งเล่น	hôrng nâng lên
escritório (m)	หองทำงาน	hôrng tham ngaan

sala (f) de entrada	หองเขา	hôrng khâo
banheiro (m)	หองน้ำ	hôrng náam
lavabo (m)	หองสวม	hôrng sûam

teto (m)	เพดาน	phay-daan
chão, piso (m)	พื้น	phéun
canto (m)	มุม	mum

94. Apartamento. Limpeza

arrumar, limpar (vt)	ทำความสะอาด	tham khwaam sà-àat
guardar (no armário, etc.)	เก็บ	gèp
pó (m)	ฝุ่น	fùn
empoeirado (adj)	มีฝุ่นเยอะ	mee fùn yúh
tirar o pó	ปัดกวาด	bpàt gwàat
aspirador (m)	เครื่องดูดฝุ่น	khrêuang dòot fùn
aspirar (vt)	ดูดฝุ่น	dòot fùn
varrer (vt)	กวาด	gwàat
sujeira (f)	ฝุ่นกวาด	fùn gwàat
arrumação, ordem (f)	ความสะอาด	khwaam sà-àat
desordem (f)	ความไม่เป็นระเบียบ	khwaam mâi bpen rá-bìap
esfregão (m)	ไม้ถูพื้น	mái thǒo phéun
pano (m), trapo (m)	ผ้าเช็ดพื้น	phâa chét phéun
vassoura (f)	ไม้กวาดสั้น	máai gwàat sân
pá (f) de lixo	ที่ตักผง	têe dtàk phǒng

95. Mobiliário. Interior

mobiliário (m)	เครื่องเรือน	khrêuang reuan
mesa (f)	โต๊ะ	dtó
cadeira (f)	เก้าอี้	gâo-êe
cama (f)	เตียง	dtiang
sofá, divã (m)	โซฟา	soh-faa
poltrona (f)	เก้าอี้เท้าแขน	gâo-êe tháo khǎen
estante (f)	ตู้หนังสือ	dtôo nǎng-sěu
prateleira (f)	ชั้นวาง	chán waang
guarda-roupas (m)	ตู้เสื้อผ้า	dtôo sêua phâa
cabide (m) de parede	ที่แขวนเสื้อ	thêe khwǎen sêua
cabideiro (m) de pé	ไม้แขวนเสื้อ	mái khwǎen sêua
cômoda (f)	ตู้ลิ้นชัก	dtôo lín chák
mesinha (f) de centro	โต๊ะกาแฟ	dtó gaa-fae
espelho (m)	กระจก	grà-jòk
tapete (m)	พรม	phrom
tapete (m) pequeno	พรมเช็ดเท้า	phrom chét tháo
lareira (f)	เตาผิง	dtao phǐng
vela (f)	เทียน	thian
castiçal (m)	เชิงเทียน	cherng thian
cortinas (f pl)	ผ้าแขวน	phâa khwǎen

| papel (m) de parede | วอลเปเปอร์ | worn-bpay-bper |
| persianas (f pl) | บานเกล็ดหน้าต่าง | baan glèt nâa dtàang |

luminária (f) de mesa	โคมไฟตั้งโต๊ะ	khohm fai dtâng dtó
luminária (f) de parede	ไฟติดผนัง	fai dtìt phà-năng
abajur (m) de pé	โคมไฟตั้งพื้น	khohm fai dtâng phéun
lustre (m)	โคมระย้า	khohm rá-yáa

pé (de mesa, etc.)	ขา	khăa
braço, descanso (m)	ที่พักแขน	thêe phák khăen
costas (f pl)	พนักพิง	phá-nák phing
gaveta (f)	ลิ้นชัก	lín chák

96. Quarto de dormir

roupa (f) de cama	ชุดผ้าปูที่นอน	chút phâa bpoo thêe norn
travesseiro (m)	หมอน	mŏrn
fronha (f)	ปลอกหมอน	bplòk mŏrn
cobertor (m)	ผ้าห่วย	phâa phŭay
lençol (m)	ผ้าปู	phâa bpoo
colcha (f)	ผ้าคลุมเตียง	phâa khlum dtiang

97. Cozinha

cozinha (f)	ห้องครัว	hôrng khrua
gás (m)	แก๊ส	gáet
fogão (m) a gás	เตาแก๊ส	dtao gàet
fogão (m) elétrico	เตาไฟฟ้า	dtao fai-fáa
forno (m)	เตาอบ	dtao òp
forno (m) de micro-ondas	เตาอบไมโครเวฟ	dtao òp mai-khroh-we p

geladeira (f)	ตู้เย็น	dtôo yen
congelador (m)	ตู้แช่แข็ง	dtôo châe khăeng
máquina (f) de lavar louça	เครื่องล้างจาน	khrêuang láang jaan

moedor (m) de carne	เครื่องบดเนื้อ	khrêuang bòt néua
espremedor (m)	เครื่องคั้น	khrêuang khán
	น้ำผลไม้	náam phŏn-lá-mái
torradeira (f)	เครื่องปิ้ง	khrêuang bpîng
	ขนมปัง	khà-nŏm bpang
batedeira (f)	เครื่องปั่น	khrêuang bpàn

máquina (f) de café	เครื่องชงกาแฟ	khrêuang chong gaa-fae
cafeteira (f)	หม้อกาแฟ	môr gaa-fae
moedor (m) de café	เครื่องบดกาแฟ	khrêuang bòt gaa-fae

chaleira (f)	กาน้ำ	gaa náam
bule (m)	กาน้ำชา	gaa náam chaa
tampa (f)	ฝา	făa
coador (m) de chá	ที่กรองชา	thêe grorng chaa
colher (f)	ช้อน	chórn
colher (f) de chá	ช้อนชา	chórn chaa

colher (f) de sopa	ช้อนซุป	chórn súp
garfo (m)	สอม	sôrm
faca (f)	มีด	mêet
louça (f)	ถ้วยชาม	thûay chaam
prato (m)	จาน	jaan
pires (m)	จานรอง	jaan rorng
cálice (m)	แก้วช็อต	gâew chórt
copo (m)	แก้ว	gâew
xícara (f)	ถ้วย	thûay
açucareiro (m)	โถน้ำตาล	thŏh náam dtaan
saleiro (m)	กระปุกเกลือ	grà-bpùk gleua
pimenteiro (m)	กระปุกพริกไท	grà-bpùk phrík thai
manteigueira (f)	ที่ใสเนย	thêe sài noie
panela (f)	หม้อต้ม	môr dtôm
frigideira (f)	กระทะ	grà-thá
concha (f)	กระบวย	grà-buay
coador (m)	กระชอน	grà chorn
bandeja (f)	ถาด	thàat
garrafa (f)	ขวด	khùat
pote (m) de vidro	ขวดโหล	khùat lŏh
lata (~ de cerveja)	กระป๋อง	grà-bpŏrng
abridor (m) de garrafa	ที่เปิดขวด	thêe bpèrt khùat
abridor (m) de latas	ที่เปิดกระป๋อง	thêe bpèrt grà-bpŏrng
saca-rolhas (m)	ที่เปิดจุก	thêe bpèrt jùk
filtro (m)	ที่กรอง	thêe grorng
filtrar (vt)	กรอง	grorng
lixo (m)	ขยะ	khà-yà
lixeira (f)	ถังขยะ	thăng khà-yà

98. Casa de banho

banheiro (m)	ห้องน้ำ	hôrng náam
água (f)	น้ำ	nám
torneira (f)	ก็อกน้ำ	gòk náam
água (f) quente	น้ำรอน	nám rórn
água (f) fria	น้ำเย็น	nám yen
pasta (f) de dente	ยาสีฟัน	yaa sĕe fan
escovar os dentes	แปรงฟัน	bpraeng fan
escova (f) de dente	แปรงสีฟัน	bpraeng sĕe fan
barbear-se (vr)	โกน	gohn
espuma (f) de barbear	โฟมโกนหนวด	fohm gohn nùat
gilete (f)	มีดโกน	mêet gohn
lavar (vt)	ล้าง	láang
tomar banho	อาบ	àap

| chuveiro (m), ducha (f) | ฝักบัว | fàk bua |
| tomar uma ducha | อาบน้ำฝักบัว | àap náam fàk bua |

banheira (f)	อ่างอาบน้ำ	àang àap náam
vaso (m) sanitário	โถชักโครก	thŏh chák khrôhk
pia (f)	อ่างล้างหน้า	àang láang-nâa

| sabonete (m) | สบู่ | sà-bòo |
| saboneteira (f) | ที่ใส่สบู่ | thêe sài sà-bòo |

esponja (f)	ฟองน้ำ	forng náam
xampu (m)	แชมพู	chaem-phoo
toalha (f)	ผ้าเช็ดตัว	phâa chét dtua
roupão (m) de banho	เสื้อคลุมอาบน้ำ	sêua khlum àap náam

lavagem (f)	การซักผ้า	gaan sák phâa
lavadora (f) de roupas	เครื่องซักผ้า	khrêuang sák phâa
lavar a roupa	ซักผ้า	sák phâa
detergente (m)	ผงซักฟอก	phŏng sák-fôrk

99. Eletrodomésticos

televisor (m)	ทีวี	thee-wee
gravador (m)	เครื่องบันทึกเทป	khrêuang ban-théuk thâyp
videogravador (m)	เครื่องบันทึกวิดีโอ	khrêuang ban-théuk wí-dee-oh
rádio (m)	วิทยุ	wít-thá-yú
leitor (m)	เครื่องเล่น	khrêuang lên

projetor (m)	โปรเจ็คเตอร์	bproh-jèk-dtêr
cinema (m) em casa	เครื่องฉายภาพยนตร์ที่บ้าน	khhrêuang chǎai phâap-pháyon thêe bâan
DVD Player (m)	เครื่องเล่น DVD	khrêuang lên dee-wee-dee
amplificador (m)	เครื่องขยายเสียง	khrêuang khà-yǎai sǐang
console (f) de jogos	เครื่องเกมคอนโซล	khrêuang gaym khorn sohn

câmera (f) de vídeo	กล้องถ่ายวิดีโอ	glôrng thàai wí-dee-oh
máquina (f) fotográfica	กล้องถ่ายรูป	glôrng thàai rôop
câmera (f) digital	กล้องดิจิตอล	glôrng dì-jì-dton
aspirador (m)	เครื่องดูดฝุ่น	khrêuang dòot fùn
ferro (m) de passar	เตารีด	dtao rêet
tábua (f) de passar	กระดานรองรีด	grà-daan rorng rêet

telefone (m)	โทรศัพท์	thoh-rá-sàp
celular (m)	มือถือ	meu thěu
máquina (f) de escrever	เครื่องพิมพ์ดีด	khrêuang phim dèet
máquina (f) de costura	จักรเย็บผ้า	jàk yép phâa

microfone (m)	ไมโครโฟน	mai-khroh-fohn
fone (m) de ouvido	หูฟัง	hŏo fang
controle remoto (m)	รีโมตทีวี	ree môht thee wee
CD (m)	CD	see-dee
fita (f) cassete	เทป	thâyp
disco (m) de vinil	จานเสียง	jaan sǐang

100. Reparações. Renovação

renovação (f)	การซ่อมแซม	gaan sôrm saem
renovar (vt), fazer obras	ซ่อมแซม	sôrm saem
reparar (vt)	ซ่อมแซม	sôrm saem
consertar (vt)	สะสาง	sà-săang
refazer (vt)	ทำใหม่	tham mài
tinta (f)	สี	sĕe
pintar (vt)	ทาสี	thaa sĕe
pintor (m)	ช่างทาสีบ้าน	châang thaa sĕe bâan
pincel (m)	แปรงทาสี	bpraeng thaa sĕe
cal (f)	สารฟอกขาว	săan fôrk khăao
caiar (vt)	ฟอกขาว	fôrk khăao
papel (m) de parede	วอลเปเปอร์	worn-bpay-bper
colocar papel de parede	ติดวอลเปเปอร์	dtìt wor lá-bpay-bper
verniz (m)	น้ำมันชักเงา	náam man chák ngao
envernizar (vt)	เคลือบ	khlêuap

101. Canalizações

água (f)	น้ำ	nám
água (f) quente	น้ำร้อน	nám rórn
água (f) fria	น้ำเย็น	nám yen
torneira (f)	ก็อกน้ำ	gòk náam
gota (f)	หยด	yòt
gotejar (vi)	ตก	dtòk
vazar (vt)	รั่ว	rûa
vazamento (m)	การรั่ว	gaan rûa
poça (f)	หลมน้ำ	lòm náam
tubo (m)	ท่อ	thôr
válvula (f)	วาล์ว	waao
entupir-se (vr)	อุดตัน	ùt dtan
ferramentas (f pl)	เครื่องมือ	khrêuang meu
chave (f) inglesa	ประแจคอม้า	bprà-jae kor máa
desenroscar (vt)	คลายเกลียวออก	khlaai glieow òrk
enroscar (vt)	ขันให้แน่น	khăn hâi nâen
desentupir (vt)	แก้การอุดตัน	gâe gaan ùt dtan
encanador (m)	ช่างประปา	châang bprà-bpaa
porão (m)	ชั้นใต้ดิน	chán dtâi din
rede (f) de esgotos	ระบบท่อน้ำทิ้ง	rá-bòp thôr náam thíng

102. Fogo. Deflagração

incêndio (m)	ไฟไหม้	fai mâi
chama (f)	เปลวไฟ	bpleo fai

faísca (f)	ประกายไฟ	bprà-gaai fai
fumaça (f)	ควัน	khwan
tocha (f)	คบเพลิง	khóp phlerng
fogueira (f)	กองไฟ	gorng fai
gasolina (f)	น้ำมันเชื้อเพลิง	nám man chéua phlerng
querosene (m)	น้ำมันก๊าด	nám man gáat
inflamável (adj)	ติดไฟได้	dtìt fai dâai
explosivo (adj)	ที่ระเบิดได้	thêe rá-bèrt dâai
PROIBIDO FUMAR!	ห้ามสูบบุหรี่	hâam sòop bù rèe
segurança (f)	ความปลอดภัย	khwaam bplòrt phai
perigo (m)	อันตราย	an-dtà-raai
perigoso (adj)	อันตราย	an-dtà-raai
incendiar-se (vr)	ติดไฟ	dtìt fai
explosão (f)	การระเบิด	gaan rá-bèrt
incendiar (vt)	เผา	phǎo
incendiário (m)	ผู้ลอบวางเพลิง	phôo lôp waang phlerng
incêndio (m) criminoso	การลอบวางเพลิง	gaan lôp waang phlerng
flamejar (vi)	ไฟลุกโชน	fai lúk-chohn
queimar (vi)	ไหม้	mâi
queimar tudo (vi)	เผาให้ราบ	phǎo hâi râap
chamar os bombeiros	เรียกนักดับเพลิง	rîak nák dàp phlerng
bombeiro (m)	นักดับเพลิง	nák dàp phlerng
caminhão (m) de bombeiros	รถดับเพลิง	rót dàp phlerng
corpo (m) de bombeiros	สถานีดับเพลิง	sà-thǎa-nee dàp phlerng
escada (f) extensível	บันไดรถดับเพลิง	ban-dai rót dàp phlerng
mangueira (f)	ท่อดับเพลิง	thôr dàp phlerng
extintor (m)	ที่ดับเพลิง	thêe dàp phlerng
capacete (m)	หมวกนิรภัย	mùak ní-rá-phai
sirene (f)	สัญญาณเตือนภัย	sǎn-yaan dteuan phai
gritar (vi)	ร้อง	rórng
chamar por socorro	ขอช่วย	khǒr chûay
socorrista (m)	นักกู้ภัย	nák gôo phai
salvar, resgatar (vt)	ช่วยชีวิต	chûay chee-wít
chegar (vi)	มา	maa
apagar (vt)	ดับเพลิง	dàp phlerng
água (f)	น้ำ	nám
areia (f)	ทราย	saai
ruínas (f pl)	ซาก	sâak
ruir (vi)	ถล่ม	thà-lòm
desmoronar (vi)	ถล่มทลาย	thà-lòm thá-laai
desabar (vi)	ถล่ม	thà-lòm
fragmento (m)	ส่วนสะเก็ด	sùan sà-gèt
cinza (f)	ขี้เถ้า	khêe thâo
sufocar (vi)	ขาดอากาศตาย	khàat aa-gàat dtaai
perecer (vi)	เสียชีวิต	sǐa chee-wít

ATIVIDADES HUMANAS

Emprego. Negócios. Parte 1

103. Escritório. O trabalho no escritório

escritório (~ de advogados)	สำนักงาน	sǎm-nák ngaan
escritório (do diretor, etc.)	หองทำงาน	hôrng tham ngaan
recepção (f)	แผนกตอนรับ	phà-nàek dtôrn ráp
secretário (m)	เลขา	lay-khǎa
secretária (f)	เลขา	lay-khǎa
diretor (m)	ผู้อำนวยการ	phôo am-nuay gaan
gerente (m)	ผู้จัดการ	phôo jàt gaan
contador (m)	คนทำบัญชี	khon tham ban-chee
empregado (m)	พนักงาน	phá-nák ngaan
mobiliário (m)	เครื่องเรือน	khrêuang reuan
mesa (f)	โต๊ะ	dtó
cadeira (f)	เก้าอี้สำนักงาน	gâo-êe sǎm-nák ngaan
gaveteiro (m)	ตู้มีลิ้นชัก	dtôo mee lín chák
cabideiro (m) de pé	ไมแขวนเสื้อ	mái khwǎen sêua
computador (m)	คอมพิวเตอร์	khorm-phiw-dtêr
impressora (f)	เครื่องพิมพ	khrêuang phim
fax (m)	เครื่องโทรสาร	khrêuang thoh-rá-sǎan
fotocopiadora (f)	เครื่องอัดสำเนา	khrêuang àt sǎm-nao
papel (m)	กระดาษ	grà-dàat
artigos (m pl) de escritório	เครื่องใช้ สำนักงาน	khrêuang chái sǎm-nák ngaan
tapete (m) para mouse	แผนรองเมาส์	phàen rorng mao
folha (f)	ใบ	bai
pasta (f)	แฟ้ม	fáem
catálogo (m)	บัญชีรายชื่อ	ban-chee raai chêu
lista (f) telefônica	สมุดโทรศัพท	sà-mùt thoh-rá-sàp
documentação (f)	เอกสาร	àyk sǎan
brochura (f)	โบรชัวร์	broh-chua
panfleto (m)	ใบปลิว	bai bpliw
amostra (f)	ตัวอย่าง	dtua yàang
formação (f)	การประชุมฝึกอบรม	gaan bprà-chum fèuk òp-rom
reunião (f)	การประชุม	gaan bprà-chum
hora (f) de almoço	การพักเที่ยง	gaan phák thîang
fazer uma cópia	ทำสำเนา	tham sǎm-nao
tirar cópias	ทำสำเนาหลายฉบับ	tham sǎm-nao lǎai chà-bàp
receber um fax	รับโทรสาร	ráp thoh-rá-sǎan

enviar um fax	ส่งโทรสาร	sòng thoh-rá-săan
fazer uma chamada	โทรศัพท์	thoh-rá-sàp
responder (vt)	รับสาย	ráp săai
passar (vt)	โอนสาย	ohn săai

marcar (vt)	นัด	nát
demonstrar (vt)	สาธิต	săa-thít
estar ausente	ขาด	khàat
ausência (f)	การขาด	gaan khàat

104. Processos negociais. Parte 1

| negócio (m) | ธุรกิจ | thú-rá gìt |
| ocupação (f) | อาชีพ | aa-chêep |

firma, empresa (f)	บริษัท	bor-rí-sàt
companhia (f)	บริษัท	bor-rí-sàt
corporação (f)	บริษัท	bor-rí-sàt
empresa (f)	บริษัท	bor-rí-sàt
agência (f)	สำนักงาน	săm-nák ngaan

acordo (documento)	ข้อตกลง	khôr dtòk long
contrato (m)	สัญญา	săn-yaa
acordo (transação)	ข้อตกลง	khôr dtòk long
pedido (m)	การสั่ง	gaan sàng
termos (m pl)	เงื่อนไข	ngêuan khăi

por atacado	ขายส่ง	khăai sòng
por atacado (adj)	ขายส่ง	khăai sòng
venda (f) por atacado	การขายส่ง	gaan khăai sòng
a varejo	ขายปลีก	khăai bplèek
venda (f) a varejo	การขายปลีก	gaan khăai bplèek

concorrente (m)	คู่แข่ง	khôo khàeng
concorrência (f)	การแข่งขัน	gaan khàeng khăn
competir (vi)	แข่งขัน	khàeng khăn

| sócio (m) | พันธมิตร | phan-thá-mít |
| parceria (f) | หางหุนสวน | hâang hûn sùan |

crise (f)	วิกฤติ	wí-grìt
falência (f)	การลมละลาย	gaan lóm lá-laai
entrar em falência	ลมละลาย	lóm lá-laai
dificuldade (f)	ความยากลำบาก	khwaam yâak lam-bàak
problema (m)	ปัญหา	bpan-hăa
catástrofe (f)	ความหายนะ	khwaam hăa-yá-ná

economia (f)	เศรษฐกิจ	sàyt-thà-gìt
econômico (adj)	ทางเศรษฐกิจ	thaang sàyt-thà-gìt
recessão (f) econômica	เศรษฐกิจถดถอย	sàyt-thà-gìt thòt thŏi

objetivo (m)	เป้าหมาย	bpâo măai
tarefa (f)	งาน	ngaan
comerciar (vi, vt)	แลกเปลี่ยน	lâek bplìan

rede (de distribuição)	เครือข่าย	khreua khàai
estoque (m)	คลังสินค้า	khlang sĭn kháa
sortimento (m)	ประเภทสินค้า ตางๆ	bprà-phâyt sĭn kháa dtàang dtàang

líder (m)	ผู้นำ	phôo nam
grande (~ empresa)	ขนาดใหญ่	khà-nàat yài
monopólio (m)	การผูกขาด	gaan phòok khàat

teoria (f)	ทฤษฎี	thrít-sà-dee
prática (f)	การดำเนินการ	gaan dam-nern gaan
experiência (f)	ประสบการณ์	bprà-sòp gaan
tendência (f)	แนวโน้ม	naew nóhm
desenvolvimento (m)	การพัฒนา	gaan phát-thá-naa

105. Processos negociais. Parte 2

| rentabilidade (f) | กำไร | gam-rai |
| rentável (adj) | กำไร | gam-rai |

delegação (f)	คณะผู้แทน	khá-ná phôo thaen
salário, ordenado (m)	เงินเดือน	ngern deuan
corrigir (~ um erro)	แก้ไข	gâe khăi
viagem (f) de negócios	การเดินทางไป ทำธุรกิจ	gaan dern taang bpai tham thú-rá gìt
comissão (f)	คณะ	khá-ná

controlar (vt)	ควบคุม	khûap khum
conferência (f)	งานประชุม	ngaan bprà-chum
licença (f)	ใบอนุญาต	bai a-nú-yâat
confiável (adj)	พึ่งพาได้	phêung phaa dâai

empreendimento (m)	การริเริ่ม	gaan rí-rêrm
norma (f)	มาตรฐาน	mâat-dtrà-thăan
circunstância (f)	ภาวะ	phaa-wá
dever (do empregado)	หน้าที่	nâa thêe

empresa (f)	องค์การ	ong gaan
organização (f)	การจัด	gaan jàt
organizado (adj)	ที่ถูกจัด	thêe thòok jàt
anulação (f)	การยกเลิก	gaan yók lêrk
anular, cancelar (vt)	ยกเลิก	yók lêrk
relatório (m)	รายงาน	raai ngaan

patente (f)	สิทธิบัตร	sìt-thí bàt
patentear (vt)	จดสิทธิบัตร	jòt sìt-thí bàt
planejar (vt)	วางแผน	waang phăen

bônus (m)	โบนัส	boh-nát
profissional (adj)	ทางวิชาชีพ	thaang wí-chaa chêep
procedimento (m)	กระบวนการ	grà-buan gaan

| examinar (~ a questão) | ปรึกษาหารือ | bprèuk-săa hăa-reu |
| cálculo (m) | การนับ | gaan náp |

| reputação (f) | ความมีหน้ามีตา | khwaam mee nâa mee dtaa |
| risco (m) | ความเสี่ยง | khwaam sìang |

dirigir (~ uma empresa)	บริหาร	bor-rí-hăan
informação (f)	ขอมูล	khôr moon
propriedade (f)	ทรัพย์สิน	sáp sĭn
união (f)	สหภาพ	sà-hà phâap

seguro (m) de vida	การประกันชีวิต	gaan bprà-gan chee-wít
fazer um seguro	ประกันภัย	bprà-gan phai
seguro (m)	การประกันภัย	gaan bprà-gan phai

leilão (m)	การขายเลหลัง	gaan khăai lay-lăng
notificar (vt)	แจง	jâeng
gestão (f)	การบริหาร	gaan bor-rí-hăan
serviço (indústria de ~s)	บริการ	bor-rí-gaan

fórum (m)	การประชุมฟอรั่ม	gaan bprà-chum for-râm
funcionar (vi)	ดำเนินการ	dam-nern gaan
estágio (m)	ขั้น	khân
jurídico, legal (adj)	ทางกฎหมาย	thaang gòt măai
advogado (m)	ทนายความ	thá-naai khwaam

106. Produção. Trabalhos

usina (f)	โรงงาน	rohng ngaan
fábrica (f)	โรงงาน	rohng ngaan
oficina (f)	ห้องทำงาน	hông tham ngaan
local (m) de produção	ที่ผลิต	thêe phà-lìt

indústria (f)	อุตสาหกรรม	út-saa há-gam
industrial (adj)	ทางอุตสาหกรรม	thaang ùt-săa-hà-gam
indústria (f) pesada	อุตสาหกรรมหนัก	ùt-săa-hà-gam nàk
indústria (f) ligeira	อุตสาหกรรมเบา	ùt-săa-hà-gam bao

produção (f)	ผลิตภัณฑ์	phà-lìt-dtà-phan
produzir (vt)	ผลิต	phà-lìt
matérias-primas (f pl)	วัตถุดิบ	wát-thù dìp

chefe (m) de obras	คนคุมงาน	khon khum ngaan
equipe (f)	ทีมคนงาน	theem khon ngaan
operário (m)	คนงาน	khon ngaan

dia (m) de trabalho	วันทำงาน	wan tham ngaan
intervalo (m)	หยุดพัก	yùt phák
reunião (f)	การประชุม	gaan bprà-chum
discutir (vt)	หารือ	hăa-reu
plano (m)	แผน	phăen
cumprir o plano	ทำตามแผน	tham dtaam păen
taxa (f) de produção	อัตราผลลัพธ์	àt-dtraa phŏn láp
qualidade (f)	คุณภาพ	khun-ná-phâap
controle (m)	การควบคุม	gaan khûap khum
controle (m) da qualidade	การควบคุมคุณภาพ	gaan khûap khum khun-ná-phâap

segurança (f) no trabalho	ความปลอดภัย ในที่ทำงาน	khwaam bplòrt phai nai thêe tham ngaan
disciplina (f)	วินัย	wí-nai
infração (f)	การละเมิด	gaan lá-mêrt
violar (as regras)	ละเมิด	lá-mêrt
greve (f)	การประท้วงหยุดงาน	gaan bprà-thúang yùt ngaan
grevista (m)	ผู้ประท้วงหยุดงาน	phôo bprà-thúang yùt ngaan
estar em greve	ประท้วงหยุดงาน	bprà-thúang yùt ngaan
sindicato (m)	สหภาพแรงงาน	sà-hà-phâap raeng ngaan
inventar (vt)	ประดิษฐ์	bprà-dìt
invenção (f)	สิ่งประดิษฐ์	sìng bprà-dìt
pesquisa (f)	การวิจัย	gaan wí-jai
melhorar (vt)	ทำให้ดีขึ้น	tham hâi dee khêun
tecnologia (f)	เทคโนโลยี	thék-noh-loh-yee
desenho (m) técnico	ภาพร่างทางเทคนิค	phâap-râang thaang thék-nìk
carga (f)	ของบรรทุก	khǒrng ban-thúk
carregador (m)	คนงานยกของ	khon ngaan yók khǒrng
carregar (o caminhão, etc.)	บรรทุก	ban-thúk
carregamento (m)	การบรรทุก	gaan ban-thúk
descarregar (vt)	ขนออก	khǒn òrk
descarga (f)	การขนออก	gaan khǒn òrk
transporte (m)	การขนส่ง	gaan khǒn sòng
companhia (f) de transporte	บริษัทขนส่ง	bor-rí-sàt khǒn sòng
transportar (vt)	ขนส่ง	khǒn sòng
vagão (m) de carga	ตู้รถไฟรถ	dtôo rót fai
tanque (m)	ถัง	thǎng
caminhão (m)	รถบรรทุก	rót ban-thúk
máquina (f) operatriz	เครื่องมือกล	khrêuang meu gon
mecanismo (m)	กลไก	gon-gai
resíduos (m pl) industriais	ของเสียจากโรงงาน	khǒrng sǐa jàak rohng ngaan
embalagem (f)	การทำหีบห่อ	gaan tham hèep hòr
embalar (vt)	แพ็คหีบห่อ	pháek hèep hòr

107. Contrato. Acordo

contrato (m)	สัญญา	sǎn-yaa
acordo (m)	ข้อตกลง	khôr dtòk long
adendo, anexo (m)	ภาคผนวก	phâak phà-nùak
assinar o contrato	ลงนามในสัญญา	long naam nai sǎn-yaa
assinatura (f)	ลายมือชื่อ	laai meu chêu
assinar (vt)	ลงนาม	long naam
carimbo (m)	ตราประทับ	dtraa bprà-tháp
objeto (m) do contrato	หัวข้อของสัญญา	hǔa khôr khǒrng sǎn-yaa
cláusula (f)	ข้อ	khôr
partes (f pl)	ฝ่าย	fàai

domicílio (m) legal	ที่อยู่ตามกฎหมาย	thêe yòo dtaam gòt mǎai
violar o contrato	การละเมิดสัญญา	gaan lá-mêrt sǎn-yaa
obrigação (f)	พันธสัญญา	phan-thá-sǎn-yaa
responsabilidade (f)	ความรับผิดชอบ	khwaam ráp phìt chôp
força (f) maior	เหตุสุดวิสัย	hàyt sùt wí-sǎi
litígio (m), disputa (f)	ความขัดแย้ง	khwaam khàt yáeng
multas (f pl)	บทลงโทษ	bòt long thôht

108. Importação & Exportação

importação (f)	การนำเข้า	gaan nam khâo
importador (m)	ผู้นำเข้า	phôo nam khâo
importar (vt)	นำเข้า	nam khâo
de importação	นำเข้า	nam khâo

exportação (f)	การส่งออก	gaan sòng òrk
exportador (m)	ผู้ส่งออก	phôo sòng òrk
exportar (vt)	ส่งออก	sòng òrk
de exportação	ส่งออก	sòng òrk

| mercadoria (f) | สินค้า | sǐn kháa |
| lote (de mercadorias) | สินค้าที่ส่งไป | sǐn kháa thêe sòng bpai |

peso (m)	น้ำหนัก	nám nàk
volume (m)	ปริมาณ	bpà-rí-maan
metro (m) cúbico	ลูกบาศก์เมตร	lôok bàat máyt

produtor (m)	ผู้ผลิต	phôo phà-lìt
companhia (f) de transporte	บริษัทขนส่ง	bor-rí-sàt khǒn sòng
contêiner (m)	ตู้คอนเทนเนอร์	dtôo khorn thay ná-ner

fronteira (f)	ชายแดน	chaai daen
alfândega (f)	ด่านศุลกากร	dàan sǔn-lá-gaa-gon
taxa (f) alfandegária	ภาษีศุลกากร	phaa-sěe sǔn-lá-gaa-gon
funcionário (m) da alfândega	เจ้าหน้าที่ศุลกากร	jâo nâa-thêe sǔn-lá-gaa-gon
contrabando (atividade)	การลักลอบ	gaan lák-lôrp
contrabando (produtos)	สินค้าที่ผิดกฎหมาย	sǐn kháa thêe phìt gòt mǎai

109. Finanças

ação (f)	หุ้น	hûn
obrigação (f)	ตราสารหนี้	dtraa sǎan nêe
nota (f) promissória	ตัวสัญญาใช้เงิน	dtǔa sǎn-yaa chái ngern

| bolsa (f) de valores | ตลาดหลักทรัพย์ | dtà-làat làk sáp |
| cotação (m) das ações | ราคาหุ้น | raa-khaa hûn |

tornar-se mais barato	ถูกลง	thòok long
tornar-se mais caro	แพงขึ้น	phaeng khêun
parte (f)	ปันผล	bpan phǒn
participação (f) majoritária	ส่วนได้เสียที่มีอำนาจควบคุม	sùan dâai sǐa têe mee am-nâat khûap khum

investimento (m)	การลงทุน	gaan long thun
investir (vt)	ลงทุน	long thun
porcentagem (f)	เปอร์เซ็นต์	bper-sen
juros (m pl)	ดอกเบี้ย	dòrk bîa

lucro (m)	กำไร	gam-rai
lucrativo (adj)	ได้กำไร	dâai gam-rai
imposto (m)	ภาษี	phaa-sĕe

divisa (f)	สกุลเงิน	sà-gun ngern
nacional (adj)	แห่งชาติ	hàeng châat
câmbio (m)	การแลกเปลี่ยน	gaan lâek bplìan

contador (m)	นักบัญชี	nák ban-chee
contabilidade (f)	การทำบัญชี	gaan tham ban-chee

falência (f)	การล้มละลาย	gaan lóm lá-laai
falência, quebra (f)	การพังพินาศ	gaan phang phí-nâat
ruína (f)	ความพินาศ	khwaam phí-nâat
estar quebrado	ล้มละลาย	lóm lá-laai
inflação (f)	เงินเฟ้อ	ngern fér
desvalorização (f)	การลดค่าเงิน	gaan lót khâa ngern

capital (m)	เงินทุน	ngern thun
rendimento (m)	รายได้	raai dâai
volume (m) de negócios	การหมุนเวียน	gaan mŭn wian
recursos (m pl)	ทรัพยากร	sáp-pá-yaa-gon
recursos (m pl) financeiros	แหล่งเงินทุน	làeng ngern thun

despesas (f pl) gerais	ค่าใช้จ่าย	khâa chái jàai
reduzir (vt)	ลด	lót

110. Marketing

marketing (m)	การตลาด	gaan dtà-làat
mercado (m)	ตลาด	dtà-làat
segmento (m) do mercado	ส่วนตลาด	sùan dtà-làat
produto (m)	ผลิตภัณฑ์	phà-lìt-dtà-phan
mercadoria (f)	สินค้า	sĭn kháa

marca (f)	ยี่ห้อ	yêe hôr
marca (f) registrada	เครื่องหมายการค้า	khrêuang măai gaan kháa
logotipo (m)	โลโก้	loh-gôh
logo (m)	โลโก้	loh-gôh

demanda (f)	อุปสงค์	u-bpà-sŏng
oferta (f)	อุปทาน	u-bpà-thaan
necessidade (f)	ความต้องการ	khwaam dtôrng gaan
consumidor (m)	ผู้บริโภค	phôo bor-rí-phôhk

análise (f)	การวิเคราะห์	gaan wí-khrór
analisar (vt)	วิเคราะห์	wí-khrór
posicionamento (m)	การวางตำแหน่งผลิตภัณฑ์	gaan waang dtam-nàeng phà-lìt-dtà-phan

posicionar (vt)	วางตำแหน่ง ผลิตภัณฑ์	waang dtam-nàeng phà-lìt-dtà-phan
preço (m)	ราคา	raa-khaa
política (f) de preços	นโยบาย การตั้งราคา	ná-yoh-baai gaan dtâng raa-khaa
formação (f) de preços	การตั้งราคา	gaan dtâng raa-khaa

111. Publicidade

publicidade (f)	การโฆษณา	gaan khôht-sà-naa
fazer publicidade	โฆษณา	khôht-sà-naa
orçamento (m)	งบประมาณ	ngóp bprà-maan

anúncio (m)	การโฆษณา	gaan khôht-sà-naa
publicidade (f) na TV	การโฆษณา ทางทีวี	gaan khôht-sà-naa thaang thee wee
publicidade (f) na rádio	การโฆษณา ทางวิทยุ	gaan khôht-sà-naa thaang wít-thá-yú
publicidade (f) exterior	การโฆษณา แบบกลางแจ้ง	gaan khôht-sà-naa bàep glaang jâeng

comunicação (f) de massa	สื่อสารมวลชน	sèu săan muan chon
periódico (m)	หนังสือรายคาบ	năng-sĕu raai khâap
imagem (f)	ภาพลักษณ์	phâap-lák

| slogan (m) | คำขวัญ | kham khwăn |
| mote (m), lema (f) | คติพจน์ | khá-dtì phót |

campanha (f)	การรณรงค์	gaan ron-ná-rorng
campanha (f) publicitária	การรณรงค์ โฆษณา	gaan ron-ná-rorng khôht-sà-naa
grupo (m) alvo	กลุ่มเป้าหมาย	glùm bpâo-măai

cartão (m) de visita	นามบัตร	naam bàt
panfleto (m)	ใบปลิว	bai bpliw
brochura (f)	โบรชัวร์	broh-chua
folheto (m)	แผ่นพับ	phàen pháp
boletim (~ informativo)	จดหมายข่าว	jòt măai khàao

letreiro (m)	ป้ายร้าน	bpâai ráan
cartaz, pôster (m)	โปสเตอร์	bpòht-dtêr
painel (m) publicitário	กระดานปิดประกาศ โฆษณา	grà-daan bpìt bprà-gàat khôht-sà-naa

112. Banca

| banco (m) | ธนาคาร | thá-naa-khaan |
| balcão (f) | สาขา | săa-khăa |

| consultor (m) bancário | พนักงาน
ธนาคาร | phá-nák ngaan
thá-naa-khaan |
| gerente (m) | ผู้จัดการ | phôo jàt gaan |

conta (f)	บัญชีธนาคาร	ban-chee thá-naa-kaan
número (m) da conta	หมายเลขบัญชี	mǎai lâyk ban-chee
conta (f) corrente	กระแสรายวัน	grà-sǎe raai wan
conta (f) poupança	บัญชีออมทรัพย์	ban-chee orm sáp
abrir uma conta	เปิดบัญชี	bpèrt ban-chee
fechar uma conta	ปิดบัญชี	bpìt ban-chee
depositar na conta	ฝากเงินเข้าบัญชี	fàak ngern khâo ban-chee
sacar (vt)	ถอน	thǒrn
depósito (m)	การฝาก	gaan fàak
fazer um depósito	ฝาก	fàak
transferência (f) bancária	การโอนเงิน	gaan ohn ngern
transferir (vt)	โอนเงิน	ohn ngern
soma (f)	จำนวนเงินรวม	jam-nuan ngern ruam
Quanto?	เทาไหร?	thâo rài
assinatura (f)	ลายมือชื่อ	laai meu chêu
assinar (vt)	ลงนาม	long naam
cartão (m) de crédito	บัตรเครดิต	bàt khray-dìt
senha (f)	รหัส	rá-hàt
número (m) do cartão de crédito	หมายเลขบัตรเครดิต	mǎai lâyk bàt khray-dìt
caixa (m) eletrônico	เอทีเอ็ม	ay-thee-em
cheque (m)	เช็ค	chék
passar um cheque	เขียนเช็ค	khǐan chék
talão (m) de cheques	สมุดเช็ค	sà-mùt chék
empréstimo (m)	เงินกู้	ngern gôo
pedir um empréstimo	ขอสินเชื่อ	khǒr sǐn chêua
obter empréstimo	กู้เงิน	gôo ngern
dar um empréstimo	ให้กู้เงิน	hâi gôo ngern
garantia (f)	การรับประกัน	gaan ráp bprà-gan

113. Telefone. Conversação telefônica

telefone (m)	โทรศัพท์	thoh-rá-sàp
celular (m)	มือถือ	meu thěu
secretária (f) eletrônica	เครื่องพูดตอบ	khrêuang phôot dtòp
fazer uma chamada	โทรศัพท์	thoh-rá-sàp
chamada (f)	การโทรศัพท์	gaan thoh-rá-sàp
discar um número	หมุนหมายเลขโทรศัพท์	mǔn mǎai lâyk thoh-rá-sàp
Alô!	สวัสดี!	sà-wàt-dee
perguntar (vt)	ถาม	thǎam
responder (vt)	รับสาย	ráp sǎai
ouvir (vt)	ได้ยิน	dâai yin
bem	ดี	dee
mal	ไม่ดี	mâi dee

ruído (m)	เสียงรบกวน	sĭang róp guan
fone (m)	ตัวรับสัญญาณ	dtua ráp săn-yaan
pegar o telefone	รับสาย	ráp săai
desligar (vi)	วางสาย	waang săai
ocupado (adj)	ไม่ว่าง	mâi wâang
tocar (vi)	ดัง	dang
lista (f) telefônica	สมุดโทรศัพท์	sà-mùt thoh-rá-sàp
local (adj)	ในประเทศ	nai bprà-thâyt
chamada (f) local	โทรในประเทศ	thoh nai bprà-thâyt
de longa distância	ระยะไกล	rá-yá glai
chamada (f) de longa distância	โทรระยะไกล	thoh-rá-yá glai
internacional (adj)	ต่างประเทศ	dtàang bprà-thâyt
chamada (f) internacional	โทรตางประเทศ	thoh dtàang bprà-thâyt

114. Telefone móvel

celular (m)	มือถือ	meu thĕu
tela (f)	หน้าจอ	nâa jor
botão (m)	ปุ่ม	bpùm
cartão SIM (m)	ซิมการ์ด	sím gàat
bateria (f)	แบตเตอรี่	bàet-dter-rêe
descarregar-se (vr)	หมด	mòt
carregador (m)	ที่ชาร์จ	thêe châat
menu (m)	เมนู	may-noo
configurações (f pl)	การตั้งค่า	gaan dtâng khâa
melodia (f)	เสียงเพลง	sĭang phlayng
escolher (vt)	เลือก	lêuak
calculadora (f)	เครื่องคิดเลข	khrêuang khít lâyk
correio (m) de voz	ขอความเสียง	khôr khwaam sĭang
despertador (m)	นาฬิกาปลุก	naa-lí-gaa bplùk
contatos (m pl)	รายชื่อผู้ติดต่อ	raai chêu phôo dtìt dtòr
mensagem (f) de texto	SMS	es-e-mes
assinante (m)	ผู้สมัครรับบริการ	phôo sà-màk ráp bor-rí-gaan

115. Estacionário

caneta (f)	ปากกาลูกลื่น	bpàak gaa lôok lêun
caneta (f) tinteiro	ปากกาหมึกซึม	bpàak gaa mèuk seum
lápis (m)	ดินสอ	din-sŏr
marcador (m) de texto	ปากกาเน้น	bpàak gaa náyn
caneta (f) hidrográfica	ปากกาเมจิก	bpàak gaa may jìk
bloco (m) de notas	สมุดจด	sà-mùt jòt
agenda (f)	สมุดบันทึกรายวัน	sà-mùt ban-théuk raai wan

régua (f)	ไม้บรรทัด	máai ban-thát
calculadora (f)	เครื่องคิดเลข	khrêuang khít lâyk
borracha (f)	ยางลบ	yaang lóp
alfinete (m)	เป็ก	bpáyk
clipe (m)	ลวดหนีบกระดาษ	lûat nèep grà-dàat
cola (f)	กาว	gaao
grampeador (m)	ที่เย็บกระดาษ	thêe yép grà-dàat
furador (m) de papel	ที่เจาะรูกระดาษ	thêe jòr roo grà-dàat
apontador (m)	ที่เหลาดินสอ	thêe lǎo din-sǒr

116. Vários tipos de documentos

relatório (m)	รายการ	raai gaan
acordo (m)	ข้อตกลง	khôr dtòk long
ficha (f) de inscrição	ใบสมัคร	bai sà-màk
autêntico (adj)	แท้	tháe
crachá (m)	ป้ายชื่อ	bpâai chêu
cartão (m) de visita	นามบัตร	naam bàt
certificado (m)	ใบรับรอง	bai ráp rorng
cheque (m)	เช็ค	chék
conta (f)	คิดเงิน	khít ngern
constituição (f)	รัฐธรรมนูญ	rát-thà-tham-má-noon
contrato (m)	สัญญา	sǎn-yaa
cópia (f)	สำเนา	sǎm-nao
exemplar (~ assinado)	ฉบับ	chà-bàp
declaração (f) alfandegária	แบบฟอร์มการเสียภาษีศุลกากร	bàep form gaan sǐa phaa-sěe sǔn-lá-gaa-gon
documento (m)	เอกสาร	àyk sǎan
carteira (f) de motorista	ใบอนุญาตขับขี่	bai a-nú-yâat khàp khèe
adendo, anexo (m)	ภาคผนวก	phâak phà-nùak
questionário (m)	แบบฟอร์ม	bàep form
carteira (f) de identidade	บัตรประจำตัว	bàt bprà-jam dtua
inquérito (m)	คำร้องขอ	kham rórng khǒr
convite (m)	บัตรเชิญ	bàt chern
fatura (f)	ใบกำกับสินค้า	bai gam-gàp sǐn kháa
lei (f)	กฎหมาย	gòt mǎai
carta (correio)	จดหมาย	jòt mǎai
papel (m) timbrado	แบบฟอร์ม	bàep form
lista (f)	รายชื่อ	raai chêu
manuscrito (m)	ต้นฉบับ	dtôn chà-bàp
boletim (~ informativo)	จดหมายข่าว	jòt mǎai khàao
bilhete (mensagem breve)	ข้อความสั้นๆ	khôr khwaam sân sân
passe (m)	บัตรผ่าน	bàt phàan
passaporte (m)	หนังสือเดินทาง	nǎng-sěu dern-thaang
permissão (f)	ใบอนุญาต	bai a-nú-yâat
currículo (m)	ประวัติย่อ	bprà-wàt yôr
nota (f) promissória	รายการหนี้	raai gaan nêe

recibo (m)	ใบเสร็จ	bai sèt
talão (f)	ใบเสร็จ	bai sèt
relatório (m)	รายงาน	raai ngaan

mostrar (vt)	แสดง	sà-daeng
assinar (vt)	ลงนาม	long naam
assinatura (f)	ลายมือชื่อ	laai meu chêu
carimbo (m)	ตราประทับ	dtraa bprà-tháp
texto (m)	ขุอความ	khôr khwaam
ingresso (m)	ตั๋ว	dtŭa

| riscar (vt) | ขีดฆ่า | khèet khâa |
| preencher (vt) | กรอก | gròrk |

| carta (f) de porte | รายการสินค้าขนส่ง | raai gaan sĭn kháa khŏn sòng |
| testamento (m) | พินัยกรรม | phí-nai-gam |

117. Tipos de negócios

serviços (m pl) de contabilidade	บริการทำบัญชี	bor-rí-gaan tham ban-chee
publicidade (f)	การโฆษณา	gaan khôht-sà-naa
agência (f) de publicidade	บริษัทโฆษณา	bor-rí-sàt khôht-sà-naa
ar (m) condicionado	เครื่องปรับอากาศ	khrêuang bpràp-aa-gàat
companhia (f) aérea	สายการบิน	săai gaan bin

bebidas (f pl) alcoólicas	เครื่องดื่มแอลกอฮอล์	khrêuang dèum aen-gor-hor
comércio (m) de antiguidades	ของเก่า	khŏrng gào
galeria (f) de arte	หอศิลป์	hŏr sĭn
serviços (m pl) de auditoria	บริการตรวจสอบบัญชี	bor-rí-gaan dtrùat sòrp ban-chee

negócios (m pl) bancários	การธนาคาร	gaan thá-naa-khaan
bar (m)	บาร์	baa
salão (m) de beleza	ช่างเสริมสวย	châang sĕrm sŭay
livraria (f)	ร้านขายหนังสือ	ráan khăai năng-sĕu
cervejaria (f)	โรงงานตมเหลา	rohng ngaan dtôm lău
centro (m) de escritórios	ศูนย์ธุรกิจ	sŏon thú-rá gìt
escola (f) de negócios	โรงเรียนธุรกิจ	rohng rian thú-rá gìt

cassino (m)	คาสิโน	khaa-sì-noh
construção (f)	การก่อสร้าง	gaan gòr sâang
consultoria (f)	การปรึกษา	gaan bprèuk-săa

clínica (f) dentária	คลินิกทันตกรรม	khlí-nìk than-ta-gam
design (m)	การออกแบบ	gaan òrk bàep
drogaria (f)	ร้านขายยา	ráan khăai yaa
lavanderia (f)	ร้านซักแหง	ráan sák hâeng
agência (f) de emprego	สำนักงานจัดหางาน	săm-nák ngaan jàt hăa ngaan

serviços (m pl) financeiros	บริการด้านการเงิน	bor-rí-gaan dâan gaan ngern
alimentos (m pl)	ผลิตภัณฑ์อาหาร	phà-lìt-dtà-phan aa hăan
funerária (f)	บริษัทรับจัดงานศพ	bor-rí-sàt ráp jàt ngaan sòp

mobiliário (m)	เครื่องเรือน	khrêuang reuan
roupa (f)	เสื้อผ้า	sêua phâa
hotel (m)	โรงแรม	rohng raem

sorvete (m)	ไอศกรีม	ai-sà-greem
indústria (f)	อุตสาหกรรม	út-saa há-gam
seguro (~ de vida, etc.)	การประกัน	gaan bprà-gan
internet (f)	อินเทอร์เน็ต	in-thêr-nét
investimento (m)	การลงทุน	gaan long thun
joalheiro (m)	ช่างทำเครื่อง เพชรพลอย	châang tham khrêuang phét phloi
joias (f pl)	เครื่องเพชรพลอย	khrêuang phét phloi
lavanderia (f)	โรงซักรีดผ้า	rohng sák rêet phâa
assessorias (f pl) jurídicas	คนที่ปรึกษา ทางกฎหมาย	khon thêe bprèuk-sǎa thaang gòt mǎai
indústria (f) ligeira	อุตสาหกรรมเบา	ùt-sǎa-hà-gam bao

revista (f)	นิตยสาร	nít-dtà-yá-sǎan
vendas (f pl) por catálogo	การขายสินค้า ทางไปรษณีย์	gaan khǎai sǐn kháa thaang bprai-sà-nee
medicina (f)	การแพทย์	gaan phâet
cinema (m)	โรงภาพยนตร์	rohng phâap-phá-yon
museu (m)	พิพิธภัณฑ์	phí-phítha phan

agência (f) de notícias	สำนักข่าว	sǎm-nák khàao
jornal (m)	หนังสือพิมพ์	nǎng-sěu phim
boate (casa noturna)	ในท์คลับ	nai-khláp

petróleo (m)	น้ำมัน	nám man
serviços (m pl) de remessa	บริการจัดส่ง	bor-rí-gaan jàt sòng
indústria (f) farmacêutica	เภสัชกรรม	phay-sàt-cha -gam
tipografia (f)	สิ่งพิมพ์	sìng phim
editora (f)	สำนักพิมพ์	sǎm-nák phim

rádio (m)	วิทยุ	wít-thá-yú
imobiliário (m)	อสังหาริมทรัพย์	a-sǎng-hǎa-rim-má-sáp
restaurante (m)	รานอาหาร	ráan aa-hǎan

empresa (f) de segurança	บริษัทรักษา ความปลอดภัย	bor-rí-sàt rák-sǎa khwaam bplòrt phai
esporte (m)	กีฬา	gee-laa
bolsa (f) de valores	ตลาดหลักทรัพย์	dtà-làat làk sáp
loja (f)	รานค้า	ráan kháa
supermercado (m)	ซูเปอร์มาร์เก็ต	soo-bper-maa-gèt
piscina (f)	สระว่ายน้ำ	sà wâai náam

alfaiataria (f)	ร้านตัดเสื้อ	ráan dtàt sêua
televisão (f)	โทรทัศน์	thoh-rá-thát
teatro (m)	โรงละคร	rohng lá-khon
comércio (m)	การค้าขาย	gaan kháa kǎai
serviços (m pl) de transporte	การขนส่ง	gaan khǒn sòng
viagens (f pl)	การท่องเที่ยว	gaan thôrng thîeow

veterinário (m)	สัตวแพทย์	sàt phâet
armazém (m)	โกดังเก็บสินค้า	goh-dang gèp sǐn kháa
recolha (f) do lixo	การเก็บขยะ	gaan gèp khà-yà

Emprego. Negócios. Parte 2

118. Espetáculo. Feira

feira, exposição (f)	งานแสดง	ngaan sà-daeng
feira (f) comercial	งานแสดงสินค้า	ngaan sà-daeng sĭn kháa
participação (f)	การเข้าร่วม	gaan khâo rûam
participar (vi)	เข้าร่วมใน	khâo rûam nai
participante (m)	ผู้เข้าร่วม	phôo khâo rûam
diretor (m)	ผู้อำนวยการ	phôo am-nuay gaan
direção (f)	สำนักงานผู้จัด	săm-nák ngaan phôo jàt
organizador (m)	ผู้จัด	phôo jàt
organizar (vt)	จัด	jàt
ficha (f) de inscrição	แบบฟอร์มลงทะเบียน	bàep form long thá-bian
preencher (vt)	กรอก	gròrk
detalhes (m pl)	รายละเอียด	raai lá-ìat
informação (f)	ข้อมูล	khôr moon
preço (m)	ราคา	raa-khaa
incluindo	รวมถึง	ruam thĕung
incluir (vt)	รวม	ruam
pagar (vt)	จ่าย	jàai
taxa (f) de inscrição	ค่าลงทะเบียน	khâa long thá-bian
entrada (f)	ทางเข้า	thaang khâo
pavilhão (m), salão (f)	ศาลา	săa-laa
inscrever (vt)	ลงทะเบียน	long thá-bian
crachá (m)	ป้ายชื่อ	bpâai chêu
stand (m)	บูธแสดงสินค้า	bòot sà-daeng sĭn kháa
reservar (vt)	จอง	jorng
vitrine (f)	ตู้โชว์สินค้า	dtôo choh sĭn kháa
lâmpada (f)	ไฟรวมแสงบนเวที	fai ruam săeng bon way-thee
design (m)	การออกแบบ	gaan òrk bàep
pôr (posicionar)	วาง	waang
ser colocado, -a	ถูกตั้ง	thòok dtâng
distribuidor (m)	ผู้จัดจำหน่าย	phôo jàt jam-nàai
fornecedor (m)	ผู้จัดหา	phôo jàt hăa
fornecer (vt)	จัดหา	jàt hăa
país (m)	ประเทศ	bprà-thâyt
estrangeiro (adj)	ต่างชาติ	dtàang châat
produto (m)	ผลิตภัณฑ์	phà-lìt-dtà-phan
associação (f)	สมาคม	sà-maa khom
sala (f) de conferência	ห้องประชุม	hôrng bprà-chum

| congresso (m) | การประชุม | gaan bprà-chum |
| concurso (m) | การแข่งขัน | gaan khàeng khǎn |

visitante (m)	ผู้เข้าร่วม	phôo khâo rûam
visitar (vt)	เข้าร่วม	khâo rûam
cliente (m)	ลูกค้า	lôok kháa

119. Media

jornal (m)	หนังสือพิมพ์	nǎng-sěu phim
revista (f)	นิตยสาร	nít-dtà-yá-sǎan
imprensa (f)	สื่อสิ่งพิมพ์	sèu sìng phim
rádio (m)	วิทยุ	wít-thá-yú
estação (f) de rádio	สถานีวิทยุ	sà-thǎa-nee wít-thá-yú
televisão (f)	โทรทัศน์	thoh-rá-thát

apresentador (m)	ผู้ประกาศข่าว	phôo bprà-gàat khàao
locutor (m)	ผู้ประกาศข่าว	phôo bprà-gàat khàao
comentarista (m)	ผู้อธิบาย	phôo à-thí-baai

jornalista (m)	นักข่าว	nák khàao
correspondente (m)	ผู้รายงานข่าว	phôo raai ngaan khàao
repórter (m) fotográfico	ช่างภาพ หนังสือพิมพ์	châang phâap nǎng-sěu phim
repórter (m)	ผู้รายงาน	phôo raai ngaan

| redator (m) | บรรณาธิการ | ban-naa-thí-gaan |
| redator-chefe (m) | หัวหน้าบรรณาธิการ | hǔa nâa ban-naa-thí-gaan |

assinar a ...	รับ	ráp
assinatura (f)	การรับ	gaan ráp
assinante (m)	ผู้รับ	phôo ráp
ler (vt)	อ่าน	àan
leitor (m)	ผู้อ่าน	phôo àan

tiragem (f)	การเผยแพร่	gaan phǒie-phrâe
mensal (adj)	รายเดือน	raai deuan
semanal (adj)	รายสัปดาห์	raai sàp-daa
número (jornal, revista)	ฉบับ	chà-bàp
recente, novo (adj)	ใหม่	mài

manchete (f)	ข่าวพาดหัว	khàao phâat hǔa
pequeno artigo (m)	บทความสั้นๆ	bòt khwaam sân sân
coluna (~ semanal)	คอลัมน์	khor lam
artigo (m)	บทความ	bòt khwaam
página (f)	หน้า	nâa

reportagem (f)	การรายงานข่าว	gaan raai ngaan khàao
evento (festa, etc.)	เหตุการณ์	hàyt gaan
sensação (f)	ข่าวดัง	khàao dang
escândalo (m)	เรื่องอื้อฉาว	rêuang êu chǎao
escandaloso (adj)	อื้อฉาว	êu chǎao
grande (adj)	ใหญ่	yài
programa (m)	รายการ	raai gaan

entrevista (f)	การสัมภาษณ์	gaan săm-phâat
transmissão (f) ao vivo	ถ่ายทอดสด	thàai thôrt sòt
canal (m)	ช่อง	chôrng

120. Agricultura

agricultura (f)	เกษตรกรรม	gà-sàyt-dtra -gam
camponês (m)	ชาวนาผู้ชาย	chaao naa phôo chaai
camponesa (f)	ชาวนาผู้หญิง	chaao naa phôo yĭng
agricultor, fazendeiro (m)	ชาวนา	chaao naa
trator (m)	รถแทร็คเตอร์	rót tráek-dtêr
colheitadeira (f)	เครื่องเก็บเกี่ยว	khrêuang gèp gìeow
arado (m)	คันไถ	khan thăi
arar (vt)	ไถ	thăi
campo (m) lavrado	ที่ดินที่ไถพรวน	thêe din thêe thăi phruan
sulco (m)	ร่องดิน	rôrng din
semear (vt)	หว่าน	wàan
plantadeira (f)	เครื่องหว่านเมล็ด	khrêuang wàan má-lét
semeadura (f)	การหว่าน	gaan wàan
foice (m)	เคียว	khieow
cortar com foice	เกี่ยว	thăang
pá (f)	พลั่ว	phlûa
cavar (vt)	ขุด	khùt
enxada (f)	จอบ	jòrp
capinar (vt)	ถาก	thàak
erva (f) daninha	วัชพืช	wát-chá-phêut
regador (m)	กระป๋องรดน้ำ	grà-bpŏrng rót náam
regar (plantas)	รดน้ำ	rót náam
rega (f)	การรดน้ำ	gaan rót nám
forquilha (f)	ส้อมเสียบ	sôrm sìap
ancinho (m)	คราด	khrâat
fertilizante (m)	ปุ๋ย	bpŭi
fertilizar (vt)	ใส่ปุ๋ย	sài bpŭi
estrume, esterco (m)	ปุ๋ยคอก	bpŭi khôrk
campo (m)	ทุ่งนา	thûng naa
prado (m)	ทุ่งหญ้า	thûng yâa
horta (f)	สวนผัก	sŭan phàk
pomar (m)	สวนผลไม้	sŭan phŏn-lá-máai
pastar (vt)	เล็มหญ้า	lem yâa
pastor (m)	คนเลี้ยงสัตว์	khon líang sàt
pastagem (f)	ทุ่งเลี้ยงสัตว์	thûng líang sàt
pecuária (f)	การขยายพันธุ์สัตว์	gaan khà-yăai phan sàt
criação (f) de ovelhas	การขยายพันธุ์แกะ	gaan khà-yăai phan gàe

T&P Books. Vocabulário Português Brasileiro-Tailandês - 9000 palavras

plantação (f)	ที่เพาะปลูก	thêe phór bplòok
canteiro (m)	แถว	thăe
estufa (f)	เรือนกระจกร้อน	reuan grà-jòk rón
seca (f)	ภัยแล้ง	phai láeng
seco (verão ~)	แล้ง	láeng
grão (m)	ธัญพืช	than-yá-phêut
cereais (m pl)	ผลผลิตธัญพืช	phŏn phà-lìt than-yá-phêut
colher (vt)	เก็บเกี่ยว	gèp gìeow
moleiro (m)	เจ้าของโรงโม่	jâo khŏrng rohng môh
moinho (m)	โรงสี	rohng sĕe
moer (vt)	โม่	môh
farinha (f)	แป้ง	bpâeng
palha (f)	ฟาง	faang

121. Construção. Processo de construção

canteiro (m) de obras	สถานที่ก่อสร้าง	sà-thăan thêe gòr sâang
construir (vt)	สร้าง	sâang
construtor (m)	คนงานก่อสร้าง	khon ngaan gòr sâang
projeto (m)	โครงการ	khrohng gaan
arquiteto (m)	สถาปนิก	sà-thăa-bpà-ník
operário (m)	คนงาน	khon ngaan
fundação (f)	รากฐาน	râak thăan
telhado (m)	หลังคา	lăng khaa
estaca (f)	เสาเข็ม	săo khĕm
parede (f)	กำแพง	gam-phaeng
colunas (f pl) de sustentação	เหล็กเส้นเสริมแรง	lèk sên sĕrm raeng
andaime (m)	นั่งร้าน	nâng ráan
concreto (m)	คอนกรีต	khorn-grèet
granito (m)	หินแกรนิต	hĭn grae-nít
pedra (f)	หิน	hĭn
tijolo (m)	อิฐ	ìt
areia (f)	ทราย	saai
cimento (m)	ปูนซีเมนต์	bpoon see-mayn
emboço, reboco (m)	พลาสเตอร์	phláat-dtêr
emboçar, rebocar (vt)	ฉาบ	chàap
tinta (f)	สี	sĕe
pintar (vt)	ทาสี	thaa sĕe
barril (m)	ถัง	thăng
grua (f), guindaste (m)	ปั้นจั่น	bpân jàn
erguer (vt)	ยก	yók
baixar (vt)	ลด	lót
buldózer (m)	รถดันดิน	rót dan din
escavadora (f)	รถขุด	rót khùt

109

caçamba (f)	ช้อนขุด	chórn khùt
escavar (vt)	ขุด	khùt
capacete (m) de proteção	หมวกนิรภัย	mùak ní-rá-phai

122. Ciência. Investigação. Cientistas

ciência (f)	วิทยาศาสตร์	wít-thá-yaa sàat
científico (adj)	ทางวิทยาศาสตร์	thaang wít-thá-yaa sàat
cientista (m)	นักวิทยาศาสตร์	nák wít-thá-yaa sàat
teoria (f)	ทฤษฎี	thrít-sà-dee

axioma (m)	สัจพจน์	sàt-jà-phót
análise (f)	การวิเคราะห์	gaan wí-khrór
analisar (vt)	วิเคราะห์	wí-khrór
argumento (m)	ข้อโต้แย้ง	khôr dtôh yáeng
substância (f)	สาร	săan

hipótese (f)	สมมุติฐาน	sŏm-mút thăan
dilema (m)	โจทย์	jòht
tese (f)	ปริญญานิพนธ์	bpà-rin-yaa ní-phon
dogma (m)	หลัก	làk

doutrina (f)	หลักคำสอน	làk kham sŏrn
pesquisa (f)	การวิจัย	gaan wí-jai
pesquisar (vt)	วิจัย	wí-jai
testes (m pl)	การควบคุม	gaan khûap khum
laboratório (m)	ห้องทดลอง	hôrng thót lorng

método (m)	วิธี	wí-thee
molécula (f)	โมเลกุล	moh-lay-gun
monitoramento (m)	การเฝ้าสังเกต	gaan fâo săng-gàyt
descoberta (f)	การค้นพบ	gaan khón phóp

postulado (m)	สัจพจน์	sàt-jà-phót
princípio (m)	หลักการ	làk gaan
prognóstico (previsão)	การคาดการณ์	gaan khâat gaan
prognosticar (vt)	คาดการณ์	khâat gaan

síntese (f)	การสังเคราะห์	gaan săng-khrór
tendência (f)	แนวโน้ม	naew nóhm
teorema (m)	ทฤษฎีบท	thrít-sà-dee bòt

| ensinamentos (m pl) | คำสอน | kham sŏrn |
| fato (m) | ข้อเท็จจริง | khôr thét jing |

| expedição (f) | การสำรวจ | gaan săm-rùat |
| experiência (f) | การทดลอง | gaan thót lorng |

acadêmico (m)	นักวิชาการ	nák wí-chaa gaan
bacharel (m)	บัณฑิต	ban-dìt
doutor (m)	ดุษฎีบัณฑิต	dùt-sà-dee ban-dìt
professor (m) associado	รองศาสตราจารย์	rorng sàat-sà-dtraa-jaan
mestrado (m)	มหาบัณฑิต	má-hăa ban-dìt
professor (m)	ศาสตราจารย์	sàat-sà-dtraa-jaan

Profissões e ocupações

123. Procura de emprego. Demissão

trabalho (m)	งาน	ngaan
equipe (f)	พนักงาน	phá-nák ngaan
pessoal (m)	พนักงาน	phá-nák ngaan
carreira (f)	อาชีพ	aa-chêep
perspectivas (f pl)	โอกาส	oh-gàat
habilidades (f pl)	ทักษะ	thák-sà
seleção (f)	การคัดเลือก	gaan khát lêuak
agência (f) de emprego	สำนักงาน	săm-nák ngaan
	จัดหางาน	jàt hăa ngaan
currículo (m)	ประวัติย่อ	bprà-wàt yôr
entrevista (f) de emprego	สัมภาษณ์งาน	săm-phâat ngaan
vaga (f)	ตำแหน่งวาง	dtam-nàeng wâang
salário (m)	เงินเดือน	ngern deuan
salário (m) fixo	เงินเดือน	ngern deuan
pagamento (m)	ค่าแรง	khâa raeng
cargo (m)	ตำแหน่ง	dtam-nàeng
dever (do empregado)	หน้าที่	nâa thêe
gama (f) de deveres	หน้าที่	nâa thêe
ocupado (adj)	ไม่วาง	mâi wâang
despedir, demitir (vt)	ไล่ออก	lâi òrk
demissão (f)	การไล่ออก	gaan lâi òrk
desemprego (m)	การว่างงาน	gaan wâang ngaan
desempregado (m)	คนวางงาน	khon wâang ngaan
aposentadoria (f)	การเกษียณอายุ	gaan gà-sĭan aa-yú
aposentar-se (vr)	เกษียณ	gà-sĭan

124. Gente de negócios

diretor (m)	ผู้อำนวยการ	phôo am-nuay gaan
gerente (m)	ผู้จัดการ	phôo jàt gaan
patrão, chefe (m)	หัวหน้า	hŭa-nâa
superior (m)	ผู้บังคับบัญชา	phôo bang-kháp ban-chaa
superiores (m pl)	คุณะผู้บังคับ	khá-ná phôo bang-kháp
	บัญชา	ban-chaa
presidente (m)	ประธานาธิปดี	bprà-thaa-naa-thí-bor-dee
chairman (m)	ประธาน	bprà-thaan
substituto (m)	รอง	rorng

assistente (m)	ผู้ช่วย	phôo chûay
secretário (m)	เลขา	lay-khăa
secretário (m) pessoal	ผู้ช่วยส่วนบุคคล	phôo chûay sùan bùk-khon
homem (m) de negócios	นักธุรกิจ	nák thú-rá-gìt
empreendedor (m)	ผู้ประกอบการ	phôo bprà-gòp gaan
fundador (m)	ผู้ก่อตั้ง	phôo gòr dtâng
fundar (vt)	ก่อตั้ง	gòr dtâng
principiador (m)	ผู้ก่อตั้ง	phôo gòr dtâng
parceiro, sócio (m)	หุ้นส่วน	hûn sùan
acionista (m)	ผู้ถือหุ้น	phôo thěu hûn
milionário (m)	เศรษฐีเงินล้าน	sàyt-thěe ngern láan
bilionário (m)	มหาเศรษฐี	má-hăa sàyt-thěe
proprietário (m)	เจ้าของ	jâo khŏrng
proprietário (m) de terras	เจ้าของที่ดิน	jâo khŏrng thêe din
cliente (m)	ลูกค้า	lôok kháa
cliente (m) habitual	ลูกค้าประจำ	lôok kháa bprà-jam
comprador (m)	ลูกค้า	lôok kháa
visitante (m)	ผู้เข้าร่วม	phôo khâo rûam
profissional (m)	ผู้เป็นมืออาชีพ	phôo bpen meu aa-chêep
perito (m)	ผู้เชี่ยวชาญ	phôo chîeow-chaan
especialista (m)	ผู้ชำนาญเฉพาะทาง	phôo cham-naan chà-phó thaang
banqueiro (m)	พนักงานธนาคาร	phá-nák ngaan thá-naa-khaan
corretor (m)	นายหน้า	naai nâa
caixa (m, f)	แคชเชียร์	khâet chia
contador (m)	นักบัญชี	nák ban-chee
guarda (m)	ยาม	yaam
investidor (m)	ผู้ลงทุน	phôo long thun
devedor (m)	ลูกหนี้	lôok nêe
credor (m)	เจ้าหนี้	jâo nêe
mutuário (m)	ผู้ยืม	phôo yeum
importador (m)	ผู้นำเข้า	phôo nam khâo
exportador (m)	ผู้ส่งออก	phôo sòng òrk
produtor (m)	ผู้ผลิต	phôo phà-lìt
distribuidor (m)	ผู้จัดจำหน่าย	phôo jàt jam-nàai
intermediário (m)	คนกลาง	khon glaang
consultor (m)	ที่ปรึกษา	thêe bprèuk-săa
representante comercial	พนักงานขาย	phá-nák ngaan khăai
agente (m)	ตัวแทน	dtua thaen
agente (m) de seguros	ตัวแทนประกัน	dtua thaen bprà-gan

125. Profissões de serviços

cozinheiro (m)	ดูนครัว	khon khrua
chefe (m) de cozinha	กุก	gúk
padeiro (m)	ช่างอบขนมปัง	châang òp khà-nŏm bpang
barman (m)	บาร์เทนเดอร์	baa-thayn-dêr
garçom (m)	พนักงานเสิร์ฟชาย	phá-nák ngaan sèrf chaai
garçonete (f)	พนักงานเสิร์ฟหญิง	phá-nák ngaan sèrf yĭng
advogado (m)	ทนายความ	thá-naai khwaam
jurista (m)	นักกฎหมาย	nák gòt măai
notário (m)	พนักงานจดทะเบียน	phá-nák ngaan jòt thá-bian
eletricista (m)	ช่างไฟฟ้า	châang fai-fáa
encanador (m)	ช่างประปา	châang bprà-bpaa
carpinteiro (m)	ช่างไม้	châang máai
massagista (m)	หมอนวดชาย	mŏr nûat chaai
massagista (f)	หมอนวดหญิง	mŏr nûat yĭng
médico (m)	แพทย์	phâet
taxista (m)	คนขับแท็กซี่	khon khàp tháek-sêe
condutor (automobilista)	คนขับ	khon khàp
entregador (m)	คนส่งของ	khon sòng khŏrng
camareira (f)	แม่บ้าน	mâe bâan
guarda (m)	ยาม	yaam
aeromoça (f)	พนักงานต้อนรับ บนเครื่องบิน	phá-nák ngaan dtôrn ráp bon khrêuang bin
professor (m)	อาจารย์	aa-jaan
bibliotecário (m)	บรรณารักษ์	ban-naa-rák
tradutor (m)	นักแปล	nák bplae
intérprete (m)	ลาม	lâam
guia (m)	มัคคุเทศก์	mák-khú-thâyt
cabeleireiro (m)	ช่างทำผม	châang tham phŏm
carteiro (m)	บุรุษไปรษณีย์	bù-rùt bprai-sà-nee
vendedor (m)	คนขายของ	khon khăai khŏrng
jardineiro (m)	ชาวสวน	chaao sŭan
criado (m)	คนใช้	khon chái
criada (f)	สาวใช้	săao chái
empregada (f) de limpeza	คนทำความสะอาด	khon tham khwaam sà-àat

126. Profissões militares e postos

soldado (m) raso	พลทหาร	phon-thá-hăan
sargento (m)	สิบเอก	sìp àyk
tenente (m)	ร้อยโท	rói thoh
capitão (m)	ร้อยเอก	rói àyk
major (m)	พลตรี	phon-dtree

coronel (m)	พันเอก	phan àyk
general (m)	นายพล	naai phon
marechal (m)	จอมพล	jorm phon
almirante (m)	พลเรือเอก	phon reua àyk

militar (m)	ทางทหาร	thaang thá-hǎan
soldado (m)	ทหาร	thá-hǎan
oficial (m)	นายทหาร	naai thá-hǎan
comandante (m)	ผู้บัญชาการ	phôo ban-chaa gaan

guarda (m) de fronteira	ยามเฝ้าชายแดน	yaam fâo chaai daen
operador (m) de rádio	พลวิทยุ	phon wít-thá-yú
explorador (m)	ทหารพราน	thá-hǎan phraan
sapador-mineiro (m)	ทหารช่าง	thá-hǎan châang
atirador (m)	พลแม่นปืน	phon mâen bpeun
navegador (m)	ตนหน	dtôn hǒn

127. Oficiais. Padres

| rei (m) | กษัตริย์ | gà-sàt |
| rainha (f) | ราชินี | raa-chí-nee |

| príncipe (m) | เจ้าชาย | jâo chaai |
| princesa (f) | เจาหญิง | jâo yǐng |

| czar (m) | ซาร์ | saa |
| czarina (f) | ซารีนา | saa-ree-naa |

presidente (m)	ประธานาธิบดี	bprà-thaa-naa-thí-bor-dee
ministro (m)	รัฐมนตรี	rát-thà-mon-dtree
primeiro-ministro (m)	นายกรัฐมนตรี	naa-yók rát-thà-mon-dtree
senador (m)	สมาชิกวุฒิสภา	sà-maa-chík wút-thí sà-phaa

diplomata (m)	นักการทูต	nák gaan thôot
cônsul (m)	กงสุล	gong-sǔn
embaixador (m)	เอกอัครราชทูต	àyk-gà-àk-krá-râat-chá-tôot
conselheiro (m)	เจาหนาที่การทูต	jâo nâa-thêe gaan thôot

funcionário (m)	ข้าราชการ	khâa râat-chá-gaan
prefeito (m)	เจาหนาที่	jâo nâa-thêe
Presidente (m) da Câmara	นายกเทศมนตรี	naa-yók thâyt-sà-mon-dtree

| juiz (m) | ผู้พิพากษา | phôo phí-phâak-sǎa |
| procurador (m) | อัยการ | ai-yá-gaan |

| missionário (m) | ผู้สอนศาสนา | phôo sǒrn sàat-sà-nǎa |
| monge (m) | พระ | phrá |

| abade (m) | เจ้าอาวาส | jâo aa-wâat |
| rabino (m) | พระในศาสนายิว | phrá nai sàat-sà-nǎa yiw |

vizir (m)	วีซีร์	wee see
xá (m)	กษัตริย์อิหร่าน	gà-sàt i-ràan
xeique (m)	หัวหน้าเผ่าอาหรับ	hǔa nâa phào aa-ràp

128. Profissões agrícolas

abelheiro (m)	คนเลี้ยงผึ้ง	khon líang phêung
pastor (m)	คนเลี้ยงปศุสัตว์	khon líang bpà-sù-sàt
agrônomo (m)	นักปฐพีวิทยา	nák bpà-tà-phee wít-thá-yaa
criador (m) de gado	ผู้ขยายพันธุ์สัตว์	phôo khà-yǎai phan sàt
veterinário (m)	สัตวแพทย์	sàt phâet
agricultor, fazendeiro (m)	ชาวนา	chaao naa
vinicultor (m)	ผู้ผลิตไวน์	phôo phà-lìt wai
zoólogo (m)	นักสัตววิทยา	nák sàt wít-thá-yaa
vaqueiro (m)	โคบาล	khoh-baan

129. Profissões artísticas

ator (m)	นักแสดงชาย	nák sà-daeng chaai
atriz (f)	นักแสดงหญิง	nák sà-daeng yǐng
cantor (m)	นักร้องชาย	nák rórng chaai
cantora (f)	นักร้องหญิง	nák rórng yǐng
bailarino (m)	นักเต้นชาย	nák dtên chaai
bailarina (f)	นักเต้นหญิง	nák dtên yǐng
artista (m)	นักแสดงชาย	nák sà-daeng chaai
artista (f)	นักแสดงหญิง	nák sà-daeng yǐng
músico (m)	นักดนตรี	nák don-dtree
pianista (m)	นักเปียโน	nák bpia noh
guitarrista (m)	ผู้เล่นกีตาร์	phôo lên gee-dtâa
maestro (m)	ผู้ควบคุมวงดนตรี	phôo khûap khum wong don-dtree
compositor (m)	นักแต่งเพลง	nák dtàeng phlayng
empresário (m)	ผู้ควบคุมการแสดง	phôo khûap khum gaan sà-daeng
diretor (m) de cinema	ผู้กำกับภาพยนตร์	phôo gam-gàp phâap-phá-yon
produtor (m)	ผู้อำนวยการสร้าง	phôo am-nuay gaan sâang
roteirista (m)	คนเขียนบทภาพยนตร์	khon khǐan bòt phâap-phá-yon
crítico (m)	นักวิจารณ์	nák wí-jaan
escritor (m)	นักเขียน	nák khǐan
poeta (m)	นักกวี	nák gà-wee
escultor (m)	ช่างสลัก	châang sà-làk
pintor (m)	ช่างวาดรูป	châang wâat rôop
malabarista (m)	นักมายากลโยนของ	nák maa-yaa gon yohn khǒrng
palhaço (m)	ตัวตลก	dtua dtà-lòk
acrobata (m)	นักกายกรรม	nák gaai-yá-gam
ilusionista (m)	นักเล่นกล	nák lên gon

115

130. Várias profissões

médico (m)	แพทย์	phâet
enfermeira (f)	พยาบาล	phá-yaa-baan
psiquiatra (m)	จิตแพทย์	jìt-dtà-phâet
dentista (m)	ทันตแพทย์	than-dtà phâet
cirurgião (m)	ศัลยแพทย์	săn-yá-phâet
astronauta (m)	นักบินอวกาศ	nák bin a-wá-gàat
astrônomo (m)	นักดาราศาสตร์	nák daa-raa sàat
piloto (m)	นักบิน	nák bin
motorista (m)	คนขับ	khon khàp
maquinista (m)	คนขับรถไฟ	khon khàp rót fai
mecânico (m)	ช่างเครื่อง	châang khrêuang
mineiro (m)	คนงานเหมือง	khon ngaan mĕuang
operário (m)	คนงาน	khon ngaan
serralheiro (m)	ช่างโลหะ	châang loh-hà
marceneiro (m)	ช่างไม้	châang máai
torneiro (m)	ช่างกลึง	châang gleung
construtor (m)	คนงานก่อสร้าง	khon ngaan gòr sâang
soldador (m)	ช่างเชื่อม	châang chêuam
professor (m)	ศาสตราจารย์	sàat-sà-dtraa-jaan
arquiteto (m)	สถปนิก	sà-thăa-bpà-ník
historiador (m)	นักประวัติศาสตร์	nák bprà-wàt sàat
cientista (m)	นักวิทยาศาสตร์	nák wít-thá-yaa sàat
físico (m)	นักฟิสิกส์	nák fí-sìk
químico (m)	นักเคมี	nák khay-mee
arqueólogo (m)	นักโบราณคดี	nák boh-raan-ná-khá-dee
geólogo (m)	นักธรรณีวิทยา	nák thor-rá-nee wít-thá-yaa
pesquisador (cientista)	ผู้วิจัย	phôo wí-jai
babysitter, babá (f)	พี่เลี้ยงเด็ก	phêe líang dèk
professor (m)	อาจารย์	aa-jaan
redator (m)	บรรณาธิการ	ban-naa-thí-gaan
redator-chefe (m)	หัวหน้าบรรณาธิการ	hŭa nâa ban-naa-thí-gaan
correspondente (m)	ผู้สื่อข่าว	phôo sèu khàao
datilógrafa (f)	พนักงานพิมพ์ดีด	phá-nák ngaan phim dèet
designer (m)	นักออกแบบ	nák òrk bàep
especialista (m)	ผู้เชี่ยวชาญด้าน	pôo chîeow-chaan dâan
em informática	คอมพิวเตอร์	khorm-piw-dtêr
programador (m)	นักเขียนโปรแกรม	nák khĭan bproh-graem
engenheiro (m)	วิศวกร	wít-sà-wá-gon
marujo (m)	กะลาสี	gà-laa-sĕe
marinheiro (m)	คนเรือ	khon reua
socorrista (m)	นักกู้ภัย	nák gôo phai
bombeiro (m)	เจ้าหน้าที่ดับเพลิง	jâo nâa-thêe dàp phlerng
polícia (m)	เจ้าหน้าที่ตำรวจ	jâo nâa-thêe dtam-rùat

guarda-noturno (m)	คนยาม	khon yaam
detetive (m)	นักสืบ	nák sèup

funcionário (m) da alfândega	เจ้าหน้าที่ศุลกากร	jâo nâa-thêe sǔn-lá-gaa-gon
guarda-costas (m)	ผู้คุมกัน	phôo khúm gan
guarda (m) prisional	ผู้คุม	phôo khum
inspetor (m)	ผู้ตรวจการ	phôo dtrùat gaan

esportista (m)	นักกีฬา	nák gee-laa
treinador (m)	โค้ช	khóht
açougueiro (m)	คนขายเนื้อ	khon khǎai néua
sapateiro (m)	คนซ่อมรองเท้า	khon sôrm rorng tháo
comerciante (m)	คนค้า	khon kháa
carregador (m)	คนงานยกของ	khon ngaan yók khǒrng

estilista (m)	นักออกแบบแฟชั่น	nák òrk bàep fae-chân
modelo (f)	นางแบบ	naang bàep

131. Ocupações. Estatuto social

estudante (~ de escola)	นักเรียน	nák rian
estudante (~ universitária)	นักศึกษา	nák sèuk-sǎa

filósofo (m)	นักปราชญ์	nák bpràat
economista (m)	นักเศรษฐศาสตร์	nák sàyt-thà-sàat
inventor (m)	นักประดิษฐ์	nák bprà-dìt

desempregado (m)	คนว่างงาน	khon wâang ngaan
aposentado (m)	ผู้เกษียณอายุ	phôo gà-sǐan aa-yú
espião (m)	สายลับ	sǎai láp

preso, prisioneiro (m)	นักโทษ	nák thôht
grevista (m)	คนนัดหยุดงาน	kon nát yùt ngaan
burocrata (m)	อำมาตย์	am-màat
viajante (m)	นักเดินทาง	nák dern-thaang

homossexual (m)	ผู้รักเพศเดียวกัน	phôo rák phâyt dieow gan
hacker (m)	แฮ็กเกอร์	háek-gêr
hippie (m, f)	ฮิปปี้	híp-bpêe

bandido (m)	โจร	john
assassino (m)	นักฆ่า	nák khâa
drogado (m)	ผู้ติดยาเสพติด	phôo dtìt yaa-sàyp-dtìt
traficante (m)	ผู้ค้ายาเสพติด	phôo kháa yaa-sàyp-dtìt

prostituta (f)	โสเภณี	sǒh-phay-nee
cafetão (m)	แมงดา	maeng-daa

bruxo (m)	พ่อมด	phôr mót
bruxa (f)	แม่มด	mâe mót
pirata (m)	โจรสลัด	john sà-làt
escravo (m)	ทาส	thâat
samurai (m)	ซามูไร	saa-moo-rai
selvagem (m)	คนป่าเถื่อน	khon bpàa thèuan

Desportos

132. Tipos de desportos. Desportistas

esportista (m)	นักกีฬา	nák gee-laa
tipo (m) de esporte	ประเภทกีฬา	bprà-phâyt gee-laa
basquete (m)	บาสเก็ตบอล	bàat-gèt-bon
jogador (m) de basquete	ผู้เล่นบาสเก็ตบอล	phôo lâyn bàat-gèt-bon
beisebol (m)	เบสบอล	bàyt-bon
jogador (m) de beisebol	ผู้เล่นเบสบอล	phôo lâyn bàyt bon
futebol (m)	ฟุตบอล	fút bon
jogador (m) de futebol	นักฟุตบอล	nák fút-bon
goleiro (m)	ผู้รักษาประตู	phôo rák-săa bprà-dtoo
hóquei (m)	ฮอกกี้	hôk-gêe
jogador (m) de hóquei	ผู้เล่นฮอกกี้	phôo lâyn hôk-gêe
vôlei (m)	วอลเลย์บอล	won-lây-bon
jogador (m) de vôlei	ผู้เล่นวอลเลย์บอล	phôo lâyn won-lây-bon
boxe (m)	การชกมวย	gaan chók muay
boxeador (m)	นักมวย	nák muay
luta (f)	การมวยปล้ำ	gaan muay bplâm
lutador (m)	นักมวยปล้ำ	nák muay bplâm
caratê (m)	คาราเต้	khaa-raa-dtây
carateca (m)	นักคาราเต้	nák khaa-raa-dtây
judô (m)	ยูโด	yoo-doh
judoca (m)	นักยูโด	nák yoo-doh
tênis (m)	เทนนิส	then-nít
tenista (m)	นักเทนนิส	nák then-nít
natação (f)	กีฬาว่ายน้ำ	gee-laa wâai náam
nadador (m)	นักว่ายน้ำ	nák wâai náam
esgrima (f)	กีฬาฟันดาบ	gee-laa fan dàap
esgrimista (m)	นักฟันดาบ	nák fan dàap
xadrez (m)	หมากรุก	màak rúk
jogador (m) de xadrez	ผู้เล่นหมากรุก	phôo lên màak rúk
alpinismo (m)	การปีนเขา	gaan bpeen khăo
alpinista (m)	นักปีนเขา	nák bpeen khăo
corrida (f)	การวิ่ง	gaan wîng

corredor (m)	นักวิ่ง	nák wîng
atletismo (m)	กรีฑา	gree thaa
atleta (m)	นักกรีฑา	nák gree thaa
hipismo (m)	กีฬาขี่ม้า	gee-laa khèe máa
cavaleiro (m)	นักขี่ม้า	nák khèe máa
patinação (f) artística	สเก็ตลีลา	sà-gèt lee-laa
patinador (m)	นักแสดงสเก็ตลีลา	nák sà-daeng sà-gèt lee-laa
patinadora (f)	นักแสดงสเก็ตลีลา	nák sà-daeng sà-gèt lee-laa
halterofilismo (m)	กีฬายกน้ำหนัก	gee-laa yók náam nàk
halterofilista (m)	นักยกน้ำหนัก	nák yók nám nàk
corrida (f) de carros	การแข่งรถ	gaan khàeng rót
piloto (m)	นักแข่งรถ	nák khàeng rót
ciclismo (m)	การแข่งจักรยาน	gaan khàeng jàk-grà-yaan
ciclista (m)	นักแข่งจักรยาน	nák khàeng jàk-grà-yaan
salto (m) em distância	กีฬากระโดดไกล	gee-laa grà-dòht glai
salto (m) com vara	กีฬากระโดดค้ำถอ	gee-laa grà dòht khám thòr
atleta (m) de saltos	นักกระโดด	nák grà dòht

133. Tipos de desportos. Diversos

futebol (m) americano	อเมริกันฟุตบอล	a-may-rí-gan fút bon
badminton (m)	แบดมินตัน	bàet-min-dtàn
biatlo (m)	ไบแอธลอน	bpai-oht-lon
bilhar (m)	บิลเลียด	bin-lîat
bobsled (m)	การขับเลื่อน น้ำแข็ง	gaan khàp lêuan náam khǎeng
musculação (f)	การเพาะกาย	gaan phór gaai
polo (m) aquático	กีฬาโปโลน้ำ	gee-laa bpoh loh nám
handebol (m)	แฮนด์บอล	haen-bon
golfe (m)	กอล์ฟ	góf
remo (m)	การพายเรือ	gaan phaai reua
mergulho (m)	การดำน้ำ	gaan dam náam
corrida (f) de esqui	การแข่งสกี ตามเส้นทาง	gaan khàeng sà-gee dtaam sên thaang
tênis (m) de mesa	กีฬาปิงปอง	gee-laa bping-bpong
vela (f)	การแล่นเรือใบ	gaan lâen reua bai
rali (m)	การแข่งแรลลี่	gaan khàeng rae lá-lêe
rúgbi (m)	รักบี้	rák-bêe
snowboard (m)	สโนว์บอร์ด	sà-nǒh bòt
arco-e-flecha (m)	การยิงธนู	gaan ying thá-noo

134. Ginásio

barra (f)	บาร์เบลล์	baa bayn
halteres (m pl)	ที่ยกน้ำหนัก	thêe yók nám nàk

aparelho (m) de musculação	เครื่องออกกำลังกาย	khrêuang òk gam-lang gaai
bicicleta (f) ergométrica	จักรยานออก กำลังกาย	jàk-grà-yaan òk gam-lang gaai
esteira (f) de corrida	ลู่วิ่งออกกำลังกาย	lôo wîng òk gam-lang gaai
barra (f) fixa	บาร์เดี่ยว	baa dìeow
barras (f pl) paralelas	บาร์คู่	baa khôo
cavalo (m)	ม้าขวาง	máa khwǎang
tapete (m) de ginástica	เสื่อออกกำลังกาย	sèua òrk gam-lang gaai
corda (f) de saltar	กระโดดเชือก	grà dòht chêuak
aeróbica (f)	แอโรบิก	ae-roh-bìk
ioga, yoga (f)	โยคะ	yoh-khá

135. Hóquei

hóquei (m)	ฮอกกี้	hôk-gêe
jogador (m) de hóquei	ผู้เล่นฮอกกี้	phôo lâyn hôk-gêe
jogar hóquei	เล่นฮอกกี้	lên hók-gêe
gelo (m)	น้ำแข็ง	nám khǎeng
disco (m)	ลูกฮอกกี้	lôok hók-gêe
taco (m) de hóquei	ไม้ฮอกกี้	máai hók-gêe
patins (m pl) de gelo	รองเท้าสเก็ต น้ำแข็ง	rorng tháo sà-gèt nám khǎeng
muro (m)	ลานสเก็ตน้ำแข็ง	laan sà-gèt nám khǎeng
tiro (m)	การยิง	gaan ying
goleiro (m)	ผู้รักษาประตู	phôo rák-sǎa bprà-dtoo
gol (m)	ประตู	bprà-dtoo
marcar um gol	ทำประตู	tham bprà-dtoo
tempo (m)	ช่วง	chûang
segundo tempo (m)	ช่วงที่สอง	chûang thêe sǒrng
banco (m) de reservas	ซุมม้านั่ง ตัวสำรอง	súm máa nâng dtua sǎm-rorng

136. Futebol

futebol (m)	ฟุตบอล	fút bon
jogador (m) de futebol	นักฟุตบอล	nák fút-bon
jogar futebol	เล่นฟุตบอล	lên fút bon
Time (m) Principal	เมเจอร์ลีก	may-jer-lêek
time (m) de futebol	สโมสรฟุตบอล	sà-moh-sǒn fút-bon
treinador (m)	โค้ช	khóht
proprietário (m)	เจ้าของ	jâo khǒrng
equipe (f) .	ทีม	theem
capitão (m)	หัวหน้าทีม	hǔa nâa theem
jogador (m)	ผู้เล่น	phôo lên

jogador (m) reserva	ผู้เล่นสำรอง	phôo lên săm-rorng
atacante (m)	กองหน้า	gorng nâa
centroavante (m)	กองหน้าตัวเป้า	gorng nâa dtua bpâo
marcador (m)	ผู้ทำประตู	phôo tham bprà-dtoo
defesa (m)	กองหลัง	gorng lăng
meio-campo (m)	กองกลาง	gorng glaang
jogo (m), partida (f)	เกมการแข่ง	gaym gaan khàeng
encontrar-se (vr)	พบ	phóp
final (m)	รอบสุดท้าย	rôrp sùt tháai
semifinal (f)	รอบรองชนะเลิศ	rôrp rorng chá-ná lêrt
campeonato (m)	ชิงแชมป์	ching chaem
tempo (m)	ครึ่ง	khrêung
primeiro tempo (m)	ครึ่งแรก	khrêung râek
intervalo (m)	ช่วงพักครึ่ง	chûang phák khrêung
goleira (f)	ประตู	bprà-dtoo
goleiro (m)	ผู้รักษาประตู	phôo rák-săa bprà-dtoo
trave (f)	เสาประตู	săo bprà-dtoo
travessão (m)	คานประตู	khaan bprà-dtoo
rede (f)	ตาขาย	dtaa khàai
tomar um gol	เสียประตู	sĭa bprà-dtoo
bola (f)	บอล	bon
passe (m)	การส่ง	gaan sòng
chute (m)	การเตะ	gaan dtè
chutar (vt)	เตะ	dtè
pontapé (m)	ฟรีคิก	free khík
escanteio (m)	การเตะมุม	gaan dtè mum
ataque (m)	การบุก	gaan bùk
contra-ataque (m)	การบุกสวนกลับ	gaan bùk sŭan glàp
combinação (f)	การผสมผสาน	gaan phà-sŏm phà-săan
árbitro (m)	ผู้ตัดสิน	phôo dtàt sĭn
apitar (vi)	เป่านกหวีด	bpào nók wèet
apito (m)	เสียงนกหวีด	sĭang nók wèet
falta (f)	ฟาวล์	faao
cometer a falta	ทำฟาวล์	tham faao
expulsar (vt)	ไล่ออก	lâi òrk
cartão (m) amarelo	ใบเหลือง	bai lĕuang
cartão (m) vermelho	ใบแดง	bai daeng
desqualificação (f)	การตัดสิทธิ์	gaan dtàt sìt
desqualificar (vt)	ตัดสิทธิ์	dtàt sìt
pênalti (m)	ลูกโทษ	lôok thôht
barreira (f)	กำแพง	gam-phaeng
marcar (vt)	ทำประตู	tham bprà-dtoo
gol (m)	ประตู	bprà-dtoo
marcar um gol	ทำประตู	tham bprà-dtoo
substituição (f)	ตัวสำรอง	dtua săm-rorng
substituir (vt)	เปลี่ยนตัว	bplìan dtua
regras (f pl)	กติกา	gà-dtì-gaa

tática (f)	ยุทธวิธี	yút-thá-wí-thee
estádio (m)	สนาม	sà-năam
arquibancadas (f pl)	อัฒจันทร์	àt-tá-jan
fã, torcedor (m)	แฟน	faen
gritar (vi)	ตะโกน	dtà-gohn
placar (m)	ป้ายคะแนน	bpâai khá-naen
resultado (m)	คะแนน	khá-naen
derrota (f)	ความพ่ายแพ้	khwaam phâai pháe
perder (vt)	แพ้	pháe
empate (m)	เสมอ	sà-měr
empatar (vi)	เสมอ	sà-měr
vitória (f)	ชัยชนะ	chai chá-ná
vencer (vi, vt)	ชนะ	chá-ná
campeão (m)	แชมเปี้ยน	chaem-bpîan
melhor (adj)	ดีที่สุด	dee têe sùt
felicitar (vt)	แสดงความยินดี	sà-daeng khwaam yin dee
comentarista (m)	ผู้อธิบาย	phôo à-thí-baai
comentar (vt)	อธิบาย	à-thí-baai
transmissão (f)	การออกอากาศ	gaan òrk aa-gàat

137. Esqui alpino

esqui (m)	สกี	sà-gee
esquiar (vi)	เล่นสกี	lên sà-gee
estação (f) de esqui	รีสอร์ทสำหรับ เล่นสกีบนภูเขา	ree sòt săm-ràp lên sà-gee bon phoo khăo
teleférico (m)	ลิฟต์สกี	líf sà-gee
bastões (m pl) de esqui	ไม้ค้ำสกี	máai khám sà-gee
declive (m)	ทางลาด	thaang lâat
slalom (m)	การเล่นสกี	gaan lên sà-gee

138. Tênis. Golfe

golfe (m)	กอล์ฟ	góf
clube (m) de golfe	กอล์ฟคลับ	góf khláp
jogador (m) de golfe	นักกอล์ฟ	nák góf
buraco (m)	หลุม	lŭm
taco (m)	ไม้ตีกอล์ฟ	mái dtee góf
trolley (m)	รถลากถุงกอล์ฟ	rót lâak thŭng góf
tênis (m)	เทนนิส	then-nít
quadra (f) de tênis	สนามเทนนิส	sà-năam then-nít
saque (m)	การเสิร์ฟ	gaan sèrf
sacar (vi)	เสิร์ฟ	sèrf
raquete (f)	ไม้ตีเทนนิส	mái dtee then-nít
rede (f)	ตาขาย	dtaa khàai
bola (f)	ลูกเทนนิส	lôok then-nít

139. Xadrez

xadrez (m)	หมากรุก	màak rúk
peças (f pl) de xadrez	ตัวหมากรุก	dtua màak rúk
jogador (m) de xadrez	นักกีฬาหมากรุก	nák gee-laa màak rúk
tabuleiro (m) de xadrez	กระดานหมากรุก	grà-daan mǎak-grùk
peça (f)	ตัวหมากรุก	dtua màak rúk
brancas (f pl)	ขาว	khǎao
pretas (f pl)	ดำ	dam
peão (m)	เบี้ย	bîa
bispo (m)	บิชอป	bì-chôrp
cavalo (m)	ม้า	máa
torre (f)	เรือ	reua
dama (f)	ควีน	khween
rei (m)	ขุน	khǔn
vez (f)	การเดิน	gaan dern
mover (vt)	เดิน	dern
sacrificar (vt)	สละ	sà-là
roque (m)	การเข้าป้อม	gaan khâo bpôrm
xeque (m)	รุก	rúk
xeque-mate (m)	รุกฆาต	rúk khâat
torneio (m) de xadrez	การแข่งขันหมากรุก	gaan khàeng khǎn màak rúk
grão-mestre (m)	แกรนด์มาสเตอร์	graen maa-sà-dtêr
combinação (f)	การเดินหมาก	gaan dern màak
partida (f)	เกม	gaym
jogo (m) de damas	หมากฮอส	màak-hórt

140. Boxe

boxe (m)	การชกมวย	gaan chók muay
combate (m)	ชกมวย	chók muay
luta (f) de boxe	เกมการชกมวย	gaym gaan chók muay
round (m)	ยก	yók
ringue (m)	เวที	way-thee
gongo (m)	ฆ้อง	khórng
murro, soco (m)	การต่อย	gaan dtòi
derrubada (f)	การน็อค	gaan nórk
nocaute (m)	การน็อคเอาท์	gaan nórk ao
nocautear (vt)	น็อคเอาท์	nórk ao
luva (f) de boxe	นวมชกมวย	nuam chók muay
juiz (m)	กรรมการ	gám-má-gaan
peso-pena (m)	ไลท์เวท	lai-wâyt
peso-médio (m)	มิดเดิลเวท	mít dern wâyt
peso-pesado (m)	เฮฟวี่เวท	hay fá-wêe wâyt

141. Desportos. Diversos

Jogos (m pl) Olímpicos	กีฬาโอลิมปิก	gee-laa oh-lim-bpìk
vencedor (m)	ผู้ชนะ	phôo chá-ná
vencer (vi)	ชนะ	chá-ná
vencer (vi, vt)	ชนะ	chá-ná
líder (m)	ผู้นำ	phôo nam
liderar (vt)	นำ	nam
primeiro lugar (m)	อันดับที่หนึ่ง	an-dàp thêe nèung
segundo lugar (m)	อันดับที่สอง	an-dàp thêe sŏrng
terceiro lugar (m)	อันดับที่สาม	an-dàp thêe săam
medalha (f)	เหรียญรางวัล	rĭan raang-wan
troféu (m)	ถ้วยรางวัล	thûay raang-wan
taça (f)	เวท	wâyt
prêmio (m)	รางวัล	raang-wan
prêmio (m) principal	รางวัลหลัก	raang-wan làk
recorde (m)	สถิติ	sà-thì-dtì
estabelecer um recorde	ทำสถิติ	tham sà-thì-dtì
final (m)	รอบสุดท้าย	rôrp sùt tháai
final (adj)	สุดทาย	sùt tháai
campeão (m)	แชมเปี้ยน	chaem-bpîan
campeonato (m)	ชิงแชมป์	ching chaem
estádio (m)	สนาม	sà-năam
arquibancadas (f pl)	อัฒจันทร์	àt-tá-jan
fã, torcedor (m)	แฟน	faen
adversário (m)	คูตอสู	khôo dtòr sôo
partida (f)	เส้นเริ่ม	sên rêrm
linha (f) de chegada	เสนชัย	sên chai
derrota (f)	ความพ่ายแพ้	khwaam phâai pháe
perder (vt)	แพ	pháe
árbitro, juiz (m)	กรรมการ	gam-má-gaan
júri (m)	คณะผู้ตัดสิน	khá-ná phôo dtàt sĭn
resultado (m)	คะแนน	khá-naen
empate (m)	เสมอ	sà-mĕr
empatar (vi)	ไดคะแนนเท่ากัน	dâai khá-naen thâo gan
ponto (m)	แตม	dtâem
resultado (m) final	ผลลัพธ์	phŏn láp
tempo (m)	ช่วง	chûang
intervalo (m)	ชวงพักครึ่ง	chûang phák khrêung
doping (m)	การใช้สารต้องห้าม ทางการกีฬา	gaan chái săan dtôrng hâam thaang gaan gee-laa
penalizar (vt)	ทำโทษ	tham thôht
desqualificar (vt)	ตัดสิทธิ์	dtàt sìt

aparelho, aparato (m)	อุปกรณ์	ù-bpà-gon
dardo (m)	แหลน	lăen
peso (m)	ลูกเหล็ก	lôok lèk
bola (f)	ลูก	lôok
alvo, objetivo (m)	เล็งเป้า	leng bpâo
alvo (~ de papel)	เป้านิ่ง	bpâo nîng
disparar, atirar (vi)	ยิง	ying
preciso (tiro ~)	แม่นยำ	mâen yam
treinador (m)	โค้ช	khóht
treinar (vt)	ฝึก	fèuk
treinar-se (vr)	ฝึกหัด	fèuk hàt
treino (m)	การฝึกหัด	gaan fèuk hàt
academia (f) de ginástica	โรงยิม	rohng-yim
exercício (m)	การออกกำลัง	gaan òrk gam-lang
aquecimento (m)	การอบอุ่นรางกาย	gaan òp ùn râang gaai

Educação

142. Escola

escola (f)	โรงเรียน	rohng rian
diretor (m) de escola	อาจารย์ใหญ่	aa-jaan yài
aluno (m)	นักเรียน	nák rian
aluna (f)	นักเรียน	nák rian
estudante (m)	เด็กนักเรียนชาย	dèk nák rian chaai
estudante (f)	เด็กนักเรียนหญิง	dèk nák rian yïng
ensinar (vt)	สอน	sǒrn
aprender (vt)	เรียน	rian
decorar (vt)	ทองจำ	thôrng jam
estudar (vi)	เรียน	rian
estar na escola	ไปโรงเรียน	bpai rohng rian
ir à escola	ไปโรงเรียน	bpai rohng rian
alfabeto (m)	ตัวอักษร	dtua àk-sǒn
disciplina (f)	วิชา	wí-chaa
sala (f) de aula	ห้องเรียน	hôrng rian
lição, aula (f)	ชั่วโมงเรียน	chûa mohng rian
recreio (m)	ช่วงพัก	chûang phák
toque (m)	สัญญาณหมดเรียน	sǎn-yaan mòt rian
classe (f)	โต๊ะนักเรียน	dtó nák rian
quadro (m) negro	กระดานดำ	grà-daan dam
nota (f)	เกรด	gràyt
boa nota (f)	เกรดดี	gràyt dee
nota (f) baixa	เกรดแย	gràyt yâe
dar uma nota	ให้เกรด	hâi gràyt
erro (m)	ข้อผิดพลาด	khôr phìt phlâat
errar (vi)	ทำผิดพลาด	tham phìt phlâat
corrigir (~ um erro)	แก้ไข	gâe khǎi
cola (f)	โพย	phoi
dever (m) de casa	การบ้าน	gaan bâan
exercício (m)	แบบฝึกหัด	bàep fèuk hàt
estar presente	มาเรียน	maa rian
estar ausente	ขาด	khàat
faltar às aulas	ขาดเรียน	khàat rian
punir (vt)	ลงโทษ	long thôht
punição (f)	การลงโทษ	gaan long thôht
comportamento (m)	ความประพฤติ	khwaam bprà-préut

boletim (m) escolar	สมุดพก	sà-mùt phók
lápis (m)	ดินสอ	din-sŏr
borracha (f)	ยางลบ	yaang lóp
giz (m)	ชอลค	chôrk
porta-lápis (m)	กลองดินสอ	glòrng din-sŏr

mala, pasta, mochila (f)	กระเป๋า	grà-bpăo
caneta (f)	ปากกา	bpàak gaa
caderno (m)	สมุดจด	sà-mùt jòt
livro (m) didático	หนังสือเรียน	năng-sĕu rian
compasso (m)	วงเวียน	wong wian

traçar (vt)	ร่างภาพทางเทคนิค	râang phâap thaang thék-nìk
desenho (m) técnico	ภาพร่างทางเทคนิค	phâap-râang thaang thék-nìk

poesia (f)	กลอน	glorn
de cor	โดยทองจำ	doi thôrng jam
decorar (vt)	ทองจำ	thôrng jam

férias (f pl)	เวลาปิดเทอม	way-laa bpìt therm
estar de férias	หยุดปิดเทอม	yùt bpìt therm
passar as férias	ใช้เวลาหยุดปิดเทอม	chái way-laa yùt bpìt therm

teste (m), prova (f)	การทดสอบ	gaan thót sòrp
redação (f)	ความเรียง	khwaam riang
ditado (m)	การเขียนตามคำบอก	gaan khĭan dtaam kam bòrk
exame (m), prova (f)	การสอบ	gaan sòrp
fazer prova	สอบไล	sòrp lâi
experiência (~ química)	การทดลอง	gaan thót lorng

143. Colégio. Universidade

academia (f)	โรงเรียน	rohng rian
universidade (f)	มหาวิทยาลัย	má-hăa wít-thá-yaa-lai
faculdade (f)	คณะ	khá-ná

estudante (m)	นักศึกษา	nák sèuk-săa
estudante (f)	นักศึกษา	nák sèuk-săa
professor (m)	อาจารย	aa-jaan

auditório (m)	ห้องบรรยาย	hôrng ban-yaai
graduado (m)	บัณฑิต	ban-dìt

diploma (m)	อนุปริญญา	a-nú bpà-rin-yaa
tese (f)	ปริญญานิพนธ์	bpà-rin-yaa ní-phon

estudo (obra)	การวิจัย	gaan wí-jai
laboratório (m)	หองปฏิบัติการ	hôrng bpà-dtì-bàt gaan

palestra (f)	การบรรยาย	gaan ban-yaai
colega (m) de curso	เพื่อนรวมชั้น	phêuan rûam chán

bolsa (f) de estudos	ทุน	thun
grau (m) acadêmico	วุฒิการศึกษา	wút-thí gaan sèuk-săa

144. Ciências. Disciplinas

matemática (f)	คณิตศาสตร์	khá-nít sàat
álgebra (f)	พีชคณิต	phee-chá-khá-nít
geometria (f)	เรขาคณิต	ray-khǎa khá-nít
astronomia (f)	ดาราศาสตร์	daa-raa sàat
biologia (f)	ชีววิทยา	chee-wá-wít-thá-yaa
geografia (f)	ภูมิศาสตร์	phoo-mí-sàat
geologia (f)	ธรณีวิทยา	thor-rá-nee wít-thá-yaa
história (f)	ประวัติศาสตร์	bprà-wàt sàat
medicina (f)	แพทยศาสตร์	phâet-tha-ya-sàat
pedagogia (f)	ครุศาสตร	khrú sàat
direito (m)	ธรรมศาสตร์	tham-ma -sàat
física (f)	ฟิสิกส์	fí-sìk
química (f)	เคมี	khay-mee
filosofia (f)	ปรัชญา	bpràt-yaa
psicologia (f)	จิตวิทยา	jìt-wít-thá-yaa

145. Sistema de escrita. Ortografia

gramática (f)	ไวยากรณ์	wai-yaa-gon
vocabulário (m)	คำศัพท์	kham sàp
fonética (f)	การออกเสียง	gaan òrk sǐang
substantivo (m)	นาม	naam
adjetivo (m)	คำคุณศัพท์	kham khun-ná-sàp
verbo (m)	กริยา	grì-yaa
advérbio (m)	คำวิเศษณ์	kham wí-sàyt
pronome (m)	คำสรรพนาม	kham sàp-phá-naam
interjeição (f)	คำอุทาน	kham u-thaan
preposição (f)	คำบุพบท	kham bùp-phá-bòt
raiz (f)	รากศัพท์	râak sàp
terminação (f)	คำลงท้าย	kham long tháai
prefixo (m)	คำนำหน้า	kham nam nâa
sílaba (f)	พยางค์	phá-yaang
sufixo (m)	คำเสริมท้าย	kham sěrm tháai
acento (m)	เครื่องหมายเน้น	khrêuang mǎai náyn
apóstrofo (f)	อะพอสทรอฟี	à-phor-sòt-ror-fee
ponto (m)	จุด	jùt
vírgula (f)	จุลภาค	jun-lá-phâak
ponto e vírgula (m)	อัฒภาค	àt-thá-phâak
dois pontos (m pl)	ทวิภาค	thá-wí phâak
reticências (f pl)	การละไว้	gaan lá wái
ponto (m) de interrogação	เครื่องหมายปรัศนี	khrêuang mǎai bpràt-nee
ponto (m) de exclamação	เครื่องหมายอัศเจรีย์	khrêuang mǎai àt-sà-jay-ree

aspas (f pl)	อัญประกาศ	an-yá-bprà-gàat
entre aspas	ในอัญประกาศ	nai an-yá-bprà-gàat
parênteses (m pl)	วงเล็บ	wong lép
entre parênteses	ในวงเล็บ	nai wong lép
hífen (m)	ยัติภังค์	yát-dtì-phang
travessão (m)	ขีดคั่น	khèet khân
espaço (m)	ชองไฟ	chôrng fai
letra (f)	ตัวอักษร	dtua àk-sǒn
letra (f) maiúscula	อักษรตัวใหญ่	àk-sǒn dtua yài
vogal (f)	สระ	sà-ra
consoante (f)	พยัญชนะ	phá-yan-chá-ná
frase (f)	ประโยค	bprà-yòhk
sujeito (m)	ภาคประธาน	phâak bprà-thaan
predicado (m)	ภาคแสดง	phâak sà-daeng
linha (f)	บรรทัด	ban-thát
em uma nova linha	ที่บรรทัดใหม่	têe ban-thát mài
parágrafo (m)	วรรค	wák
palavra (f)	คำ	kham
grupo (m) de palavras	กลุ่มคำ	glùm kham
expressão (f)	วลี	wá-lee
sinônimo (m)	คำพ้องความหมาย	kham phóng khwaam mǎai
antônimo (m)	คำตรงกันข้าม	kham dtrorng gan khâam
regra (f)	กฎ	gòt
exceção (f)	ข้อยกเว้น	khôr yok-wâyn
correto (adj)	ถูก	thòok
conjugação (f)	คอนจูเกชัน	khorn joo gay chan
declinação (f)	การกระจายคำ	gaan grà-jaai kham
caso (m)	การก	gaa-rók
pergunta (f)	คำถาม	kham thǎam
sublinhar (vt)	ขีดเส้นใต้	khèet sên dtâi
linha (f) pontilhada	เส้นประ	sên bprà

146. Línguas estrangeiras

língua (f)	ภาษา	phaa-sǎa
estrangeiro (adj)	ต่างชาติ	dtàang châat
língua (f) estrangeira	ภาษาต่างชาติ	phaa-sǎa dtàang châat
estudar (vt)	เรียน	rian
aprender (vt)	เรียน	rian
ler (vt)	อ่าน	àan
falar (vi)	พูด	phôot
entender (vt)	เข้าใจ	khâo jai
escrever (vt)	เขียน	khǐan
rapidamente	รวดเร็ว	rûat reo
devagar, lentamente	อย่างช้า	yàang cháa

fluentemente	อย่างคล่อง	yàang khlôrng
regras (f pl)	กฎ	gòt
gramática (f)	ไวยากรณ์	wai-yaa-gon
vocabulário (m)	คำศัพท์	kham sàp
fonética (f)	การออกเสียง	gaan òrk sïang

livro (m) didático	หนังสือเรียน	năng-sěu rian
dicionário (m)	พจนานุกรม	phót-jà-naa-nú-grom
manual (m) autodidático	หนังสือแบบเรียนด้วยตนเอง	năng-sěu bàep rian dûay dton ayng
guia (m) de conversação	เฟรสบุก	frayt bùk

fita (f) cassete	เทปคาสเซ็ตต์	thâyp khaas-sét
videoteipe (m)	วิดีโอ	wí-dee-oh
CD (m)	CD	see-dee
DVD (m)	DVD	dee-wee-dee

alfabeto (m)	ตัวอักษร	dtua àk-sŏn
soletrar (vt)	สะกด	sà-gòt
pronúncia (f)	การออกเสียง	gaan òrk sïang

sotaque (m)	สำเนียง	săm-niang
com sotaque	มีสำเนียง	mee săm-niang
sem sotaque	ไม่มีสำเนียง	mâi mee săm-niang

| palavra (f) | คำ | kham |
| sentido (m) | ความหมาย | khwaam măai |

curso (m)	หลักสูตร	làk sòot
inscrever-se (vr)	สมัคร	sà-màk
professor (m)	อาจารย์	aa-jaan

tradução (processo)	การแปล	gaan bplae
tradução (texto)	คำแปล	kham bplae
tradutor (m)	นักแปล	nák bplae
intérprete (m)	ล่าม	lâam

| poliglota (m) | ผู้รู้หลายภาษา | phôo róo lăai paa-săa |
| memória (f) | ความทรงจำ | khwaam song jam |

147. Personagens de contos de fadas

Papai Noel (m)	ซานตาคลอส	saan-dtaa-khlôrt
Cinderela (f)	ซินเดอเรลลา	sín-day-rayn-lâa
sereia (f)	เงือก	ngêuak
Netuno (m)	เนปฐน	nâyp-joon

bruxo, feiticeiro (m)	พ่อมด	phôr mót
fada (f)	แมมด	mâe mót
mágico (adj)	วิเศษ	wí-sàyt
varinha (f) mágica	ไม้กายสิทธิ์	mái gaai-yá-sìt

| conto (m) de fadas | เทพนิยาย | thâyp ní-yaai |
| milagre (m) | ปาฏิหาริย์ | bpaa dtì-hăan |

| anão (m) | คนแคระ | khon khráe |
| transformar-se em ... | กลายเป็น... | glaai bpen... |

fantasma (m)	ภูตผีปีศาจ	phôot phĕe bpee-sàat
fantasma (m)	ผี	phĕe
monstro (m)	สัตว์ประหลาด	sàt bprà-làat
dragão (m)	มังกร	mang-gon
gigante (m)	ยักษ์	yák

148. Signos do Zodíaco

Áries (f)	ราศีเมษ	raa-sĕe mâyt
Touro (m)	ราศีพฤษภ	raa-sĕe phréut-sòp
Gêmeos (m pl)	ราศีมิถุน	raa-sĕe me-thŭn
Câncer (m)	ราศีกรกฎ	raa-sĕe gor-rá-gòt
Leão (m)	ราศีสิงห์	raa-sĕe-sĭng
Virgem (f)	ราศีกันย์	raa-sĕe gan

Libra (f)	ราศีตุล	raa-sĕe dtun
Escorpião (m)	ราศีพฤศจิก	raa-sĕe phréut-sà-jìk
Sagitário (m)	ราศีธนู	raa-sĕe than
Capricórnio (m)	ราศีมังกร	raa-sĕe mang-gon
Aquário (m)	ราศีกุมภ์	raa-sĕe gum
Peixes (pl)	ราศีมีน	raa-sĕe meen

caráter (m)	บุคลิก	bùk-khá-lík
traços (m pl) do caráter	ลักษณะบุคลิก	lák-sà-nà bùk-khá-lík
comportamento (m)	พฤติกรรม	phréut-dtì-gam
prever a sorte	ทำนายชะตา	tham naai chá-dtaa
adivinha (f)	หมอดู	mŏr doo
horóscopo (m)	ดวงชะตา	duang chá-dtaa

Artes

149. Teatro

teatro (m)	โรงละคร	rohng lá-khon
ópera (f)	โอเปร่า	oh-bprào
opereta (f)	ละครเพลง	lá-khon phlayng
balé (m)	บัลเลต์	ban lây
cartaz (m)	โปสเตอร์ละคร	bpòht-dtêr lá-khon
companhia (f) de teatro	คณะผู้แสดง	khá-ná phôo sà-daeng
turnê (f)	การออกแสดง	gaan òrk sà-daeng
estar em turnê	ออกแสดง	òrk sà-daeng
ensaiar (vt)	ซ้อม	sórm
ensaio (m)	การซ้อม	gaan sórm
repertório (m)	รายการละคร	raai gaan lá-khon
apresentação (f)	การแสดง	gaan sà-daeng
espetáculo (m)	การแสดง	gaan sà-daeng
	มหรสพ	má-hŏr-rá-sòp
peça (f)	ละคร	lá-khon
entrada (m)	ตั๋ว	dtŭa
bilheteira (f)	ช่องจำหน่ายตั๋ว	chôrng jam-nàai dtŭa
hall (m)	ล็อบบี้	lórp-bêe
vestiário (m)	ที่รับฝากเสื้อโค้ท	thêe ráp fàak sêua khóht
senha (f) numerada	ป้ายรับเสื้อ	bpâai ráp sêua
binóculo (m)	กล้องสองสองตา	glôrng sòrng sŏrng dtaa
lanterninha (m)	พนักงานที่นำ	phá-nák ngaan thêe nam
	ไปยังที่นั่ง	bpai yang thêe nâng
plateia (f)	ที่นั่งชั้นล่าง	thêe nâng chán lâang
balcão (m)	ที่นั่งชั้นสอง	thêe nâng chán sŏrng
primeiro balcão (m)	ที่นั่งชั้นบน	thêe nâng chán bon
camarote (m)	ที่นั่งพิเศษ	thêe nâng phí-sàyt
fila (f)	แถว	thăe
assento (m)	ที่นั่ง	thêe nâng
público (m)	ผู้ชม	phôo chom
espectador (m)	ผู้เข้าชม	phôo khâo chom
aplaudir (vt)	ปรบมือ	bpròp meu
aplauso (m)	การปรบมือ	gaan bpròp meu
ovação (f)	การปรบมือให้เกียรติ	gaan bpròp meu hâi gìat
palco (m)	เวที	way-thee
cortina (f)	ฉาก	chàak
cenário (m)	ฉาก	chàak
bastidores (m pl)	หลังเวที	lăng way-thee
cena (f)	ตอน	dtorn
ato (m)	องค์	ong
intervalo (m)	ช่วงหยุดพัก	chûang yùt phák

150. Cinema

ator (m)	นักแสดงชาย	nák sà-daeng chaai
atriz (f)	นักแสดงหญิง	nák sà-daeng yĭng
cinema (m)	ภาพยนตร์	phâap-phá-yon
filme (m)	หนัง	năng
episódio (m)	ตอน	dtorn
filme (m) policial	หนังประโลมโลกสืบสวน	năng sèup sŭan
filme (m) de ação	หนังแอ็คชั่น	năng áek-chân
filme (m) de aventuras	หนังผจญภัย	năng phà-jon phai
filme (m) de ficção científica	หนังนิยายวิทยาศาสตร์	năng ní-yaai wít-thá-yaa sàat
filme (m) de horror	หนังสยองขวัญ	năng sà-yŏrng khwăn
comédia (f)	หนังตลก	năng dtà-lòk
melodrama (m)	หนังประโลมโลก	năng bprà-lohm lôhk
drama (m)	หนังดรามา	năng dràa maa
filme (m) de ficção	หนังเรื่องแต่ง	năng rêuang dtàeng
documentário (m)	หนังสารคดี	năng săa-rá-khá-dee
desenho (m) animado	การ์ตูน	gaa-dtoon
cinema (m) mudo	หนังเงียบ	năng ngîap
papel (m)	บทบาท	bòt bàat
papel (m) principal	บทบาทนำ	bòt bàat nam
representar (vt)	แสดง	sà-daeng
estrela (f) de cinema	ดาราภาพยนตร์	daa-raa phâap-phá-yon
conhecido (adj)	เป็นที่รู้จักดี	bpen thêe róo jàk dee
famoso (adj)	ชื่อดัง	chêu dang
popular (adj)	ที่นิยม	thêe ní-yom
roteiro (m)	บท	bòt
roteirista (m)	คนเขียนบท	khon khĭan bòt
diretor (m) de cinema	ผู้กำกับ	phôo gam-gàp
	ภาพยนตร์	phâap-phá-yon
produtor (m)	ผู้อำนวยการสร้าง	phôo am-nuay gaan sâang
assistente (m)	ผู้ช่วย	phôo chûay
diretor (m) de fotografia	ช่างกล้อง	châang glôrng
dublê (m)	นักแสดงแทน	nák sà-daeng thaen
dublê (m) de corpo	นักแสดงแทน	nák sà-daeng thaen
filmar (vt)	ถ่ายทำภาพยนตร์	thàai tham phâap-phá-yon
audição (f)	การคัดนักแสดง	gaan khát nák sà-daeng
filmagem (f)	การถ่ายทำ	gaan thàai tham
equipe (f) de filmagem	กลุ่มคนถ่าย	glùm khon thàai
	ภาพยนต	phâa-pha-yon
set (m) de filmagem	สถานที่	sà-thăan thêe
	ถ่ายทำภาพยนตร์	thàai tham phâap-phá-yon
câmera (f)	กล้อง	glôrng
cinema (m)	โรงภาพยนตร์	rohng phâap-phá-yon
tela (f)	หนาจอ	nâa jor
exibir um filme	ฉายภาพยนตร์	chăai phâap-phá-yon

trilha (f) sonora	เสียงซาวด์แทร็ก	sĭang saao tráek
efeitos (m pl) especiais	เอฟเฟ็กต์พิเศษ	àyf-fék phí-sàyt
legendas (f pl)	ซับ	sáp
crédito (m)	เครดิต	khray-dìt
tradução (f)	การแปล	gaan bplae

151. Pintura

arte (f)	ศิลปะ	sĭn-lá-bpà
belas-artes (f pl)	วิจิตรศิลป์	wí-jìt sĭn
galeria (f) de arte	หอศิลป์	hŏr sĭn
exibição (f) de arte	การจัดแสดงศิลปะ	gaan jàt sà-daeng sĭn-lá-bpà
pintura (f)	จิตรกรรม	jìt-dtrà-gam
arte (f) gráfica	เลขนศิลป์	lâyk-ná-sĭn
arte (f) abstrata	ศิลปะนามธรรม	sĭn-lá-bpà naam-má-tham
impressionismo (m)	ลัทธิประทับใจ	lát-thí bprà-tháp jai
pintura (f), quadro (m)	ภาพ	phâap
desenho (m)	ภาพวาด	phâap-wâat
cartaz, pôster (m)	โปสเตอร์	bpòht-dtêr
ilustração (f)	ภาพประกอบ	phâap bprà-gòrp
miniatura (f)	รูปปั้นขนาดย่อ	rôop bpân khà-nàat yôr
cópia (f)	สำเนา	săm-nao
reprodução (f)	การทำซ้ำ	gaan tham sám
mosaico (m)	โมเสก	moh-sàyk
vitral (m)	หน้าต่างกระจกสี	nâa dtàang grà-jòk sĕe
afresco (m)	ภาพผนัง	phâap phà-năng
gravura (f)	การแกะลาย	gaan gàe laai
busto (m)	รูปปั้นครึ่งตัว	rôop bpân khrêung dtua
escultura (f)	รูปปั้นแกะสลัก	rôop bpân gàe sà-làk
estátua (f)	รูปปั้น	rôop bpân
gesso (m)	ปูนปลาสเตอร์	bpoon bpláat-dtêr
em gesso (adj)	ปูนปลาสเตอร์	bpoon bpláat-dtêr
retrato (m)	ภาพเหมือน	phâap mĕuan
autorretrato (m)	ภาพเหมือนของตนเอง	phâap mĕuan khŏrng dton ayng
paisagem (f)	ภาพภูมิทัศน์	phâap phoom-mi -thát
natureza (f) morta	ภาพหุ่นนิ่ง	phâap hùn nîng
caricatura (f)	ภาพล้อ	phâap-lór
esboço (m)	ภาพสเก็ตช์	phâap sà-gèt
tinta (f)	สี	sĕe
aquarela (f)	สีน้ำ	sĕe náam
tinta (f) a óleo	สีน้ำมัน	sĕe náam man
lápis (m)	ดินสอ	din-sŏr
tinta (f) nanquim	หมึกสีดำ	mèuk sĕe dam
carvão (m)	ถ่าน	thàan
desenhar (vt)	วาด	wâat
pintar (vt)	ระบายสี	rá-baai sĕe

posar (vi)	จัดท่า	jàt thâa
modelo (m)	แบบภาพวาด	bàep phâap-wâat
modelo (f)	แบบภาพวาด	bàep phâap-wâat
pintor (m)	ช่างวาดรูป	châang wâat rôop
obra (f)	งานศิลปะ	ngaan sĭn-lá-bpà
obra-prima (f)	งานชิ้นเอก	ngaan chín àyk
estúdio (m)	สตูดิโอ	sà-dtoo dì oh
tela (f)	ผ้าใบ	phâa bai
cavalete (m)	ขาตั้งกระดาน วาดรูป	khăa dtâng grà daan wâat rôop
paleta (f)	จานสี	jaan sěe
moldura (f)	กรอบ	gròrp
restauração (f)	การฟื้นฟู	gaan féun foo
restaurar (vt)	ฟื้นฟู	féun foo

152. Literatura & Poesia

literatura (f)	วรรณคดี	wan-ná-khá-dee
autor (m)	ผู้แต่ง	phôo dtàeng
pseudônimo (m)	นามปากกา	naam bpàak gaa
livro (m)	หนังสือ	năng-sěu
volume (m)	เล่ม	lêm
índice (m)	สารบัญ	săa-rá-ban
página (f)	หน้า	nâa
protagonista (m)	ตัวละครหลัก	dtua lá-khon làk
autógrafo (m)	ลายเซ็น	laai sen
conto (m)	เรื่องสั้น	rêuang sân
novela (f)	เรื่องราว	rêuang raao
romance (m)	นิยาย	ní-yaai
obra (f)	งานเขียน	ngaan khĭan
fábula (f)	นิทาน	ní-thaan
romance (m) policial	นิยายสืบสวน	ní-yaai sèup sŭan
verso (m)	กลอน	glorn
poesia (f)	บทกลอน	bòt glorn
poema (m)	บทกวี	bòt gà-wee
poeta (m)	นักกวี	nák gà-wee
ficção (f)	เรื่องแต่ง	rêuang dtàeng
ficção (f) científica	นิยายวิทยาศาสตร์	ní-yaai wít-thá-yaa sàat
aventuras (f pl)	นิยายผจญภัย	ní-yaai phà-jon phai
literatura (f) didática	วรรณกรรมการศึกษา	wan-ná-gam gaan sèuk-săa
literatura (f) infantil	วรรณกรรมสำหรับเด็ก	wan-ná-gam săm-ràp dèk

153. Circo

circo (m)	ละครสัตว์	lá-khon sàt
circo (m) ambulante	ละครสัตว์เลือน	lá-khon sàt lây rôrn

| programa (m) | รายการการแสดง | raai gaan gaan sà-daeng |
| apresentação (f) | การแสดง | gaan sà-daeng |

| número (m) | การแสดง | gaan sà-daeng |
| picadeiro (f) | เวทีละครสัตว์ | way-thee lá-kon sàt |

| pantomima (f) | ละครใบ้ | lá-khon bâi |
| palhaço (m) | ตัวตลก | dtua dtà-lòk |

acrobata (m)	นักกายกรรม	nák gaai-yá-gam
acrobacia (f)	กายกรรม	gaai-yá-gam
ginasta (m)	นักกายกรรม	nák gaai-yá-gam
ginástica (f)	กายกรรม	gaai-yá-gam
salto (m) mortal	การตีลังกา	gaan dtee lang-gaa

homem (m) forte	นักกีฬา	nák gee-laa
domador (m)	ผู้ฝึกสัตว์	phôo fèuk sàt
cavaleiro (m) equilibrista	นักขี่	nák khèe
assistente (m)	ผู้ช่วย	phôo chûay

truque (m)	ผาดโผน	phàat phǒhn
truque (m) de mágica	มายากล	maa-yaa gon
ilusionista (m)	นักมายากล	nák maa-yaa gon

malabarista (m)	นักมายากล	nák maa-yaa gon
	โยนของ	yohn khǒrng
fazer malabarismos	โยนของ	yohn khǒrng
adestrador (m)	ผู้ฝึกสัตว์	phôo fèuk sàt
adestramento (m)	การฝึกสัตว์	gaan fèuk sàt
adestrar (vt)	ฝึก	fèuk

154. Música. Música popular

música (f)	ดนตรี	don-dtree
músico (m)	นักดนตรี	nák don-dtree
instrumento (m) musical	เครื่องดนตรี	khrêuang don-dtree
tocar ...	เล่น	lên

guitarra (f)	กีตาร์	gee-dtâa
violino (m)	ไวโอลิน	wai-oh-lin
violoncelo (m)	เชลโล	chayn-lôh
contrabaixo (m)	ดับเบิลเบส	dàp-bern bàyt
harpa (f)	พิณ	phin

piano (m)	เปียโน	bpia noh
piano (m) de cauda	แกรนด์เปียโน	graen bpia-noh
órgão (m)	ออร์แกน	or-gaen

instrumentos (m pl) de sopro	เครื่องเป่า	khrêuang bpào
oboé (m)	โอโบ	oh-boh
saxofone (m)	แซ็กโซโฟน	sáek-soh-fohn
clarinete (m)	แคลริเน็ต	khlae-rí-nét
flauta (f)	ฟลุต	flút
trompete (m)	ทรัมเป็ต	thram-bpèt

| acordeão (m) | หีบเพลงชัก | hèep phlayng chák |
| tambor (m) | กลอง | glorng |

dueto (m)	คู่	khôo
trio (m)	วงทริโอ	wong thrí-oh
quarteto (m)	กลุ่มที่มีสี่คน	glùm thêe mee sèe khon
coro (m)	คณะประสานเสียง	khá-ná bprà-săan sĭang
orquestra (f)	วงดุริยางค์	wong dù-rí-yaang

música (f) pop	เพลงป็อป	phlayng bpòp
música (f) rock	เพลงร็อค	phlayng rók
grupo (m) de rock	วงร็อค	wong rórk
jazz (m)	แจซ	jáet

| ídolo (m) | ไอดอล | ai-dorn |
| fã, admirador (m) | แฟน | faen |

concerto (m)	คอนเสิร์ต	khon-sèrt
sinfonia (f)	ซิมโฟนี	sím-foh-nee
composição (f)	การแต่งเพลง	gaan dtàeng phlayng
compor (vt)	แต่ง	dtàeng

canto (m)	การร้องเพลง	gaan róng playng
canção (f)	เพลง	phlayng
melodia (f)	เสียงเพลง	sĭang phlayng
ritmo (m)	จังหวะ	jang wà
blues (m)	บลูส์	bloo

notas (f pl)	โน้ตเพลง	nóht phlayng
batuta (f)	ไม้สั้นของวาทยากร	máai sân khŏrng wâa-tha-yaa gon
arco (m)	คันชอ	khan sor
corda (f)	สาย	săai
estojo (m)	กลอง	glòrng

Descanso. Entretenimento. Viagens

155. Viagens

turismo (m)	การท่องเที่ยว	gaan thôrng thîeow
turista (m)	นักท่องเที่ยว	nák thôrng thîeow
viagem (f)	การเดินทาง	gaan dern thaang
aventura (f)	การผจญภัย	gaan phà-jon phai
percurso (curta viagem)	การเดินทาง	gaan dern thaang
férias (f pl)	วันหยุดพักผ่อน	wan yùt phák phòrn
estar de férias	หยุดพักผ่อน	yùt phák phòrn
descanso (m)	การพัก	gaan phák
trem (m)	รถไฟ	rót fai
de trem (chegar ~)	โดยรถไฟ	doi rót fai
avião (m)	เครื่องบิน	khrêuang bin
de avião	โดยเครื่องบิน	doi khrêuang bin
de carro	โดยรถยนต์	doi rót-yon
de navio	โดยเรือ	doi reua
bagagem (f)	สัมภาระ	sǎm-phaa-rá
mala (f)	กระเป๋าเดินทาง	grà-bpǎo dern-thaang
carrinho (m)	รถขนสัมภาระ	rót khǒn sǎm-phaa-rá
passaporte (m)	หนังสือเดินทาง	nǎng-sěu dern-thaang
visto (m)	วีซ่า	wee-sâa
passagem (f)	ตั๋ว	dtǔa
passagem (f) aérea	ตั๋วเครื่องบิน	dtǔa khrêuang bin
guia (m) de viagem	หนังสือแนะนำ	nǎng-sěu náe nam
mapa (m)	แผนที่	phǎen thêe
área (f)	เขต	khàyt
lugar (m)	สถานที่	sà-thǎan thêe
exotismo (m)	สิ่งแปลกใหม่	sìng bplàek mài
exótico (adj)	ต่างแดน	dtàang daen
surpreendente (adj)	น่าประหลาดใจ	nâa bprà-làat jai
grupo (m)	กลุ่ม	glùm
excursão (f)	การเดินทาง	gaan dern taang
	ท่องเที่ยว	thôrng thîeow
guia (m)	มัคคุเทศก์	mák-khú-thâyt

156. Hotel

hospedaria (f)	โรงแรม	rohng raem
motel (m)	โรงแรม	rohng raem

três estrelas	สามดาว	săam daao
cinco estrelas	ห้าดาว	hâa daao
ficar (vi, vt)	พัก	phák
quarto (m)	ห้อง	hôrng
quarto (m) individual	ห้องเดี่ยว	hôrng dìeow
quarto (m) duplo	ห้องคู่	hôrng khôo
reservar um quarto	จองห้อง	jorng hôrng
meia pensão (f)	พักครึ่งวัน	phák khrêung wan
pensão (f) completa	พักเต็มวัน	phák dtem wan
com banheira	มีห้องอาบน้ำ	mee hôrng àap náam
com chuveiro	มีฝักบัว	mee fàk bua
televisão (m) por satélite	โทรทัศน์ดาวเทียม	thoh-rá-thát daao thiam
ar (m) condicionado	เครื่องปรับอากาศ	khrêuang bpràp-aa-gàat
toalha (f)	ผ้าเช็ดตัว	phâa chét dtua
chave (f)	กุญแจ	gun-jae
administrador (m)	นักบุริหาร	nák bor-rí-hăan
camareira (f)	แม่บ้าน	mâe bâan
bagageiro (m)	พนักงาน ขนกระเป๋า	phá-nák ngaan khŏn grà-bpăo
porteiro (m)	พนักงาน เปิดประตู	phá-nák ngaan bpèrt bprà-dtoo
restaurante (m)	ร้านอาหาร	ráan aa-hăan
bar (m)	บาร์	baa
café (m) da manhã	อาหารเช้า	aa-hăan cháo
jantar (m)	อาหารเย็น	aa-hăan yen
bufê (m)	บุฟเฟต์	bùf-fây
saguão (m)	ล็อบบี้	lórp-bêe
elevador (m)	ลิฟต์	líf
NÃO PERTURBE	ห้ามรบกวน	hâam róp guan
PROIBIDO FUMAR!	ห้ามสูบบุหรี่	hâam sòop bù rèe

157. Livros. Leitura

livro (m)	หนังสือ	năng-sĕu
autor (m)	ผู้แต่ง	phôo dtàeng
escritor (m)	นักเขียน	nák khĭan
escrever (~ um livro)	เขียน	khĭan
leitor (m)	ผู้อ่าน	phôo àan
ler (vt)	อ่าน	àan
leitura (f)	การอ่าน	gaan àan
para si	อย่างเงียบๆ	yàang ngîap ngîap
em voz alta	ออกเสียงดัง	òrk sĭang dang
publicar (vt)	ตีพิมพ์	dtee phim
publicação (f)	การตีพิมพ์	gaan dtee phim

| editor (m) | ผู้พิมพ์ | phôo phim |
| editora (f) | สำนักพิมพ์ | săm-nák phim |

sair (vi)	ออก	òrk
lançamento (m)	การออก	gaan òrk
tiragem (f)	จำนวน	jam-nuan

| livraria (f) | ฐานหนังสือ | ráan năng-sĕu |
| biblioteca (f) | หองสมุด | hôrng sà-mùt |

novela (f)	เรื่องราว	rêuang raao
conto (m)	เรื่องสั้น	rêuang sân
romance (m)	นิยาย	ní-yaai
romance (m) policial	นิยายสืบสวน	ní-yaai sèup sŭan

memórias (f pl)	บันทึกความทรงจำ	ban-théuk khwaam song jam
lenda (f)	ตำนาน	dtam naan
mito (m)	นิทานปรัมปรา	ní-thaan bpram bpraa

poesia (f)	บทกวี	bòt gà-wee
autobiografia (f)	อัตชีวประวัติ	àt-chee-wá-bprà-wàt
obras (f pl) escolhidas	งานที่ผ่าน การคัดเลือก	ngaan thêe phàan gaan khát lêuak
ficção (f) científica	นิยายวิทยาศาสตร์	ní-yaai wít-thá-yaa sàat

título (m)	ชื่อเรื่อง	chêu rêuang
introdução (f)	บทนำ	bòt nam
folha (f) de rosto	หนาแรก	nâa râek

capítulo (m)	บท	bòt
excerto (m)	ขอความที่ คัดออกมา	khôr khwaam thêe khát òk maa
episódio (m)	ตอน	dtorn

enredo (m)	เค้าเรื่อง	kháo rêuang
conteúdo (m)	เนื้อหา	néua hăa
índice (m)	สารบัญ	săa-rá-ban
protagonista (m)	ตัวละครหลัก	dtua lá-khon làk

volume (m)	เล่ม	lêm
capa (f)	ปก	bpòk
encadernação (f)	สัน	săn
marcador (m) de página	ที่คั่นหนังสือ	thêe khân năng-sĕu

página (f)	หน้า	nâa
folhear (vt)	เปิดผ่านๆ	bpèrt phàan phàan
margem (f)	ระยะขอบ	rá-yá khòrp
anotação (f)	ความเห็นประกอบ	khwaam hĕn bprà-gòp
nota (f) de rodapé	เชิงอรรถ	cherng àt-tha

texto (m)	บท	bòt
fonte (f)	ตัวพิมพ์	dtua phim
falha (f) de impressão	ความพิมพ์ผิด	khwaam phim phìt

| tradução (f) | คำแปล | kham bplae |
| traduzir (vt) | แปล | bplae |

original (m)	ต้นฉบับ	dtôn chà-bàp
famoso (adj)	โด่งดัง	dòhng dang
desconhecido (adj)	ไม่เป็นที่รู้จัก	mâi bpen thêe róo jàk
interessante (adj)	น่าสนใจ	nâa sŏn jai
best-seller (m)	ขายดี	khăai dee
dicionário (m)	พจนานุกรม	phót-jà-naa-nú-grom
livro (m) didático	หนังสือเรียน	năng-sĕu rian
enciclopédia (f)	สารานุกรม	săa-raa-nú-grom

158. Caça. Pesca

caça (f)	การล่าสัตว์	gaan lâa sàt
caçar (vi)	ล่าสัตว์	lâa sàt
caçador (m)	นักล่าสัตว์	nák lâa sàt
disparar, atirar (vi)	ยิง	ying
rifle (m)	ปืนไรเฟิล	bpeun rai-fern
cartucho (m)	กระสุนปืน	grà-sŭn bpeun
chumbo (m) de caça	กระสุน	grà-sŭn
armadilha (f)	กับดักเหล็ก	gàp dàk lèk
armadilha (com corda)	กับดัก	gàp dàk
cair na armadilha	ติดกับดัก	dtìt gàp dàk
pôr a armadilha	วางกับดัก	waang gàp dàk
caçador (m) furtivo	ผู้ลักลอบล่าสัตว์	phôo lák lôrp lâa sàt
caça (animais)	สัตว์ที่ถูกล่า	sàt têe thòok lâa
cão (m) de caça	หมาล่าเนื้อ	măa lâa néua
safári (m)	ซาฟารี	saa-faa-ree
animal (m) empalhado	สัตว์สตาฟ	sàt sà-dtàaf
pescador (m)	คนประมง	khon bprà-mong
pesca (f)	การจับปลา	gaan jàp bplaa
pescar (vt)	จับปลา	jàp bplaa
vara (f) de pesca	คันเบ็ด	khan bèt
linha (f) de pesca	สายเบ็ด	săai bèt
anzol (m)	ตะขอ	dtà-khŏr
boia (f), flutuador (m)	ทุ่น	thûn
isca (f)	เหยื่อ	yèua
lançar a linha	เหวี่ยงเบ็ด	wìang bèt
morder (peixe)	งับเหยื่อ	ngáp yèua
pesca (f)	ปลาจับ	bpla jàp
buraco (m) no gelo	ช่องน้ำแข็ง	chôrng nám khăeng
rede (f)	แหจับปลา	hăe jàp bplaa
barco (m)	เรือ	reua
pescar com rede	จับปลาด้วยแห	jàp bplaa dûay hăe
lançar a rede	เหวี่ยงแห	wìang hăe
puxar a rede	ลากอวน	lâak uan
cair na rede	ติดแห	dtìt hăe
baleeiro (m)	นักล่าปลาวาฬ	nák lâa bplaa waan

baleeira (f)   เรือล่าปลาวาฬ   reua lâa bplaa waan
arpão (m)   ฉมวก   chà-mùak

159. Jogos. Bilhar

bilhar (m)   บิลเลียด   bin-lîat
sala (f) de bilhar   ห้องบิลเลียด   hôrng bin-lîat
bola (f) de bilhar   ลูก   lôok

embolsar uma bola   แทงลูกลงหลุม   thaeng lôok long lŭm
taco (m)   ไม้คิว   máai khiw
caçapa (f)   หลุม   lŭm

160. Jogos. Jogar cartas

ouros (m pl)   ข้าวหลามตัด   khâao lăam dtàt
espadas (f pl)   โพดำ   phoh dam
copas (f pl)   โพแดง   phoh daeng
paus (m pl)   ดอกจิก   dòrk jìk

ás (m)   เอส   àyt
rei (m)   คิง   king
dama (f), rainha (f)   แหม่ม   màem
valete (m)   แจค   jáek

carta (f) de jogar   ไพ่   phâi
cartas (f pl)   ไพ่   phâi
trunfo (m)   ไต   dtăi
baralho (m)   สำรับไพ่   săm-ráp phâi

ponto (m)   แต้ม   dtâem
dar, distribuir (vt)   แจกไพ่   jàek phâi
embaralhar (vt)   สับไพ   sàp phâi
vez, jogada (f)   ที   thee
trapaceiro (m)   คนโกงไพ่   khon gohng phâi

161. Casino. Roleta

cassino (m)   คาสิโน   khaa-sì-noh
roleta (f)   รูเล็ตต   roo-lèt
aposta (f)   เดิมพัน   derm phan
apostar (vt)   วางเดิมพัน   waang derm phan

vermelho (m)   แดง   daeng
preto (m)   ดำ   dam
apostar no vermelho   เดิมพันสีแดง   derm phan sĕe daeng
apostar no preto   เดิมพันสีดำ   derm phan sĕe dam

croupier (m, f)   เจ้ามือ   jâo meu
girar da roleta   หมุนกงล้อ   mŭn gong lór

| regras (f pl) do jogo | กติกา | gà-dtì-gaa |
| ficha (f) | ชิป | chíp |

| ganhar (vi, vt) | ชนะ | chá-ná |
| ganho (m) | รางวัล | raang-wan |

| perder (dinheiro) | เสีย | sĭa |
| perda (f) | เงินเสียพนัน | ngern sĭa phá-nan |

jogador (m)	ผู้เล่น	phôo lên
blackjack, vinte-e-um (m)	แบล็คแจ๊ค	blàek-jáek
jogo (m) de dados	เกมลูกเต๋า	gaym lôok dtăo
dados (m pl)	เต๋า	dtăo
caça-níqueis (m)	ตู้สล็อต	dtôo sà-lòrt

162. Descanso. Jogos. Diversos

passear (vi)	เดินเล่น	dern lên
passeio (m)	การเดินเล่น	gaan dern lên
viagem (f) de carro	การนั่งรถ	gaan nâng rót
aventura (f)	การผจญภัย	gaan phà-jon phai
piquenique (m)	ปิคนิค	bpìk-ník

jogo (m)	เกม	gaym
jogador (m)	ผู้เล่น	phôo lên
partida (f)	เกม	gaym

colecionador (m)	นักสะสม	nák sà-sŏm
colecionar (vt)	สะสม	sà-sŏm
coleção (f)	การสะสม	gaan sà-sŏm
palavras (f pl) cruzadas	ปริศนาอักษรไขว้	bprìt-sà-năa àk-sŏn khwâi
hipódromo (m)	ลู่แข่ง	lôo khàeng
discoteca (f)	ดิสโก	dít-gôh

sauna (f)	ซาวน่า	saao-nâa
loteria (f)	สลากกินแบ่ง	sà-làak gin bàeng
campismo (m)	การเดินทางตั้งแคมป์	gaan dern thaang dtâng-khaem

acampamento (m)	แคมป์	khaem
barraca (f)	เต็นท	dtáyn
bússola (f)	เข็มทิศ	khĕm thít
campista (m)	ผู้เดินทางตั้งแคมป์	phôo dern thaang dtâng-khaem

ver (vt), assistir à …	ดู	doo
telespectador (m)	ผู้ชมทีวี	phôo chom thee wee
programa (m) de TV	รายการทีวี	raai gaan thee wee

163. Fotografia

| máquina (f) fotográfica | กล้อง | glôrng |
| foto, fotografia (f) | ภาพถ่าย | phâap thài |

fotógrafo (m)	ช่างถ่ายภาพ	châang thàai phâap
estúdio (m) fotográfico	ห้องถ่ายภาพ	hôrng thàai phâap
álbum (m) de fotografias	อัลบั้มภาพถ่าย	an-bâm phâap-thàai
lente (f) fotográfica	เลนส์กล้อง	len glôrng
lente (f) teleobjetiva	เลนส์ถ่ายไกล	len thàai glai
filtro (m)	ฟิลเตอร์	fin-dtêr
lente (f)	เลนส์	len
ótica (f)	ออปติก	orp-dtìk
abertura (f)	รูรับแสง	roo ráp săeng
exposição (f)	เวลาในการถ่ายภาพ	way-laa nai gaan thàai phâap
visor (m)	เครื่องจับภาพ	khrêuang jàp phâap
câmera (f) digital	กล้องดิจิตอล	glôrng dì-jì-dton
tripé (m)	ขาตั้งกลอง	khăa dtâng glông
flash (m)	แฟลช	flâet
fotografar (vt)	ถ่ายภาพ	thàai phâap
tirar fotos	ถ่ายภาพ	thàai phâap
fotografar-se (vr)	ได้รับการ	dâai ráp gaan
	ถ่ายภาพให	thàai phâap hâi
foco (m)	โฟกัส	foh-gát
focar (vt)	โฟกัส	foh-gát
nítido (adj)	คมชัด	khom chát
nitidez (f)	ความคมชัด	khwaam khom chát
contraste (m)	ความเปรียบต่าง	khwaam bprìap dtàang
contrastante (adj)	เปรียบต่าง	bprìap dtàang
retrato (m)	ภาพ	phâap
negativo (m)	ภาพเนกาทีฟ	phâap nay gaa thêef
filme (m)	ฟิล์ม	fim
fotograma (m)	เฟรม	fraym
imprimir (vt)	พิมพ์	phim

164. Praia. Natação

praia (f)	ชายหาด	chaai hàat
areia (f)	ทราย	saai
deserto (adj)	ร้าง	ráang
bronzeado (m)	ผิวคล้ำแดด	phĭw khlám dàet
bronzear-se (vr)	ตากแดด	dtàak dàet
bronzeado (adj)	มีผิวคล้ำแดด	mee phĭw khlám dàet
protetor (m) solar	ครีมกันแดด	khreem gan dàet
biquíni (m)	บิกินี่	bì-gì-nee
maiô (m)	ชุดว่ายน้ำ	chút wâai náam
calção (m) de banho	กางเกงว่ายน้ำ	gaang-gayng wâai náam
piscina (f)	สระว่ายน้ำ	sà wâai náam
nadar (vi)	ว่ายน้ำ	wâai náam

chuveiro (m), ducha (f)	ฝักบัว	fàk bua
mudar, trocar (vt)	เปลี่ยนชุด	bplìan chút
toalha (f)	ผ้าเช็ดตัว	phâa chét dtua
barco (m)	เรือ	reua
lancha (f)	เรือยนต์	reua yon
esqui (m) aquático	สกีน้ำ	sà-gee nám
barco (m) de pedais	เรือถีบ	reua thèep
surf, surfe (m)	การโต้คลื่น	gaan dtôh khlêun
surfista (m)	นักโต้คลื่น	nák dtôh khlêun
equipamento (m) de mergulho	อุปกรณ์ดำน้ำ	u-bpà-gon dam náam
pé (m pl) de pato	ตีนกบ	dteen gòp
máscara (f)	หน้ากากดำน้ำ	nâa gàak dam náam
mergulhador (m)	นักประดาน้ำ	nák bprà-daa náam
mergulhar (vi)	ดำน้ำ	dam náam
debaixo d'água	ใต้น้ำ	dtâi nám
guarda-sol (m)	ร่มชายหาด	rôm chaai hàat
espreguiçadeira (f)	เตียงอาบแดด	dtiang àap dàet
óculos (m pl) de sol	แว่นกันแดด	wâen gan dàet
colchão (m) de ar	ที่นอนเป่าลม	thêe non bpào lom
brincar (vi)	เล่น	lên
ir nadar	ไปว่ายน้ำ	bpai wâai náam
bola (f) de praia	บอล	bon
encher (vt)	เติมลม	dterm lom
inflável (adj)	แบบเติมลม	bàep dterm lom
onda (f)	คลื่น	khlêun
boia (f)	ทุ่นลูอย	thûn loi
afogar-se (vr)	จมน้ำ	jom náam
salvar (vt)	ช่วยชีวิต	chûay chee-wít
colete (m) salva-vidas	เสื้อชูชีพ	sêua choo chêep
observar (vt)	สังเกตการณ์	săng-gàyt gaan
salva-vidas (pessoa)	ไลฟ์การ์ด	lai-gàat

EQUIPAMENTO TÉCNICO. TRANSPORTES

Equipamento técnico. Transportes

165. Computador

computador (m)	คอมพิวเตอร์	khorm-phiw-dtêr
computador (m) portátil	โน๊ตบุค	nóht búk
ligar (vt)	เปิด	bpèrt
desligar (vt)	ปิด	bpìt
teclado (m)	แป้นพิมพ์	bpâen phim
tecla (f)	ปุ่ม	bpùm
mouse (m)	เมาส์	mao
tapete (m) para mouse	แผ่นรองเมาส์	phàen rorng mao
botão (m)	ปุ่ม	bpùm
cursor (m)	เคอร์เซอร์	khêr-sêr
monitor (m)	จอมอนิเตอร์	jor mor-ní-dtêr
tela (f)	หน้าจอ	nâa jor
disco (m) rígido	ฮาร์ดดิสก์	hâat-dìt
capacidade (f) do disco rígido	ความจุฮาร์ดดิสก์	kwaam jù hâat-dìt
memória (f)	หน่วยความจำ	nùay khwaam jam
memória RAM (f)	หน่วยความจำ เข้าถึงโดยสุ่ม	nùay khwaam jam khâo thĕung doi sùm
arquivo (m)	ไฟล์	fai
pasta (f)	โฟลเดอร์	fohl-dêr
abrir (vt)	เปิด	bpèrt
fechar (vt)	ปิด	bpìt
salvar (vt)	บันทึก	ban-théuk
deletar (vt)	ลบ	lóp
copiar (vt)	คัดลอก	khát lôrk
ordenar (vt)	จัดเรียง	jàt riang
copiar (vt)	ทำสำเนา	tham săm-nao
programa (m)	โปรแกรม	bproh-graem
software (m)	ซอฟต์แวร์	sôf-wae
programador (m)	นักเขียนโปรแกรม	nák khĭan bproh-graem
programar (vt)	เขียนโปรแกรม	khĭan bproh-graem
hacker (m)	แฮ็กเกอร์	háek-gêr
senha (f)	รหัสผ่าน	rá-hàt phàan
vírus (m)	ไวรัส	wai-rát
detectar (vt)	ตรวจพบ	dtrùat phóp

| byte (m) | ไบท์ | bai |
| megabyte (m) | เมกะไบท์ | may-gà-bai |

| dados (m pl) | ข้อมูล | khôr moon |
| base (f) de dados | ฐานข้อมูล | thăan khôr moon |

cabo (m)	สายเคเบิล	săai khay-bêrn
desconectar (vt)	ตัดการเชื่อมต่อ	dtàt gaan chêuam dtòr
conectar (vt)	เชื่อมต่อ	chêuam dtòr

166. Internet. E-mail

internet (f)	อินเทอร์เน็ต	in-thêr-nét
browser (m)	เบราว์เซอร์	brao-sêr
motor (m) de busca	โปรแกรมคนหา	bproh-graem khón hăa
provedor (m)	ผู้ให้บริการ	phôo hâi bor-rí-gaan

webmaster (m)	เว็บมาสเตอร์	wép-mâat-dtêr
website (m)	เว็บไซต์	wép sai
web page (f)	เว็บเพจ	wép phâyt

| endereço (m) | ที่อยู่ | thêe yòo |
| livro (m) de endereços | สมุดที่อยู่ | sà-mùt thêe yòo |

caixa (f) de correio	กล่องจดหมายอีเมลล์	glòrng jòt măai ee-mayn
correio (m)	จดหมาย	jòt măai
cheia (caixa de correio)	เต็ม	dtem

mensagem (f)	ข้อความ	khôr khwaam
mensagens (f pl) recebidas	ข้อความขาเข้า	khôr khwaam khăa khâo
mensagens (f pl) enviadas	ข้อความขาออก	khôr khwaam khăa òrk

remetente (m)	ผู้ส่ง	phôo sòng
enviar (vt)	ส่ง	sòng
envio (m)	การส่ง	gaan sòng

| destinatário (m) | ผู้รับ | phôo ráp |
| receber (vt) | รับ | ráp |

| correspondência (f) | การติดต่อกันทางจดหมาย | gaan dtìt dtòr gan thaang jòt măai |
| corresponder-se (vr) | ติดต่อกันทางจดหมาย | dtìt dtòr gan thaang jòt măai |

arquivo (m)	ไฟล์	fai
fazer download, baixar (vt)	ดาวน์โหลด	daao lòht
criar (vt)	สร้าง	sâang
deletar (vt)	ลบ	lóp
deletado (adj)	ถูกลบ	thòok lóp

conexão (f)	การเชื่อมต่อ	gaan chêuam dtòr
velocidade (f)	ความเร็ว	khwaam reo
modem (m)	โมเด็ม	moh-dem
acesso (m)	การเข้าถึง	gaan khâo thĕung
porta (f)	พอร์ท	phôt

| conexão (f) | การเชื่อมต่อ | gaan chêuam dtòr |
| conectar (vi) | เชื่อมต่อกับ... | chêuam dtòr gàp... |

| escolher (vt) | เลือก | lêuak |
| buscar (vt) | คนหา | khón hăa |

167. Eletricidade

eletricidade (f)	ไฟฟ้า	fai fáa
elétrico (adj)	ทางไฟฟ้า	thaang fai-fáa
planta (f) elétrica	โรงไฟฟ้า	rohng fai-fáa
energia (f)	พลังงาน	phá-lang ngaan
energia (f) elétrica	กำลังไฟฟ้า	gam-lang fai-fáa

lâmpada (f)	หลอดไฟฟ้า	lòrt fai fáa
lanterna (f)	ไฟฉาย	fai chăai
poste (m) de iluminação	เสาไฟถนน	săo fai thà-nŏn

luz (f)	ไฟ	fai
ligar (vt)	เปิด	bpèrt
desligar (vt)	ปิด	bpìt
apagar a luz	ปิดไฟ	bpìt fai
queimar (vi)	ขาด	khàat
curto-circuito (m)	การลัดวงจร	gaan lát wong-jon
ruptura (f)	สายขาด	săai khàat
contato (m)	สายต่อกัน	săai dtòr gan

interruptor (m)	สวิตช์ไฟ	sà-wít fai
tomada (de parede)	เต้าเสียบปลั๊กไฟ	dtâo sìap bplák fai
plugue (m)	ปลั๊กไฟ	bplák fai
extensão (f)	สายพวงไฟ	săai phûang fai
fusível (m)	ฟิวส์	fiw
fio, cabo (m)	สายไฟ	săai fai
instalação (f) elétrica	การเดินสายไฟ	gaan dern săai fai

ampère (m)	แอมแปร์	aem-bpae
amperagem (f)	กำลังไฟฟ้า	gam-lang fai-fáa
volt (m)	โวลต์	wohn
voltagem (f)	แรงดันไฟฟ้า	raeng dan fai fáa

| aparelho (m) elétrico | เครื่องใช้ไฟฟ้า | khrêuang chái fai fáa |
| indicador (m) | ตัวระบุ | dtua rá-bù |

eletricista (m)	ช่างไฟฟ้า	châang fai-fáa
soldar (vt)	บัดกรี	bàt-gree
soldador (m)	หัวแร่งบัดกรี	hŭa ráeng bàt-gree
corrente (f) elétrica	กระแสไฟฟ้า	grà-săe fai fáa

168. Ferramentas

| ferramenta (f) | เครื่องมือ | khrêuang meu |
| ferramentas (f pl) | เครื่องมือ | khrêuang meu |

equipamento (m)	อุปกรณ์	ù-bpà-gon
martelo (m)	ค้อน	khórn
chave (f) de fenda	ไขควง	khǎi khuang
machado (m)	ขวาน	khwǎan
serra (f)	เลื่อย	lêuay
serrar (vt)	เลื่อย	lêuay
plaina (f)	กบไสไม้	gòp sǎi máai
aplainar (vt)	ไสกบ	sǎi gòp
soldador (m)	หัวแรงบัดกรี	hǔa ráeng bàt-gree
soldar (vt)	บัดกรี	bàt-gree
lima (f)	ตะไบ	dtà-bai
tenaz (f)	คีม	kheem
alicate (m)	คีมปอกสายไฟ	kheem bpòk sǎai fai
formão (m)	สิ่ว	sìw
broca (f)	หัวสว่าน	hǔa sà-wàan
furadeira (f) elétrica	สว่านไฟฟ้า	sà-wàan fai fáa
furar (vt)	เจาะ	jòr
faca (f)	มีด	mêet
canivete (m)	มีดพก	mêet phók
lâmina (f)	ใบ	bai
afiado (adj)	คม	khom
cego (adj)	ทื่อ	thêu
embotar-se (vr)	ทำให้...ทื่อ	tham hâi...thêu
afiar, amolar (vt)	ลับคม	láp khom
parafuso (m)	สลักเกลียว	sà-làk glieow
porca (f)	แหวนสกรู	wǎen sà-groo
rosca (f)	เกลียว	glieow
parafuso (para madeira)	สกรู	sà-groo
prego (m)	ตะปู	dtà-bpoo
cabeça (f) do prego	หัวตะปู	hǔa dtà-bpoo
régua (f)	ไม้บรรทัด	máai ban-thát
fita (f) métrica	เทปวัดระยะทาง	thâyp wát rá-yá taang
nível (m)	เครื่องวัดระดับน้ำ	khrêuang wát rá-dàp náam
lupa (f)	แว่นขยาย	wâen khà-yǎai
medidor (m)	เครื่องมือวัด	khrêuang meu wát
medir (vt)	วัด	wát
escala (f)	อัตรา	àt-dtraa
indicação (f), registro (m)	คามิเตอร์	khâa mí-dtêr
compressor (m)	เครื่องอัดอากาศ	khrêuang àt aa-gàat
microscópio (m)	กล้องจุลทัศน์	glôrng jun-la -thát
bomba (f)	ปั๊ม	bpám
robô (m)	หุ่นยนต์	hùn yon
laser (m)	เลเซอร์	lay-sêr
chave (f) de boca	ประแจ	bprà-jae
fita (f) adesiva	เทปกาว	thâyp gaao

cola (f)	กาว	gaao
lixa (f)	กระดาษทราย	grà-dàat saai
mola (f)	สปริง	sà-bpring
ímã (m)	แม่เหล็ก	mâe lèk
luva (f)	ถุงมือ	thǔng meu

corda (f)	เชือก	chêuak
cabo (~ de nylon, etc.)	สาย	sǎai
fio (m)	สายไฟ	sǎai fai
cabo (~ elétrico)	สายเคเบิล	sǎai khay-bêrn

marreta (f)	ค้อนขนาดใหญ่	khón khà-nàat yài
pé de cabra (m)	ชะแลง	chá-laeng
escada (f) de mão	บันได	ban-dai
escada (m)	กระได	grà-dai

enroscar (vt)	ขันเกลียวเข้า	khǎn glieow khâo
desenroscar (vt)	ขันเกลียวออก	khǎn glieow òk
apertar (vt)	ขันให้แน่น	khǎn hâi náen
colar (vt)	ติดกาว	dtìt gaao
cortar (vt)	ตัด	dtàt

falha (f)	ความผิดพลาด	khwaam phìt phlâat
conserto (m)	การซ่อมแซม	gaan sôrm saem
consertar, reparar (vt)	ซ่อม	sôrm
regular, ajustar (vt)	ปรับ	bpràp

verificar (vt)	ตรวจ	dtrùat
verificação (f)	การตรวจ	gaan dtrùat
indicação (f), registro (m)	คามิเตอร์	khâa mí-dtêr

seguro (adj)	ไว้วางใจได้	wái waang jai dâai
complicado (adj)	ซับซ้อน	sáp són

enferrujar (vi)	ขึ้นสนิม	khêun sà-nǐm
enferrujado (adj)	เป็นสนิม	bpen sà-nǐm
ferrugem (f)	สนิม	sà-nǐm

Transportes

169. Avião

avião (m)	เครื่องบิน	khrêuang bin
passagem (f) aérea	ตั๋วเครื่องบิน	dtǔa khrêuang bin
companhia (f) aérea	สายการบิน	sǎai gaan bin
aeroporto (m)	สนามบิน	sà-nǎam bin
supersônico (adj)	ความเร็วเหนือเสียง	khwaam reo něua-sǐang
comandante (m) do avião	กัปตัน	gàp dtan
tripulação (f)	ลูกเรือ	lôok reua
piloto (m)	นักบิน	nák bin
aeromoça (f)	พนักงวนต้อนรับบนเครื่องบิน	phá-nák ngaan dtôrn ráp bon khrêuang bin
copiloto (m)	ต้นหน	dtôn hǒn
asas (f pl)	ปีก	bpèek
cauda (f)	หาง	hǎang
cabine (f)	หองนักบิน	hôrng nák bin
motor (m)	เครื่องยนต์	khrêuang yon
trem (m) de pouso	โครงสวนลางของเครื่องบิน	khrorng sùan lâang khǒrng khrêuang bin
turbina (f)	กังหัน	gang-hǎn
hélice (f)	ใบพัด	bai phát
caixa-preta (f)	กลองดำ	glòrng dam
coluna (f) de controle	คันบังคับ	khan bang-kháp
combustível (m)	เชื้อเพลิง	chéua phlerng
instruções (f pl) de segurança	คู่มือความปลอดภัย	khôo meu khwaam bplòt phai
máscara (f) de oxigênio	หนากากอ็อกซิเจน	nâa gàak ók sí jayn
uniforme (m)	เครื่องแบบ	khrêuang bàep
colete (m) salva-vidas	เสื้อชูชีพ	sêua choo chêep
paraquedas (m)	รมชูชีพ	rôm choo chêep
decolagem (f)	การบินขึ้น	gaan bin khêun
descolar (vi)	บินขึ้น	bin khêun
pista (f) de decolagem	ทางวิงเครื่องบิน	thaang wîng khrêuang bin
visibilidade (f)	ทัศนวิสัย	thát sá ná wí-sǎi
voo (m)	การบิน	gaan bin
altura (f)	ความสูง	khwaam sǒong
poço (m) de ar	หลุมอากาศ	lǔm aa-gàat
assento (m)	ที่นั่ง	thêe nâng
fone (m) de ouvido	หูฟัง	hǒo fang
mesa (f) retrátil	ถาดพับเก็บได้	thàat pháp gèp dâai
janela (f)	หนาตางเครื่องบิน	nâa dtàang khrêuang bin
corredor (m)	ทางเดิน	thaang dern

151

170. Comboio

trem (m)	รถไฟ	rót fai
trem (m) elétrico	รถไฟชานเมือง	rót fai chaan meuang
trem (m)	รถไฟด่วน	rót fai dùan
locomotiva (f) diesel	รถจักรดีเซล	rót jàk dee-sayn
locomotiva (f) a vapor	รถจักรไอน้ำ	rót jàk ai náam
vagão (f) de passageiros	ตู้โดยสาร	dtôo doi sǎan
vagão-restaurante (m)	ตู้เสบียง	dtôo sà-biang
carris (m pl)	รางรถไฟ	raang rót fai
estrada (f) de ferro	ทางรถไฟ	thaang rót fai
travessa (f)	หมอนรองราง	mǒrn rorng raang
plataforma (f)	ชานชลา	chaan-chá-laa
linha (f)	ราง	raang
semáforo (m)	ไฟสัญญาณรถไฟ	fai sǎn-yaan rót fai
estação (f)	สถานี	sà-thǎa-nee
maquinista (m)	คนขับรถไฟ	khon khàp rót fai
bagageiro (m)	พนักงานยกกระเป๋า	phá-nák ngaan yók grà-bpǎo
hospedeiro, -a (m, f)	พนักงานรถไฟ	phá-nák ngaan rót fai
passageiro (m)	ผู้โดยสาร	phôo doi sǎan
revisor (m)	พนักงานตรวจตั๋ว	phá-nák ngaan dtrùat dtǔa
corredor (m)	ทางเดิน	thaang dern
freio (m) de emergência	เบรคฉุกเฉิน	bràyk chùk-chěrn
compartimento (m)	ตู้นอน	dtôo norn
cama (f)	เตียง	dtiang
cama (f) de cima	เตียงบน	dtiang bon
cama (f) de baixo	เตียงล่าง	dtiang lâang
roupa (f) de cama	ชุดเครื่องนอน	chút khrêuang norn
passagem (f)	ตั๋ว	dtǔa
horário (m)	ตารางเวลา	dtaa-raang way-laa
painel (m) de informação	ฉระดานแสดง ข้อมูล	grà daan sà-daeng khôr moon
partir (vt)	ออกเดินทาง	òrk dern thaang
partida (f)	การออกเดินทาง	gaan òrk dern thaang
chegar (vi)	มาถึง	maa thěung
chegada (f)	การมาถึง	gaan maa thěung
chegar de trem	มาถึงโดยรถไฟ	maa thěung doi rót fai
pegar o trem	ขึ้นรถไฟ	khêun rót fai
descer de trem	ลงจากรถไฟ	long jàak rót fai
acidente (m) ferroviário	รถไฟตกราง	rót fai dtòk raang
descarrilar (vi)	ตกราง	dtòk raang
locomotiva (f) a vapor	หัวรถจักรไอน้ำ	hǔa rót jàk ai náam
foguista (m)	คนควบคุมเตาไฟ	khon khûap khum dtao fai
fornalha (f)	เตาไฟ	dtao fai
carvão (m)	ถ่านหิน	thàan hǐn

171. Barco

navio (m)	เรือ	reua
embarcação (f)	เรือ	reua
barco (m) a vapor	เรือจักรไอน้ำ	reua jàk ai náam
barco (m) fluvial	เรือลองแมน้ำ	reua lông mâe náam
transatlântico (m)	เรือเดินสมุทร	reua dern sà-mùt
cruzeiro (m)	เรือลาดตระเวน	reua lâat dtrà-wayn
iate (m)	เรือยอชต์	reua yôt
rebocador (m)	เรือลากจูง	reua lâak joong
barcaça (f)	เรือบรรทุก	reua ban-thúk
ferry (m)	เรือข้ามฟาก	reua khâam fâak
veleiro (m)	เรือใบ	reua bai
bergantim (m)	เรือใบสองเสากระโดง	reua bai sŏrng săo grà-dohng
quebra-gelo (m)	เรือตัดน้ำแข็ง	reua dtàt náam khăeng
submarino (m)	เรือดำน้ำ	reua dam náam
bote, barco (m)	เรือพาย	reua phaai
baleeira (bote salva-vidas)	เรือบดเล็ก	reua bòt lék
bote (m) salva-vidas	เรือชูชีพ	reua choo chêep
lancha (f)	เรือยนต์	reua yon
capitão (m)	กัปตัน	gàp dtan
marinheiro (m)	นาวิน	naa-win
marujo (m)	คนเรือ	khon reua
tripulação (f)	กะลาสี	gà-laa-sĕe
contramestre (m)	สรั่ง	sà-ràng
grumete (m)	คนช่วยงานในเรือ	khon chûay ngaan nai reua
cozinheiro (m) de bordo	กุ๊ก	gúk
médico (m) de bordo	แพทย์เรือ	phâet reua
convés (m)	ดาดฟ้าเรือ	dàat-fáa reua
mastro (m)	เสากระโดงเรือ	săo grà-dohng reua
vela (f)	ใบเรือ	bai reua
porão (m)	ท้องเรือ	thórng-reua
proa (f)	หัวเรือ	hŭa-reua
popa (f)	ท้วยเรือ	tháai reua
remo (m)	ไม้พาย	máai phaai
hélice (f)	ใบจักร	bai jàk
cabine (m)	ห้องพัก	hôrng phák
sala (f) dos oficiais	ห้องอาหาร	hôrng aa-hăan
sala (f) das máquinas	ห้องเครื่องยนต์	hôrng khrêuang yon
ponte (m) de comando	สะพานเดินเรือ	sà-phaan dern reua
sala (f) de comunicações	ห้องวิทยุ	hôrng wít-thá-yú
onda (f)	คลื่นความถี่	khlêun khwaam thèe
diário (m) de bordo	สมุดบันทึก	sà-mùt ban-théuk
luneta (f)	กล้องสองทางไกล	glôrng sòrng thaang glai
sino (m)	ระฆัง	rá-khang

bandeira (f)	ธง	thorng
cabo (m)	เชือก	chêuak
nó (m)	ปม	bpom

| corrimão (m) | ราว | raao |
| prancha (f) de embarque | ไม้พาดให้ขึ้นลงเรือ | mái phâat hâi khêun long reua |

âncora (f)	สมอ	sà-mǒr
recolher a âncora	ถอนสมอ	thǒrn sà-mǒr
jogar a âncora	ทอดสมอ	thôrt sà-mǒr
amarra (corrente de âncora)	โซ่สมอเรือ	sôh sà-mǒr reua

porto (m)	ท่าเรือ	thâa reua
cais, amarradouro (m)	ท่า	thâa
atracar (vi)	จอดเทียบท่า	jòt thîap tâa
desatracar (vi)	ออกจากท่า	òrk jàak tâa

viagem (f)	การเดินทาง	gaan dern thaang
cruzeiro (m)	การล่องเรือ	gaan lôrng reua
rumo (m)	เส้นทาง	sên thaang
itinerário (m)	เส้นทาง	sên thaang

canal (m) de navegação	ร่องเรือเดิน	rông reua dern
banco (m) de areia	โขด	khòht
encalhar (vt)	เกยตื้น	goie dtêun

tempestade (f)	พายุ	phaa-yú
sinal (m)	สัญญาณ	sǎn-yaan
afundar-se (vr)	ลม	lôm

Homem ao mar!	คนตกเรือ!	kon dtòk reua
SOS	SOS	es-o-es
boia (f) salva-vidas	ห่วงยาง	hùang yaang

172. Aeroporto

aeroporto (m)	สนามบิน	sà-nǎam bin
avião (m)	เครื่องบิน	khrêuang bin
companhia (f) aérea	สายการบิน	sǎai gaan bin
controlador (m) de tráfego aéreo	เจ้าหน้าที่ควบคุมจราจรทางอากาศ	jâo nâa-thêe khûap khum jà-raa-jon thaang aa-gàat

partida (f)	การออกเดินทาง	gaan òrk dern thaang
chegada (f)	การมาถึง	gaan maa thěung
chegar (vi)	มาถึง	maa thěung

| hora (f) de partida | เวลาขาไป | way-laa khǎa bpai |
| hora (f) de chegada | เวลามาถึง | way-laa maa thěung |

estar atrasado	ถูกเลื่อน	thòok lêuan
atraso (m) de voo	เลื่อนเที่ยวบิน	lêuan thieow bin
painel (m) de informação	กระดานแสดงข้อมูล	grà daan sà-daeng khôr moon

informação (f)	ข้อมูล	khôr moon
anunciar (vt)	ประกาศ	bprà-gàat
voo (m)	เที่ยวบิน	thîeow bin

| alfândega (f) | ศุลกากร | sǔn-lá-gaa-gon |
| funcionário (m) da alfândega | เจ้าหน้าที่ศุลกากร | jâo nâa-thêe sǔn-lá-gaa-gon |

declaração (f) alfandegária	แบบฟอร์มการเสีย ภาษีศุลกากร	bàep form gaan sǐa phaa-sěe sǔn-lá-gaa-gon
preencher (vt)	กรอก	gròrk
preencher a declaração	กรอกแบบฟอร์ม การเสียภาษี	gròrk bàep form gaan sǐa paa-sěe
controle (m) de passaporte	จุดตรวจหนังสือ เดินทาง	jùt dtrùat nǎng-sěu dern-thaang

bagagem (f)	สัมภาระ	sǎm-phaa-rá
bagagem (f) de mão	กระเป๋าถือ	grà-bpǎo thěu
carrinho (m)	รถเข็นสัมภาระ	rót khǒn sǎm-phaa-rá

pouso (m)	การลงจอด	gaan long jòrt
pista (f) de pouso	ลานบินลงจอด	laan bin long jòrt
aterrissar (vi)	ลงจอด	long jòrt
escada (f) de avião	ทางขึ้นลง เครื่องบิน	thaang khêun long khrêuang bin

check-in (m)	การเช็คอิน	gaan chék in
balcão (m) do check-in	เคาน์เตอร์เช็คอิน	khao-dtêr chék in
fazer o check-in	เช็คอิน	chék in
cartão (m) de embarque	บัตรที่นั่ง	bàt thêe nâng
portão (m) de embarque	ช่องเขา	chôrng khâo

trânsito (m)	การต่อเที่ยวบิน	gaan tòr thîeow bin
esperar (vi, vt)	รอ	ror
sala (f) de espera	ห้องผู้โดยสารขาออก	hôrng phôo doi sǎan khǎa òk
despedir-se (acompanhar)	ไปส่ง	bpai sòng
despedir-se (dizer adeus)	บอกลา	bòrk laa

173. Bicicleta. Motocicleta

bicicleta (f)	รถจักรยาน	rót jàk-grà-yaan
lambreta (f)	สกูตเตอร์	sà-góot-dtêr
moto (f)	รถมอเตอร์ไซค์	rót mor-dtêr-sai

ir de bicicleta	ขี่จักรยาน	khèe jàk-grà-yaan
guidão (m)	พวงมาลัยรถ	phuang maa-lai rót
pedal (m)	แป้นเหยียบ	bpâen yìap
freios (m pl)	เบรก	bràyk
banco, selim (m)	ที่นั่งจักรยาน	thêe nâng jàk-grà-yaan

bomba (f)	ปั๊ม	bpám
bagageiro (m) de teto	ที่วางสัมภาระ	thêe waang sǎm-phaa-rá
lanterna (f)	ไฟหน้า	fai nâa
capacete (m)	หมวกนิรภัย	mùak ní-rá-phai
roda (f)	ล้อ	lór

155

para-choque (m)	บังโคลน	bang khlon
aro (m)	ขอบล้อ	khòp lór
raio (m)	กำนล้อ	gâan lór

Carros

174. Tipos de carros

carro, automóvel (m)	รถยนต์	rót yon
carro (m) esportivo	รถสปอร์ต	rót sà-bpòt
limusine (f)	รถลีมูซีน	rót lee moo seen
todo o terreno (m)	รถเอสยูวี	rót àyt yoo wee
conversível (m)	รถยนต์เปิดประทุน	rót yon bpèrt bprà-thun
minibus (m)	รถบัสเล็ก	rót bàt lék
ambulância (f)	รถพยาบาล	rót phá-yaa-baan
limpa-neve (m)	รถไถหิมะ	rót thǎi hì-má
caminhão (m)	รถบรรทุก	rót ban-thúk
caminhão-tanque (m)	รถบรรทุกน้ำมัน	rót ban-thúk nám man
perua, van (f)	รถตู้	rót dtôo
caminhão-trator (m)	รถลาก	rót lâak
reboque (m)	รถพ่วง	rót phûang
confortável (adj)	สะดวก	sà-dùak
usado (adj)	มือสอง	meu sǒrng

175. Carros. Carroçaria

capô (m)	กระโปรงรถ	grà bprohng rót
para-choque (m)	บังโคลน	bang khlon
teto (m)	หลังคา	lǎng khaa
para-brisa (m)	กระจกหน้ารถ	grà-jòk nâa rót
retrovisor (m)	กระจกมองหลัง	grà-jòk morng lǎng
esguicho (m)	ที่ฉีดน้ำลวง กระจกหน้ารถ	thêe chèet nám láang grà-jòk nâa rót
limpadores (m) de para-brisas	ที่ปัดล้างกระจก หน้ารถ	thêe bpàt láang grà-jòk nâa rót
vidro (m) lateral	กระจกข้าง	grà-jòk khâang
elevador (m) do vidro	กระจกไฟฟ้า	grà-jòk fai-fáa
antena (f)	เสาอากาศ	sǎo aa-gàat
teto (m) solar	หลังคารับแดด	lǎng khaa ráp dàet
para-choque (m)	กันชน	gan chon
porta-malas (f)	ท้ายรถ	tháai rót
bagageira (f)	ชั้นวางสัมภาระ	chán waang sǎm-phaa-rá
porta (f)	ประตู	bprà-dtoo
maçaneta (f)	ที่เปิดประตู	thêe bpèrt bprà-dtoo
fechadura (f)	ล็อคประตูรถ	lók bprà-dtoo rót

placa (f)	ป้ายทะเบียน	bpâai thá-bian
silenciador (m)	ท่อไอเสีย	thôr ai sĭa
tanque (m) de gasolina	ถังน้ำมัน	thăng náam man
tubo (m) de exaustão	ท่อไอเสีย	thôr ai sĭa
acelerador (m)	เร่ง	râyng
pedal (m)	แป้นเหยียบ	bpâen yìap
pedal (m) do acelerador	คันเร่ง	khan râyng
freio (m)	เบรก	bràyk
pedal (m) do freio	แป้นเบรค	bpâen bràyk
frear (vt)	เบรก	bràyk
freio (m) de mão	เบรกมือ	bràyk meu
embreagem (f)	คลัตช์	khlát
pedal (m) da embreagem	แป้นคลัตช์	bpâen khlát
disco (m) de embreagem	จานคลัตช	jaan khlát
amortecedor (m)	โช้คอัพ	chóhk-àp
roda (f)	ล้อ	lór
pneu (m) estepe	ล้ออะไหล่	lór săm-rorng
pneu (m)	ยางรถ	yaang rót
calota (f)	ล้อแม็ก	lór-máek
rodas (f pl) motrizes	ล้อพวงมาลัย	lór phuang maa-lai
de tração dianteira	ขับเคลื่อนล้อหน้า	khàp khlêuan lór nâa
de tração traseira	ขับเคลื่อนล้อหลัง	khàp khlêuan lór lăng
de tração às 4 rodas	ขับเคลื่อนสี่ล้อ	khàp khlêuan sèe lór
caixa (f) de mudanças	กระปุกเกียร์	grà-bpùk gia
automático (adj)	อัตโนมัติ	àt-noh-mát
mecânico (adj)	กลไก	gon-gai
alavanca (f) de câmbio	คันเกียร์	khan gia
farol (m)	ไฟหน้า	fai nâa
faróis (m pl)	ไฟหน้า	fai nâa
farol (m) baixo	ไฟต่ำ	fai dtàm
farol (m) alto	ไฟสูง	fai sŏong
luzes (f pl) de parada	ไฟเบรก	fai bràyk
luzes (f pl) de posição	ไฟจอดรถ	fai jòt rót
luzes (f pl) de emergência	ไฟฉุกเฉิน	fai chùk-chĕrn
faróis (m pl) de neblina	ไฟตัดหมอก	fai dtàt mòk
pisca-pisca (m)	ไฟเลี้ยว	fai líeow
luz (f) de marcha ré	ไฟรถถอย	fai rót thŏi

176. Carros. Habitáculo

interior (do carro)	ภายในรถ	phaai nai rót
de couro	หนัง	năng
de veludo	กำมะหยี่	gam-má-yèe
estofamento (m)	เครื่องเบาะ	khrêuang bòr
indicador (m)	อุปกรณ์	ù-bpà-gon

painel (m)	แผงหน้าปัด	phăeng nâa bpàt
velocímetro (m)	มาตรวัดความเร็ว	mâat wát khwaam reo
ponteiro (m)	เข็มชี้วัด	khĕm chée wát

hodômetro, odômetro (m)	มิเตอร์วัดระยะทาง	mí-dtêr wát rá-yá thaang
indicador (m)	มิเตอร์วัด	mí-dtêr wát
nível (m)	ระดับ	rá-dàp
luz (f) de aviso	ไฟเตือน	fai dteuan

volante (m)	พวงมาลัยรถ	phuang maa-lai rót
buzina (f)	แตร	dtrae
botão (m)	ปุ่ม	bpùm
interruptor (m)	สวิตช์	sà-wít

assento (m)	ที่นั่ง	thêe nâng
costas (f pl) do assento	พนักพิง	phá-nák phing
cabeceira (f)	ที่พิงศีรษะ	thêe phing sĕe-sà
cinto (m) de segurança	เข็มขัดนิรภัย	khĕm khàt ní-rá-phai
apertar o cinto	คาดเข็มขัดนิรภัย	khâat khĕm khàt ní-rá-phai
ajuste (m)	การปรับ	gaan bpràp

| airbag (m) | ถุงลมนิรภัย | thŭng lom ní-rá-phai |
| ar (m) condicionado | เครื่องปรับอากาศ | khrêuang bpràp-aa-gàat |

rádio (m)	วิทยุ	wít-thá-yú
leitor (m) de CD	เครื่องเล่น CD	khrêuang lên see-dee
ligar (vt)	เปิด	bpèrt
antena (f)	เสาอากาศ	săo aa-gàat
porta-luvas (m)	ช่องเก็บของ	chôrng gèp khŏrng
	ข้างคนขับ	khâang khon khàp
cinzeiro (m)	ที่เขี่ยบุหรี่	thêe khìa bù rèe

177. Carros. Motor

motor (m)	เครื่องยนต์	khrêuang yon
motor (m)	มอเตอร์	mor-dtêr
a diesel	ดีเซล	dee-sayn
a gasolina	น้ำมันเบนซิน	nám man bayn-sin

cilindrada (f)	ขนาดเครื่องยนต์	khà-nàat khrêuang yon
potência (f)	กำลัง	gam-lang
cavalo (m) de potência	แรงม้า	raeng máa
pistão (m)	กานลูกสูบ	gâan lôok sòop
cilindro (m)	กระบอกสูบ	grà-bòrk sòop
válvula (f)	วาลว	waao

injetor (m)	หัวฉีด	hŭa chèet
gerador (m)	เครื่องกำเนิดไฟฟ้า	khrêuang gam-nèrt fai fáa
carburador (m)	คาร์บูเรเตอร์	khaa-boo-ray-dtêr
óleo (m) de motor	น้ำมันเครื่อง	nám man khrêuang

radiador (m)	หม้อน้ำ	môr náam
líquido (m) de arrefecimento	สารทำความเย็น	săan tham khwaam yen
ventilador (m)	พัดลมระบายความร้อน	phát lom rá-baai khwaam rón

bateria (f)	แบตเตอรี่	bàet-dter-rêe
dispositivo (m) de arranque	มอเตอร์สตาร์ต	mor-dtêr sà-dtàat
ignição (f)	การจุดระเบิด	gaan jùt rá-bèrt
vela (f) de ignição	หัวเทียน	hǔa thian
terminal (m)	ขั้วแบตเตอรี่	khǔa bàet-dter-rêe
terminal (m) positivo	ขั้วบวก	khǔa bùak
terminal (m) negativo	ขั้วลบ	khǔa lóp
fusível (m)	ฟิวส์	fiw
filtro (m) de ar	เครื่องกรองอากาศ	khrêuang grorng aa-gàat
filtro (m) de óleo	ไส้กรองน้ำมัน	sâi grorng nám man
filtro (m) de combustível	ไส้กรองน้ำมัน	sâi grorng nám man
	เชื้อเพลิง	chéua phlerng

178. Carros. Batidas. Reparação

acidente (m) de carro	อุบัติเหตุรถชน	u-bàt hàyt rót chon
acidente (m) rodoviário	อุบัติเหตุจราจร	u-bàt hàyt jà-raa-jon
bater (~ num muro)	ชน	chon
sofrer um acidente	ชนโครม	chon khrohm
dano (m)	ความเสียหาย	khwaam sǐa hǎai
intato	ไม่มีความเสียหาย	mâi mee khwaam sǐa hǎai
pane (f)	การเสีย	gaan sǐa
avariar (vi)	ตาย	dtaai
cabo (m) de reboque	เชือกลากรถยนต์	chêuak lâak rót yon
furo (m)	ยางรั่ว	yaang rûa
estar furado	ทำให้ยางแบน	tham hâi yaang baen
encher (vt)	เติมลมยาง	dterm lom yaang
pressão (f)	แรงดัน	raeng dan
verificar (vt)	ตรวจสอบ	dtrùat sòrp
reparo (m)	การซ่อม	gaan sôrm
oficina (f) automotiva	ร้านซ่อมรถยนต์	ráan sôrm rót yon
peça (f) de reposição	อะไหล่	a lài
peça (f)	ชิ้นส่วน	chín sùan
parafuso (com porca)	สลักเกลียว	sà-làk glieow
parafuso (m)	สกรู	sà-groo
porca (f)	แหวนสกรู	wǎen sà-groo
arruela (f)	แหวนเล็ก	wǎen lék
rolamento (m)	แบริง	bae-ring
tubo (m)	ท่อ	thôr
junta, gaxeta (f)	ปะเก็น	bpà gen
fio, cabo (m)	สายไฟ	sǎai fai
macaco (m)	แม่แรง	mâe raeng
chave (f) de boca	ประแจ	bprà-jae
martelo (m)	ค้อน	khórn
bomba (f)	ปั๊ม	bpám
chave (f) de fenda	ไขควง	khǎi khuang

| extintor (m) | ถังดับเพลิง | thăng dàp phlerng |
| triângulo (m) de emergência | ป้ายเตือน | bpâai dteuan |

morrer (motor)	มีเครื่องดับ	mee khrêuang dàp
paragem, "morte" (f)	การดับ	gaan dàp
estar quebrado	เสีย	sĭa

superaquecer-se (vr)	ร้อนเกิน	rórn gern
entupir-se (vr)	อุดตัน	ùt dtan
congelar-se (vr)	เยือกแข็ง	yêuak khăeng
rebentar (vi)	แตก	dtàek

pressão (f)	แรงดัน	raeng dan
nível (m)	ระดับ	rá-dàp
frouxo (adj)	อ่อน	òrn

batida (f)	รอยบุบ	roi bùp
ruído (m)	เสียงเครื่องยนต์ดับ	sĭang khrêuang yon dàp
fissura (f)	รอยแตก	roi dtàek
arranhão (m)	รอยขูด	roi khòot

179. Carros. Estrada

estrada (f)	ถนน	thà-nŏn
autoestrada (f)	ทางหลวง	thaang lŭang
rodovia (f)	ทางด่วน	thaang dùan
direção (f)	ทิศทาง	thít thaang
distância (f)	ระยะทาง	rá-yá thaang

ponte (f)	สะพาน	sà-phaan
parque (m) de estacionamento	ลานจอดรถ	laan jòrt rót
praça (f)	จัตุรัส	jàt-dtù-ràt
nó (m) rodoviário	ทางแยกต่างระดับ	thaang yâek dtàang rá-dàp
túnel (m)	อุโมงค์	u-mohng

posto (m) de gasolina	ปั๊มน้ำมัน	bpám náam man
parque (m) de estacionamento	ลานจอดรถ	laan jòrt rót
bomba (f) de gasolina	ที่เติมน้ำมัน	thêe dterm náam man
oficina (f) automotiva	ร้านซ่อมรถยนต์	ráan sôrm rót yon
abastecer (vt)	เติมน้ำมัน	dterm náam man
combustível (m)	น้ำมันเชื้อเพลิง	nám man chéua phlerng
galão (m) de gasolina	ถังน้ำมัน	thăng náam man

asfalto (m)	ถนนลาดยาง	thà-nŏn lâat yaang
marcação (f) de estradas	เครื่องหมายจราจร บนพื้นทาง	khrêuang măai jà-raa-jon bon phéun thaang
meio-fio (m)	ขอบถนน	khòrp thà-nŏn
guard-rail (m)	รั้วกั้น	rúa gân
valeta (f)	คู	khoo
acostamento (m)	ข้างถนน	khâang thà-nŏn
poste (m) de luz	เสาไฟ	săo fai

| dirigir (vt) | ขับ | khàp |
| virar (~ para a direita) | เลี้ยว | líeow |

dar retorno	กลับรถ	glàp rót
ré (f)	ถอยรถ	thŏri rót
buzinar (vi)	ปีบแตร	bèep dtrae
buzina (f)	เสียงปีบแตร	sĭang bèep dtrae
atolar-se (vr)	ติด	dtìt
patinar (na lama)	หมุนล้อ	mŭn lór
desligar (vt)	ปิด	bpìt
velocidade (f)	ความเร็ว	khwaam reo
exceder a velocidade	ขับเร็วเกิน	khàp reo gern
multar (vt)	ให้ใบสั่ง	hâi bai sàng
semáforo (m)	ไฟสัญญาณจราจร	fai săn-yaan jà-raa-jon
carteira (f) de motorista	ใบขับขี่	bai khàp khèe
passagem (f) de nível	ทางข้ามรถไฟ	thaang khâam rót fai
cruzamento (m)	สี่แยก	sèe yâek
faixa (f)	ทางม้วลาย	thaang máa laai
curva (f)	ทางโค้ง	thaang khóhng
zona (f) de pedestres	ถนนคนเดิน	thà-nŏn khon dern

180. Sinais de trânsito

código (m) de trânsito	กฎจราจร	gòt jà-raa-jon
sinal (m) de trânsito	ป้ายสัญญาณจราจร	bpâai săn-yaan jà-raa-jon
ultrapassagem (f)	การแซง	gaan saeng
curva (f)	การโค้ง	gaan khóhng
retorno (m)	การกลับรถ	gaan glàp rót
rotatória (f)	วงเวียน	wong wian
sentido proibido	ห้ามเข้า	hâam khâo
trânsito proibido	ห้ามรถเข้า	hâam rót khâo
proibido de ultrapassar	ห้ามแซง	hâam saeng
estacionamento proibido	ห้ามจอดรถ	hâam jòrt rót
paragem proibida	ห้ามหยุด	hâam yùt
curva (f) perigosa	โค้งอันตราย	khóhng an-dtà-raai
descida (f) perigosa	ทางลงลาดชัน	thaang long lâat chan
trânsito de sentido único	การจราจรทางเดียว	gaan jà-raa-jon thaang dieow
faixa (f)	ทางม้าลาย	thaang máa laai
pavimento (m) escorregadio	ทางลื่น	thaang lêun
conceder passagem	ให้ทาง	hâi taang

PESSOAS. EVENTOS

Eventos

181. Férias. Evento

festa (f)	วันหยุดเฉลิมฉลอง	wan yùt chà-lĕrm chà-lŏng
feriado (m) nacional	วันชาติ	wan châat
feriado (m)	วันหยุดนักขัตฤกษ์	wan yùt nák-kàt-rêrk
festejar (vt)	เฉลิมฉลอง	chà-lĕrm chà-lŏrng
evento (festa, etc.)	เหตุการณ์	hàyt gaan
evento (banquete, etc.)	งานอีเวนต์	ngaan ee wayn
banquete (m)	งานเลี้ยง	ngaan líang
recepção (f)	งานเลี้ยง	ngaan líang
festim (m)	งานฉลอง	ngaan chà-lŏrng
aniversário (m)	วันครบรอบ	wan khróp rôrp
jubileu (m)	วันครบรอบปี	wan khróp rôrp bpee
celebrar (vt)	ฉลอง	chà-lŏrng
Ano (m) Novo	ปีใหม่	bpee mài
Feliz Ano Novo!	สวัสดีปีใหม่!	sà-wàt-dee bpee mài
Papai Noel (m)	ซานตาคลอส	saan-dtaa-khlôrt
Natal (m)	คริสต์มาส	khrít-mâat
Feliz Natal!	สุขสันต์วันคริสต์มาส	sùk-săn wan khrít-mâat
árvore (f) de Natal	ต้นคริสต์มาส	dtôn khrít-mâat
fogos (m pl) de artifício	ดอกไม้ไฟ	dòrk máai fai
casamento (m)	งานแต่งงาน	ngaan dtàeng ngaan
noivo (m)	เจ้าบ่าว	jâo bàao
noiva (f)	เจ้าสาว	jâo săao
convidar (vt)	เชิญ	chern
convite (m)	บัตรเชิญ	bàt chern
convidado (m)	แขก	khàek
visitar (vt)	ไปเยี่ยม	bpai yîam
receber os convidados	ตอนรับแขก	dton ráp khàek
presente (m)	ของขวัญ	khŏrng khwăn
oferecer, dar (vt)	ให้	hâi
receber presentes	รับของขวัญ	ráp khŏrng khwăn
buquê (m) de flores	ช่อดอกไม้	chôr dòrk máai
felicitações (f pl)	คำแสดงความยินดี	kham sà-daeng khwaam yin-dee
felicitar (vt)	แสดงความยินดี	sà-daeng khwaam yin dee

cartão (m) de parabéns	บัตรอวยพร	bàt uay phon
enviar um cartão postal	ส่งโปสการ์ด	sòng bpòht-gàat
receber um cartão postal	รับโปสการ์ด	ráp bpòht-gàat

brinde (m)	ดื่มอวยพร	dèum uay phon
oferecer (vt)	เลี้ยงเครื่องดื่ม	líang khrêuang dèum
champanhe (m)	แชมเปญ	chaem-bpayn

divertir-se (vr)	มีความสุข	mee khwaam sùk
diversão (f)	ความรื่นเริง	khwaam rêun-rerng
alegria (f)	ความสุขสันต์	khwaam sùk-sǎn

| dança (f) | การเต้น | gaan dtên |
| dançar (vi) | เต้น | dtên |

| valsa (f) | วอลทซ์ | wɔːlts |
| tango (m) | แทงโก้ | thaeng-gôh |

182. Funerais. Enterro

cemitério (m)	สุสาน	sù-sǎan
sepultura (f), túmulo (m)	หลุมศพ	lǔm sòp
cruz (f)	ไม้กางเขน	mái gaang khǎyn
lápide (f)	ป้ายหลุมศพ	bpâai lǔm sòp
cerca (f)	รั้ว	rúa
capela (f)	โรงสวด	rohng sùat

morte (f)	ความตาย	khwaam dtaai
morrer (vi)	ตาย	dtaai
defunto (m)	ผู้เสียชีวิต	phôo sǐa chee-wít
luto (m)	การไว้อาลัย	gaan wái aa-lai

enterrar, sepultar (vt)	ฝังศพ	fǎng sòp
funerária (f)	บริษัทรับจัดงานศพ	bor-rí-sàt ráp jàt ngaan sòp
funeral (m)	งานศพ	ngaan sòp
coroa (f) de flores	พวงหรีด	phuang rèet
caixão (m)	โลงศพ	lohng sòp
carro (m) funerário	รถขนศพ	rót khǒn sòp
mortalha (f)	ผ้าห่อศพ	phâa hòr sòp

procissão (f) funerária	พิธีศพ	phí-tee sòp
urna (f) funerária	โกศ	gòht
crematório (m)	เมรุ	mayn

obituário (m), necrologia (f)	ข่าวมรณกรรม	khàao mor-rá-ná-gam
chorar (vi)	ร้องไห้	rórng hâi
soluçar (vi)	สะอื้น	sà-êun

183. Guerra. Soldados

| pelotão (m) | หมวด | mùat |
| companhia (f) | กองร้อย | gorng rói |

regimento (m)	กรม	grom
exército (m)	กองทัพ	gorng tháp
divisão (f)	กองพล	gorng phon-la
esquadrão (m)	หมู่	mòo
hoste (f)	กองทัพ	gorng tháp
soldado (m)	ทหาร	thá-hăan
oficial (m)	นายทหาร	naai thá-hăan
soldado (m) raso	พลทหาร	phon-thá-hăan
sargento (m)	สิบเอก	sìp àyk
tenente (m)	ร้อยโท	rói thoh
capitão (m)	ร้อยเอก	rói àyk
major (m)	พลตรี	phon-dtree
coronel (m)	พันเอก	phan àyk
general (m)	นายพล	naai phon
marujo (m)	กะลาสี	gà-laa-sĕe
capitão (m)	กัปตัน	gàp dtan
contramestre (m)	สรั่งเรือ	sà-ràng reua
artilheiro (m)	ทหารปืนใหญ่	thá-hăan bpeun yài
soldado (m) paraquedista	พลร่ม	phon-rôm
piloto (m)	นักบิน	nák bin
navegador (m)	ต้นหน	dtôn hŏn
mecânico (m)	ช่างเครื่อง	châang khrêuang
sapador-mineiro (m)	ทหารช่าง	thá-hăan châang
paraquedista (m)	ทหารราบอากาศ	thá-hăan râap aa-gàat
explorador (m)	ทหารพราน	thá-hăan phraan
atirador (m) de tocaia	พลซุ่มยิง	phon sûm ying
patrulha (f)	หน่วยลาดตระเวน	nùay lâat dtrà-wayn
patrulhar (vt)	ลาดตระเวน	lâat dtrà-wayn
sentinela (f)	ทหารยาม	tá-hăan yaam
guerreiro (m)	นักรบ	nák róp
patriota (m)	ผู้รักชาติ	phôo rák châat
herói (m)	วีรบุรุษ	wee-rá-bù-rùt
heroína (f)	วีรสตรี	wee rá-sot dtree
traidor (m)	ผู้ทรยศ	phôo thor-rá-yót
trair (vt)	ทรยศ	thor-rá-yót
desertor (m)	ทหารหนีทัพ	thá-hăan nĕe tháp
desertar (vt)	หนีทัพ	nĕe tháp
mercenário (m)	ทหารรับจ้าง	thá-hăan ráp jâang
recruta (m)	เกณฑ์ทหาร	gayn thá-hăan
voluntário (m)	อาสาสมัคร	aa-săa sà-màk
morto (m)	คนถูกฆ่า	khon thòok khâa
ferido (m)	ผู้ได้รับบาดเจ็บ	phôo dâai ráp bàat jèp
prisioneiro (m) de guerra	เชลยศึก	chá-loie sèuk

184. Guerra. Ações militares. Parte 1

guerra (f)	สงคราม	sǒng-khraam
guerrear (vt)	ทำสงคราม	tham sǒng-khraam
guerra (f) civil	สงครามกลางเมือง	sǒng-khraam glaang-meuang
perfidamente	ตลบตะแลง	dtà-lòp-dtà-laeng
declaração (f) de guerra	การประกาศสงคราม	gaan bprà-gàat sǒng-khraam
declarar guerra	ประกาศสงคราม	bprà-gàat sǒng-khraam
agressão (f)	การรุกราน	gaan rúk-raan
atacar (vt)	บุกรุก	bùk rúk
invadir (vt)	บุกรุก	bùk rúk
invasor (m)	ผู้บุกรุก	phôo bùk rúk
conquistador (m)	ผู้ยึดครอง	phôo yéut khrorng
defesa (f)	การป้องกัน	gaan bpôrng gan
defender (vt)	ปกป้อง	bpòk bpôrng
defender-se (vr)	ป้องกัน	bpôrng gan
inimigo (m)	ศัตรู	sàt-dtroo
adversário (m)	ข้าศึก	khâa sèuk
inimigo (adj)	ศัตรู	sàt-dtroo
estratégia (f)	ยุทธศาสตร์	yút-thá-sàat
tática (f)	ยุทธวิธี	yút-thá-wí-thee
ordem (f)	คำสั่ง	kham sàng
comando (m)	คำบัญชาการ	kham ban-chaa gaan
ordenar (vt)	สั่ง	sàng
missão (f)	ภารกิจ	phaa-rá-gìt
secreto (adj)	อย่างลับ	yàang láp
batalha (f), combate (m)	การรบ	gaan róp
ataque (m)	การจู่โจม	gaan jòo johm
assalto (m)	การเข้าจู่โจม	gaan khâo jòo johm
assaltar (vt)	บุกจู่โจม	bùk jòo johm
assédio, sítio (m)	การโอบล้อมโจมตี	gaan òhp lóm johm dtee
ofensiva (f)	การโจมตี	gaan johm dtee
tomar à ofensiva	โจมตี	johm dtee
retirada (f)	การถอย	gaan thǒi
retirar-se (vr)	ถอย	thǒi
cerco (m)	การปิดล้อม	gaan bpìt lórm
cercar (vt)	ปิดล้อม	bpìt lórm
bombardeio (m)	การทิ้งระเบิด	gaan thíng rá-bèrt
lançar uma bomba	ทิ้งระเบิด	thíng rá-bèrt
bombardear (vt)	ทิ้งระเบิด	thíng rá-bèrt
explosão (f)	การระเบิด	gaan rá-bèrt
tiro (m)	การยิง	gaan ying
dar um tiro	ยิง	ying

tiroteio (m)	การยิง	gaan ying
apontar para …	เล็ง	leng
apontar (vt)	ชี้	chée
acertar (vt)	ถูกเป้าหมาย	thòok bpâo măai

afundar (~ um navio, etc.)	จม	jom
brecha (f)	รู	roo
afundar-se (vr)	จม	jom

frente (m)	แนวหน้า	naew nâa
evacuação (f)	การอพยพ	gaan òp-phá-yóp
evacuar (vt)	อพยพ	òp-phá-yóp

trincheira (f)	สนามเพลาะ	sà-năam phlór
arame (m) enfarpado	ลวดหนาม	lûat năam
barreira (f) anti-tanque	สิ่งกีดขวาง	sìng gèet-khwăang
torre (f) de vigia	หอสังเกตการณ์	hŏr săng-gàyt gaan

hospital (m) militar	โรงพยาบาลทหาร	rohng phá-yaa-baan thá-hăan
ferir (vt)	ทำให้บาดเจ็บ	tham hâi bàat jèp
ferida (f)	แผล	phlăe
ferido (m)	ผู้ได้รับบาดเจ็บ	phôo dâai ráp bàat jèp
ficar ferido	ได้รับบาดเจ็บ	dâai ráp bàat jèp
grave (ferida ~)	รายแรง	ráai raeng

185. Guerra. Ações militares. Parte 2

cativeiro (m)	การเป็นเชลย	gaan bpen chá-loie
capturar (vt)	จับเชลย	jàp chá-loie
estar em cativeiro	เป็นเชลย	bpen chá-loie
ser aprisionado	ถูกจับเป็นเชลย	thòok jàp bpen chá-loie

campo (m) de concentração	ค่ายกักกัน	khâai gàk gan
prisioneiro (m) de guerra	เชลยศึก	chá-loie sèuk
escapar (vi)	หนี	nĕe

trair (vt)	ทูรยศ	thor-rá-yót
traidor (m)	ผู้ทรยศ	phôo thor-rá-yót
traição (f)	การทรยศ	gaan thor-rá-yót

fuzilar, executar (vt)	ประหาร	bprà-hăan
fuzilamento (m)	การประหาร	gaan bprà-hăan

equipamento (m)	ชุดเสื้อผ้าทหาร	chút sêua phâa thá-hăan
insígnia (f) de ombro	บั้ง	bâng
máscara (f) de gás	หน้ากากกันแก๊ส	nâa gàak gan gàet

rádio (m)	วิทยุสนาม	wít-thá-yú sà-năam
cifra (f), código (m)	รหัส	rá-hàt
conspiração (f)	ความลับ	khwaam láp
senha (f)	รหัสผ่าน	rá-hàt phàan
mina (f)	กับระเบิด	gàp rá-bèrt
minar (vt)	วางกับระเบิด	waang gàp rá-bèrt

campo (m) minado	เขตทุ่นระเบิด	khàyt thûn rá-bèrt
alarme (m) aéreo	สัญญาณเตือนภัย ทางอากาศ	săn-yaan dteuan phai thaang aa-gàat
alarme (m)	สัญญาณเตือนภัย	săn-yaan dteuan phai
sinal (m)	สัญญาณ	săn-yaan
sinalizador (m)	พลุสัญญาณ	phlú săn-yaan
quartel-general (m)	กองบัญชาการ	gorng ban-chaa gaan
reconhecimento (m)	การลาดตระเวน	gaan lâat dtrà-wayn
situação (f)	สถานการณ์	sà-thăan gaan
relatório (m)	การรายงาน	gaan raai ngaan
emboscada (f)	การซุ่มโจมตี	gaan sûm johm dtee
reforço (m)	กำลังเสริม	gam-lang sĕrm
alvo (m)	เป้าหมาย	bpâo măai
campo (m) de tiro	สถานที่ทดลอง	sà-tăan thêe thót long
manobras (f pl)	การซ้อมรบ	gaan sórm róp
pânico (m)	ความตื่นตระหนก	khwaam dtèun dtrà-nòk
devastação (f)	การทำลายล้าง	gaan tham-laai láang
ruínas (f pl)	ซาก	sâak
destruir (vt)	ทำลาย	tham laai
sobreviver (vi)	รอดชีวิต	rôt chee-wít
desarmar (vt)	ปลดอาวุธ	bplòt aa-wút
manusear (vt)	ใช้	chái
Sentido!	หยุด	yùt
Descansar!	พัก	phák
façanha (f)	การแสดงความ กล้าหาญ	gaan sà-daeng khwaam glâa hăan
juramento (m)	คำสาบาน	kham săa-baan
jurar (vi)	สาบาน	săa baan
condecoração (f)	รางวัล	raang-wan
condecorar (vt)	มอบรางวัล	môrp raang-wan
medalha (f)	เหรียญรางวัล	rĭan raang-wan
ordem (f)	เครื่องอิสริยาภรณ์	khrêuang ìt-sà-rí-yaa-phon
vitória (f)	ชัยชนะ	chai chá-ná
derrota (f)	ความพ่ายแพ้	khwaam phâai pháe
armistício (m)	การพักรบ	gaan phák róp
bandeira (f)	ธงรบ	thorng róp
glória (f)	ความรุ่งโรจน์	khwaam rûng-rôht
parada (f)	ขบวนสวนสนาม	khà-buan sŭan sà-năam
marchar (vi)	เดินสวนสนาม	dern sŭan sà-năam

186. Armas

arma (f)	อาวุธ	aa-wút
arma (f) de fogo	อาวุธปืน	aa-wút bpeun
arma (f) branca	อาวุธเย็น	aa-wút yen

arma (f) química	อาวุธเคมี	aa-wút khay-mee
nuclear (adj)	นิวเคลียร์	niw-khlia
arma (f) nuclear	อาวุธนิวเคลียร์	aa-wút niw-khlia
bomba (f)	ลูกระเบิด	lôok rá-bèrt
bomba (f) atômica	ลูกระเบิดปรมาณู	lôok rá-bèrt bpà-rá-maa-noo
pistola (f)	ปืนพก	bpeun phók
rifle (m)	ปืนไรเฟิล	bpeun rai-fern
semi-automática (f)	ปืนกลมือ	bpeun gon meu
metralhadora (f)	ปืนกล	bpeun gon
boca (f)	ปากปู่ระบอกปืน	bpàak bprà bòrk bpeun
cano (m)	ลำกล้อง	lam glôrng
calibre (m)	ขนาดลำกล้อง	khà-nàat lam glôrng
gatilho (m)	ไกปืน	gai bpeun
mira (f)	ศูนย์เล็ง	sŏon leng
carregador (m)	แม็กกาซีน	máek-gaa-seen
coronha (f)	พานท้ายปืน	phaan tháai bpeun
granada (f) de mão	ระเบิดมือ	rá-bèrt meu
explosivo (m)	วัตถุระเบิด	wát-thù rá-bèrt
bala (f)	ลูกกระสุน	lôok grà-sǔn
cartucho (m)	ตลับกระสุน	dtà-làp grà-sǔn
carga (f)	กระสุน	grà-sǔn
munições (f pl)	อาวุธยุทธภัณฑ์	aa-wút yút-thá-phan
bombardeiro (m)	เครื่องบินทิ้งระเบิด	khrêuang bin thíng rá-bèrt
avião (m) de caça	เครื่องบินขับไล่	khrêuang bin khàp lâi
helicóptero (m)	เฮลิคอปเตอร์	hay-lí-khôrp-dtêr
canhão (m) antiaéreo	ปืนต่อสู้ อากาศยาน	bpeun dtòr sôo aa-gàat-sà-yaan
tanque (m)	รถถัง	rót thăng
canhão (de um tanque)	ปืนรถถัง	bpeun rót thăng
artilharia (f)	ปืนใหญ่	bpeun yài
canhão (m)	ปืน	bpeun
fazer a pontaria	เล็งเป้าปืน	leng bpâo bpeun
projétil (m)	กระสุน	grà-sǔn
granada (f) de morteiro	กระสุนปืนครก	grà-sǔn bpeun khrók
morteiro (m)	ปืนครก	bpeun khrók
estilhaço (m)	สะเก็ดระเบิด	sà-gèt rá-bèrt
submarino (m)	เรือดำน้ำ	reua dam náam
torpedo (m)	ตอร์ปิโด	dtor-bpì-doh
míssil (m)	ขีปนาวุธ	khěe-bpà-naa-wút
carregar (uma arma)	ใส่กระสุน	sài grà-sǔn
disparar, atirar (vi)	ยิง	ying
apontar para ...	เล็ง	leng
baioneta (f)	ดาบปลายปืน	dàap bplaai bpeun
espada (f)	เรเปียร์	ray-bpia

sabre (m)	ดาบโค้ง	dàap khóhng
lança (f)	หอก	hòrk
arco (m)	ธนู	thá-noo
flecha (f)	ลูกธนู	lôok-thá-noo
mosquete (m)	ปืนคาบศิลา	bpeun khâap sì-laa
besta (f)	หน้าไม้	nâa máai

187. Povos da antiguidade

primitivo (adj)	แบบดั้งเดิม	bàep dâng derm
pré-histórico (adj)	ยุคก่อนประวัติศาสตร์	yúk gòn bprà-wàt sàat
antigo (adj)	โบราณ	boh-raan

Idade (f) da Pedra	ยุคหิน	yúk hǐn
Idade (f) do Bronze	ยุคสำริด	yúk sǎm-rít
Era (f) do Gelo	ยุคน้ำแข็ง	yúk nám khǎeng

tribo (f)	เผ่า	phào
canibal (m)	ผู้ที่กินเนื้อคน	phôo thêe gin néua khon
caçador (m)	นักล่าสัตว์	nák lâa sàt
caçar (vi)	ล่าสัตว์	lâa sàt
mamute (m)	ช้างแมมมอธ	cháang-maem-môt

caverna (f)	ถ้ำ	thâm
fogo (m)	ไฟ	fai
fogueira (f)	กองไฟ	gorng fai
pintura (f) rupestre	ภาพวาดในถ้ำ	phâap-wâat nai thâm

ferramenta (f)	เครื่องมือ	khrêuang meu
lança (f)	หอก	hòrk
machado (m) de pedra	ขวานหิน	khwǎan hǐn
guerrear (vt)	ทำสงคราม	tham sǒng-khraam
domesticar (vt)	เชื่อง	chêuang

| ídolo (m) | เทวรูป | theu-rôop |
| adorar, venerar (vt) | บูชา | boo-chaa |

| superstição (f) | ความเชื่องมงาย | khwaam chêua ngom-ngaai |
| ritual (m) | พิธีกรรม | phí-thee gam |

| evolução (f) | วิวัฒนาการ | wí-wát-thá-naa-gaan |
| desenvolvimento (m) | การพัฒนา | gaan phát-thá-naa |

| extinção (f) | การสูญพันธุ์ | gaan sǒon phan |
| adaptar-se (vr) | ปรับตัว | bpràp dtua |

arqueologia (f)	โบราณคดี	boh-raan khá-dee
arqueólogo (m)	นักโบราณคดี	nák boh-raan-ná-khá-dee
arqueológico (adj)	ทางโบราณคดี	thaang boh-raan khá-dee

escavação (sítio)	แหล่งขุดค้น	làeng khùt khón
escavações (f pl)	การขุดค้น	gaan khùt khón
achado (m)	สิ่งที่ค้นพบ	sìng thêe khón phóp
fragmento (m)	เศษชิ้นส่วน	sàyt chín sùan

188. Idade média

povo (m)	ชาติพันธุ์	châat-dtì-phan
povos (m pl)	ชาติพันธุ์	châat-dtì-phan
tribo (f)	เผ่า	phào
tribos (f pl)	เผ่า	phào
bárbaros (pl)	อนารยชน	à-naa-rá-yá-chon
galeses (pl)	ชาวโกล	chaao gloh
godos (pl)	ชาวกอธ	chaao gòt
eslavos (pl)	ชาวสลาฟ	chaao sà-làaf
viquingues (pl)	ชาวไวกิ้ง	chaao wai-gîng
romanos (pl)	ชาวโรมัน	chaao roh-man
romano (adj)	โรมัน	roh-man
bizantinos (pl)	ชาวไบแซนไทน์	chaao bai-saen-tpai
Bizâncio	ไบแซนเทียม	bai-saen-thiam
bizantino (adj)	ไบแซนไทน์	bai-saen-thai
imperador (m)	จักรพรรดิ	jàk-grà-phát
líder (m)	ผู้นำ	phôo nam
poderoso (adj)	ทรงพลัง	song phá-lang
rei (m)	มูหากษัตริย์	má-hǎa gà-sàt
governante (m)	ผู้ปกครอง	phôo bpòk khrorng
cavaleiro (m)	อัศวิน	àt-sà-win
senhor feudal (m)	เจ้าครองนคร	jâo khrorng ná-khon
feudal (adj)	ระบบศักดินา	rá-bòp sàk-gà-dì naa
vassalo (m)	เจ้าของที่ดิน	jâo khǒrng thêe din
duque (m)	ดยุค	dà-yúk
conde (m)	เอิร์ล	ern
barão (m)	บารอน	baa-rorn
bispo (m)	พระบิชอป	phrá bì-chôp
armadura (f)	เกราะ	gròr
escudo (m)	โล่	lôh
espada (f)	ดาบ	dàap
viseira (f)	กะบังหน้าของหมวก	gà-bang nâa khǒrng mùak
cota (f) de malha	เสื้อเกราะถัก	sêua gròr thàk
cruzada (f)	สงครามครูเสด	sǒng-khraam khroo-sàyt
cruzado (m)	ผู้ทำสงคราม ศาสนา	phôo tham sǒng-kraam sàat-sà-nǎa
território (m)	อาณาเขต	aa-naa khàyt
atacar (vt)	โจมตี	johm dtee
conquistar (vt)	ยึดครอง	yéut khrorng
ocupar, invadir (vt)	บุกยึด	bùk yéut
assédio, sítio (m)	การโอบล้อมโจมตี	gaan òhp lóm johm dtee
sitiado (adj)	ถูกล้อมกรอบ	thòok lóm gròp
assediar, sitiar (vt)	ล้อมโจมตี	lóm johm dtee
inquisição (f)	การไต่สวน	gaan dtài sǔan

inquisidor (m)	ผู้ไต่สวน	phôo dtài sŭan
tortura (f)	การทรมาน	gaan thor-rá-maan
cruel (adj)	โหดร้าย	hòht ráai
herege (m)	ผู้นอกรีต	phôo nôrk rêet
heresia (f)	ความนอกรีต	khwaam nôrk rêet
navegação (f) marítima	การเดินเรือทะเล	gaan dern reua thá-lay
pirata (m)	โจรสลัด	john sà-làt
pirataria (f)	การปลนสะดมในนานน้ำทะเล	gaan bplôn-sà-dom nai nâan náam thá-lay
abordagem (f)	การบุกขึ้นเรือ	gaan bùk khêun reua
presa (f), butim (m)	ของที่ปลนสะดมมา	khŏrng têe bplôn-sà-dom maa
tesouros (m pl)	สมบัติ	sŏm-bàt
descobrimento (m)	การค้นพบ	gaan khón phóp
descobrir (novas terras)	คนพบ	khón phóp
expedição (f)	การสำรวจ	gaan săm-rùat
mosqueteiro (m)	ทหารถือปืนคาบศิลา	thá-hăan thěu bpeun khâap sì-laa
cardeal (m)	พระคาร์ดินัล	phrá khaa-dì-nan
heráldica (f)	มุทราศาสตร์	mút-raa sàat
heráldico (adj)	ทางมุทราศาสตร์	thaang mút-raa sàat

189. Líder. Chefe. Autoridades

rei (m)	ราชา	raa-chaa
rainha (f)	ราชินี	raa-chí-nee
real (adj)	เกี่ยวกับราชวงศ์	gìeow gàp râat-cha-wong
reino (m)	ราชอาณาจักร	râat aa-naa jàk
príncipe (m)	เจ้าชาย	jâo chaai
princesa (f)	เจาหญิง	jâo yĭng
presidente (m)	ประธานาธิบดี	bprà-thaa-naa-thí-bor-dee
vice-presidente (m)	รองประธานาธิบดี	rorng bprà-thaa-naa-thí-bor-dee
senador (m)	สมาชิกวุฒิสภา	sà-maa-chík wút-thí sà-phaa
monarca (m)	กษัตริย์	gà-sàt
governante (m)	ผู้ปกครอง	phôo bpòk khrorng
ditador (m)	เผด็จการ	phà-dèt gaan
tirano (m)	ทรราช	thor-rá-râat
magnata (m)	ผู้มีอิทธิพลสูง	phôo mee ìt-thí phon sŏong
diretor (m)	ผู้อำนวยการ	phôo am-nuay gaan
chefe (m)	หัวหนา	hŭa-nâa
gerente (m)	ผู้จัดการ	phôo jàt gaan
patrão (m)	หัวหนา	hŭa-nâa
dono (m)	เจาของ	jâo khŏrng
líder (m)	ผู้นำ	phôo nam
chefe (m)	หัวหนา	hŭa-nâa

| autoridades (f pl) | เจ้าหน้าที่ | jâo nâa-thêe |
| superiores (m pl) | ผู้บังคับบัญชา | phôo bang-kháp ban-chaa |

governador (m)	ผู้ว่าการ	phôo wâa gaan
cônsul (m)	กงสุล	gong-sǔn
diplomata (m)	นักการทูต	nák gaan thôot
Presidente (m) da Câmara	นายกเทศมนตรี	naa-yók thâyt-sà-mon-dtree
xerife (m)	นายอำเภอ	naai am-pher

imperador (m)	จักรพรรดิ	jàk-grà-phát
czar (m)	ซาร์	saa
faraó (m)	ฟาโรห์	faa-roh
cã, khan (m)	ขาน	khàan

190. Estrada. Caminho. Direções

| estrada (f) | ถนน | thà-nǒn |
| via (f) | ทิศทาง | thít thaang |

rodovia (f)	ทางด่วน	thaang dùan
autoestrada (f)	ทางหลวง	thaang lǔang
estrada (f) nacional	ทางหลวงอินเตอร์สเตต	thaang lǔang in-dtèrt-dtàyt

| estrada (f) principal | ถนนใหญ่ | thà-nǒn yài |
| estrada (f) de terra | ถนนลูกรัง | thà-nǒn loo-grang |

| trilha (f) | ทางเดิน | thaang dern |
| pequena trilha (f) | ทางเดิน | thaang dern |

Onde?	ที่ไหน?	thêe nǎi
Para onde?	ที่ไหน?	thêe nǎi
De onde?	จากที่ไหน?	jàak thêe nǎi

| direção (f) | ทิศทาง | thít thaang |
| indicar (~ o caminho) | ชี้ | chée |

para a esquerda	ทางซ้าย	thaang sáai
para a direita	ทางขวา	thaang khwǎa
em frente	ตรงไป	dtrorng bpai
para trás	กลับ	glàp

curva (f)	ทางโค้ง	thaang khóhng
virar (~ para a direita)	เลี้ยว	líeow
dar retorno	กลับรถ	glàp rót

| estar visível | มองเห็นได้ | morng hěn dâai |
| aparecer (vi) | ปรากฏ | bpraa-gòt |

paragem (pausa)	การหยุด	gaan yùt
descansar (vi)	พัก	phák
descanso, repouso (m)	การหยุดพัก	gaan yùt phák

| perder-se (vr) | หลงทาง | lǒng thaang |
| conduzir a ... (caminho) | ไปสู่ | bpai sòo |

chegar a ...	ออกมาถึง	òrk maa thěung
trecho (m)	สวน	sùan
asfalto (m)	ถนนลาดยาง	thà-nǒn lâat yaang
meio-fio (m)	ขอบถนน	khòrp thà-nǒn
valeta (f)	คูน้ำ	khoo náam
tampa (f) de esgoto	ฝาท่อระบายน้ำ	fǎa thôr rá-baai nám
acostamento (m)	ข้างถนน	khâang thà-nǒn
buraco (m)	หลุม	lǔm
ir (a pé)	ไป	bpai
ultrapassar (vt)	แซง	saeng
passo (m)	ก้าวเดิน	gâao dern
a pé	เดินเท้า	dern tháo
bloquear (vt)	กีดขวาง	gèet khwǎang
cancela (f)	แขนกั้นรถ	khǎen gân rót
beco (m) sem saída	ทางตัน	thaang dtan

191. Violação da lei. Criminosos. Parte 1

bandido (m)	โจร	john
crime (m)	อาชญากรรม	àat-yaa-gam
criminoso (m)	อาชญากร	àat-yaa-gon
ladrão (m)	ขโมย	khà-moi
roubar (vt)	ขโมย	khà-moi
roubo (atividade)	การลักขโมย	gaan lák khà-moi
furto (m)	การลักทรัพย์	gaan lák sáp
raptar, sequestrar (vt)	ลักพาตัว	lák phaa dtua
sequestro (m)	การลักพาตัว	gaan lák phaa dtua
sequestrador (m)	ผู้ลักพาตัว	phôo lák phaa dtua
resgate (m)	ค่าไถ่	khâa thài
pedir resgate	เรียกเงินค่าไถ่	rîak ngern khâa thài
roubar (vt)	ปล้น	bplôn
assalto, roubo (m)	การปล้น	gaan bplôn
assaltante (m)	ขโมยขโจร	khà-moi khà-john
extorquir (vt)	รีดไถ	rêet thǎi
extorsionário (m)	ผู้รีดไถ	phôo rêet thǎi
extorsão (f)	การรีดไถ	gaan rêet thǎi
matar, assassinar (vt)	ฆ่า	khâa
homicídio (m)	ฆาตกรรม	khâat-dtà-gaam
homicida, assassino (m)	ฆาตกร	khâat-dtà-gon
tiro (m)	การยิงปืน	gaan ying bpeun
dar um tiro	ยิง	ying
matar a tiro	ยิงให้ตาย	ying hâi dtaai
disparar, atirar (vi)	ยิง	ying

tiroteio (m)	การยิง	gaan ying
incidente (m)	เหตุการณ์	hàyt gaan
briga (~ de rua)	การต่อสู้	gaan dtòr sôo
Socorro!	ขอช่วย	khŏr chûay
vítima (f)	เหยื่อ	yèua

danificar (vt)	ทำความเสียหาย	tham khwaam sĭa hăai
dano (m)	ความเสียหาย	khwaam sĭa hăai
cadáver (m)	ศพ	sòp
grave (adj)	รายแรง	ráai raeng

atacar (vt)	จู่โจม	jòo johm
bater (espancar)	ตี	dtee
espancar (vt)	ชอม	sórm
tirar, roubar (dinheiro)	ปลน	bplôn
esfaquear (vt)	แทงให้ตาย	thaeng hâi dtaai
mutilar (vt)	ทำให้บาดเจ็บสาหัส	tham hâi bàat jèp săa hàt
ferir (vt)	บาด	bàat

chantagem (f)	การกรรโชก	gaan-gan-chôhk
chantagear (vt)	กูรรโชก	gan-chôhk
chantagista (m)	ผู้กรรโชก	phôo khòo gan-chôhk

extorsão (f)	การคุมครอง	gaan khum khrorng
	ผิดกฎหมาย	phìt gòt măai
extorsionário (m)	ผู้ที่หาเงิน	phôo thêe hăa ngern
	จากกิจกรรมที่	jàak gìt-jà-gam thêe
	ผิดกฎหมาย	phìt gòt măai
gângster (m)	เหล่าร้าย	lào ráai
máfia (f)	มาเฟีย	maa-fia

punguista (m)	ขโมยล้วงกระเป๋า	khà-moi lúang grà-bpăo
assaltante, ladrão (m)	ขโมยยองเบา	khà-moi yông bao
contrabando (m)	การลักลอบ	gaan lák-lôrp
contrabandista (m)	ผู้ลักลอบ	phôo lák lôrp

falsificação (f)	การปลอมแปลง	gaan bplorm bplaeng
falsificar (vt)	ปลอมแปลง	bplorm bplaeng
falsificado (adj)	ปลอม	bplorm

192. Violação da lei. Criminosos. Parte 2

estupro (m)	การข่มขืน	gaan khòm khĕun
estuprar (vt)	ขมขืน	khòm khĕun
estuprador (m)	โจรขูมขืน	john khòm khĕun
maníaco (m)	คนบา	khon bâa

prostituta (f)	โสเภณี	sŏh-phay-nee
prostituição (f)	การคาประเวณี	gaan kháa bprà-way-nee
cafetão (m)	แมงดา	maeng-daa

drogado (m)	ผู้ติดยาเสพติด	phôo dtìt yaa-sàyp-dtìt
traficante (m)	พอคายาเสพติด	phôr kháa yaa-sàyp-dtìt
explodir (vt)	ระเบิด	rá-bèrt

explosão (f)	การระเบิด	gaan rá-bèrt
incendiar (vt)	เผา	phǎo
incendiário (m)	ผู้ลอบวางเพลิง	phôo lôp waang phlerng

terrorismo (m)	การก่อการร้าย	gaan gòr gaan ráai
terrorista (m)	ผู้ก่อการราย	phôo gòr gaan ráai
refém (m)	ตัวประกัน	dtua bprà-gan

enganar (vt)	ล่อลวง	lôr luang
engano (m)	การล่อลวง	gaan lôr luang
vigarista (m)	นักต้มตุ๋น	nák dtôm dtǔn

subornar (vt)	ติดสินบน	dtìt sǐn-bon
suborno (atividade)	การติดสินบน	gaan dtìt sǐn-bon
suborno (dinheiro)	สินบน	sǐn bon

veneno (m)	ยาพิษ	yaa phít
envenenar (vt)	วางยาพิษ	waang-yaa phít
envenenar-se (vr)	กินยาตาย	gin yaa dtaai

| suicídio (m) | การฆ่าตัวตาย | gaan khâa dtua dtaai |
| suicida (m) | ผู้ฆ่าตัวตาย | phôo khâa dtua dtaai |

ameaçar (vt)	ขู่	khòo
ameaça (f)	คำขู่	kham khòo
atentar contra a vida de ...	พยายามฆ่า	phá-yaa-yaam khâa
atentado (m)	การพยายามฆ่า	gaan phá-yaa-yaam khâa

| roubar (um carro) | จี้ | jêe |
| sequestrar (um avião) | จี้ | jêe |

| vingança (f) | การแก้แค้น | gaan gâe kháen |
| vingar (vt) | แก้แค้น | gâe kháen |

torturar (vt)	ทรมาณ	thon-maan
tortura (f)	การทรมาน	gaan thor-rá-maan
atormentar (vt)	ทำทารุณ	tam taa-run

pirata (m)	โจรสลัด	john sà-làt
desordeiro (m)	นักเลง	nák-layng
armado (adj)	มีอาวุธ	mee aa-wút
violência (f)	ความรุนแรง	khwaam run raeng
ilegal (adj)	ผิดกฎหมาย	phìt gòt mǎai

| espionagem (f) | จารกรรม | jaa-rá-gam |
| espionar (vi) | ลวงความลับ | lúang khwaam láp |

193. Polícia. Lei. Parte 1

| justiça (sistema de ~) | ยุติธรรม | yút-dtì-tham |
| tribunal (m) | ศาล | sǎan |

| juiz (m) | ผู้พิพากษา | phôo phí-phâak-sǎa |
| jurados (m pl) | ลูกขุน | lôok khǔn |

tribunal (m) do júri	การไต่สวนคดี	gaan dtài sŭan khá-dee
	แบบมีลูกขุน	bàep mee lôok khŭn
julgar (vt)	พิพากษา	phí-phâak-săa
advogado (m)	ทนายความ	thá-naai khwaam
réu (m)	จำเลย	jam loie
banco (m) dos réus	คอกจำเลย	khôrk jam loie
acusação (f)	ข้อกล่าวหา	khôr glàao hăa
acusado (m)	ถูกกลาวหา	thòok glàao hăa
sentença (f)	การลงโทษ	gaan long thôht
sentenciar (vt)	พิพากษา	phí-phâak-săa
culpado (m)	ผู้กระทำความผิด	phôo grà-tham khwaam phìt
punir (vt)	ลงโทษ	long thôht
punição (f)	การลงโทษ	gaan long thôht
multa (f)	ปรับ	bpràp
prisão (f) perpétua	การจำคุก	gaan jam khúk
	ตลอดชีวิต	dtà-lòt chee-wít
pena (f) de morte	โทษประหาร	thôht-bprà-hăan
cadeira (f) elétrica	เกาอี้ไฟฟ้า	gâo-êe fai-fáa
forca (f)	ตะแลงแกง	dtà-laeng-gaeng
executar (vt)	ประหาร	bprà-hăan
execução (f)	การประหาร	gaan bprà-hăan
prisão (f)	คุก	khúk
cela (f) de prisão	หองขัง	hôrng khăng
escolta (f)	ผู้ควบคุมตัว	phôo khûap khum dtua
guarda (m) prisional	ผู้คุม	phôo khum
preso, prisioneiro (m)	นักโทษ	nák thôht
algemas (f pl)	กุญแจมือ	gun-jae meu
algemar (vt)	ใสกุญแจมือ	sài gun-jae meu
fuga, evasão (f)	การแหกคุก	gaan hàek khúk
fugir (vi)	แหก	hàek
desaparecer (vi)	หายตัวไป	hăai dtua bpai
soltar, libertar (vt)	ถูกปลอยตัว	thòok bplòi dtua
anistia (f)	การนิรโทษกรรม	gaan ní-rá-thôht gam
polícia (instituição)	ตำรวจ	dtam-rùat
polícia (m)	เจาหนาที่ตำรวจ	jâo nâa-thêe dtam-rùat
delegacia (f) de polícia	สถานีตำรวจ	sà-thăa-nee dtam-rùat
cassetete (m)	กระบองตำรวจ	grà-bong dtam-rùat
megafone (m)	โทรโขง	toh-ra -khòhng
carro (m) de patrulha	รถลาดตระเวน	rót lâat dtrà-wayn
sirene (f)	หวอ	wŏr
ligar a sirene	เปิดหวอ	bpèrt wŏr
toque (m) da sirene	เสียงหวอ	sĭang wŏr
cena (f) do crime	ที่เกิดเหตุ	thêe gèrt hàyt
testemunha (f)	พยาน	phá-yaan

liberdade (f)	อิสระ	ìt-sà-rà
cúmplice (m)	ผู้รวมกระทำผิด	phôo rûam grà-tham phìt
escapar (vi)	หนี	nĕe
traço (não deixar ~s)	รองรอย	rông roi

194. Polícia. Lei. Parte 2

procura (f)	การสืบสวน	gaan sèup sŭan
procurar (vt)	หาตัว	hăa dtua
suspeita (f)	ความสงสัย	khwaam sŏng-săi
suspeito (adj)	น่าสงสัย	nâa sŏng-săi
parar (veículo, etc.)	เรียกให้หยุด	rîak hâi yùt
deter (fazer parar)	กักตัว	gàk dtua

caso (~ criminal)	คดี	khá-dee
investigação (f)	การสืบสวน	gaan sèup sŭan
detetive (m)	นักสืบ	nák sèup
investigador (m)	นักสอบสวน	nák sòrp sŭan
versão (f)	สันนิษฐาน	săn-nít-thăan

motivo (m)	เหตุจูงใจ	hàyt joong jai
interrogatório (m)	การสอบปากคำ	gaan sòp bpàak kham
interrogar (vt)	สอบสวน	sòrp sŭan
questionar (vt)	ไถ่ถาม	thài thăam
verificação (f)	การตรวจสอบ	gaan dtrùat sòp

batida (f) policial	การรวบตัว	gaan rûap dtua
busca (f)	การตรวจคน	gaan dtrùat khón
perseguição (f)	การไล่ล่า	gaan lâi lâa
perseguir (vt)	ไล่ล่า	lâi lâa
seguir, rastrear (vt)	สืบ	sèup

prisão (f)	การจับกุม	gaan jàp gum
prender (vt)	จับกุม	jàp gum
pegar, capturar (vt)	จับ	jàp
captura (f)	การจับ	gaan jàp

documento (m)	เอกสาร	àyk săan
prova (f)	หลักฐาน	làk thăan
provar (vt)	พิสูจน์	phí-sòot
pegada (f)	รอยเท้า	roi tháo
impressões (f pl) digitais	รอยนิ้วมือ	roi níw meu
prova (f)	หลักฐาน	làk thăan

álibi (m)	ข้อแก้ตัว	khôr gâe dtua
inocente (adj)	พ้นผิด	phón phìt
injustiça (f)	ความอยุติธรรม	khwaam a-yút-dtì-tam
injusto (adj)	ไม่เป็นธรรม	mâi bpen-tham

criminal (adj)	อาชญากร	àat-yaa-gon
confiscar (vt)	ยึด	yéut
droga (f)	ยาเสพติด	yaa sàyp dtìt
arma (f)	อาวุธ	aa-wút
desarmar (vt)	ปลดอาวุธ	bplòt aa-wút

ordenar (vt)	ออกคำสั่ง	òrk kham sàng
desaparecer (vi)	หายตัวไป	hǎai dtua bpai
lei (f)	กฎหมาย	gòt mǎai
legal (adj)	ตามกฎหมาย	dtaam gòt mǎai
ilegal (adj)	ผิดกฎหมาย	phìt gòt mǎai
responsabilidade (f)	ความรับผิดชอบ	khwaam ráp phìt chôp
responsável (adj)	รับผิดชอบ	ráp phìt chôp

NATUREZA

A Terra. Parte 1

195. Espaço sideral

espaço, cosmo (m)	อวกาศ	a-wá-gàat
espacial, cósmico (adj)	ทางอวกาศ	thang a-wá-gàat
espaço (m) cósmico	อวกาศ	a-wá-gàat
mundo (m)	โลก	lôhk
universo (m)	จักรวาล	jàk-grà-waan
galáxia (f)	ดาราจักร	daa-raa jàk
estrela (f)	ดาว	daao
constelação (f)	กลุ่มดาว	glùm daao
planeta (m)	ดาวเคราะห์	daao khrór
satélite (m)	ดาวเทียม	daao thiam
meteorito (m)	ดาวตก	daao dtòk
cometa (m)	ดาวหาง	daao hăang
asteroide (m)	ดาวเคราะห์น้อย	daao khrór nói
órbita (f)	วงโคจร	wong khoh-jon
girar (vi)	เวียน	wian
atmosfera (f)	บรรยากาศ	ban-yaa-gàat
Sol (m)	ดวงอาทิตย์	duang aa-thít
Sistema (m) Solar	ระบบสุริยะ	rá-bòp sù-rí-yá
eclipse (m) solar	สุริยุปราคา	sù-rí-yú-bpà-raa-kaa
Terra (f)	โลก	lôhk
Lua (f)	ดวงจันทร์	duang jan
Marte (m)	ดาวอังคาร	daao ang-khaan
Vênus (f)	ดาวศุกร์	daao sùk
Júpiter (m)	ดาวพฤหัส	daao phá-réu-hàt
Saturno (m)	ดาวเสาร์	daao săo
Mercúrio (m)	ดาวพุธ	daao phút
Urano (m)	ดาวยูเรนัส	daao-yoo-ray-nát
Netuno (m)	ดาวเนปจูน	daao-nâyp-joon
Plutão (m)	ดาวพลูโต	daao phloo-dtoh
Via Láctea (f)	ทางช้างเผือก	thaang cháang phèuak
Ursa Maior (f)	กลุ่มดาวหมีใหญ่	glùm daao měe yài
Estrela Polar (f)	ดาวเหนือ	daao něua
marciano (m)	ชาวดาวอังคาร	chaao daao ang-khaan
extraterrestre (m)	มนุษย์ต่างดาว	má-nút dtàang daao

alienígena (m)	มนุษย์ต่างดาว	má-nút dtàang daao
disco (m) voador	จานบิน	jaan bin
espaçonave (f)	ยานอวกาศ	yaan a-wá-gàat
estação (f) orbital	สถานีอวกาศ	sà-thǎa-nee a-wá-gàat
lançamento (m)	การปล่อยจรวด	gaan bplòi jà-rùat
motor (m)	เครื่องยนต์	khrêuang yon
bocal (m)	ท่อไอพ่น	thôr ai phôn
combustível (m)	เชื้อเพลิง	chéua phlerng
cabine (f)	ที่นั่งคนขับ	thêe nâng khon khàp
antena (f)	เสาอากาศ	sǎo aa-gàat
vigia (f)	ช่อง	chôrng
bateria (f) solar	อุปกรณ์พลังงาน	ù-bpà-gon phá-lang ngaan
	แสงอาทิตย์	sǎeng aa-thít
traje (m) espacial	ชุดอวกาศ	chút a-wá-gàat
imponderabilidade (f)	สภาพไร้น้ำหนัก	sà-phâap rái nám nàk
oxigênio (m)	อ็อกซิเจน	ók sí jayn
acoplagem (f)	การเทียบท่า	gaan thîap thâa
fazer uma acoplagem	เทียบทา	thîap thâa
observatório (m)	หอดูดาว	hǒr doo daao
telescópio (m)	กล้องโทรทรรศน์	glôrng thoh-rá-thát
observar (vt)	เฝ้าสังเกต	fâo sǎng-gàyt
explorar (vt)	สำรวจ	sǎm-rùat

196. A Terra

Terra (f)	โลก	lôhk
globo terrestre (Terra)	ลูกโลก	lôok lôhk
planeta (m)	ดาวเคราะห์	daao khrór
atmosfera (f)	บรรยากาศ	ban-yaa-gàat
geografia (f)	ภูมิศาสตร์	phoo-mí-sàat
natureza (f)	ธรรมชาติ	tham-má-châat
globo (mapa esférico)	ลูกโลก	lôok lôhk
mapa (m)	แผนที่	phǎen thêe
atlas (m)	หนังสือแผนที่โลก	nǎng-sěu phǎen thêe lôhk
Europa (f)	ยุโรป	yú-ròhp
Ásia (f)	เอเชีย	ay-chia
África (f)	แอฟริกา	àef-rí-gaa
Austrália (f)	ออสเตรเลีย	òrt-dtray-lia
América (f)	อเมริกา	a-may-rí-gaa
América (f) do Norte	อเมริกาเหนือ	a-may-rí-gaa něua
América (f) do Sul	อเมริกาใต้	a-may-rí-gaa dtâi
Antártida (f)	แอนตาร์กติกา	aen-dtàak-dtì-gaa
Ártico (m)	อาร์กติค	àak-dtìk

197. Pontos cardeais

norte (m)	เหนือ	něua
para norte	ทิศเหนือ	thít něua
no norte	ที่ภาคเหนือ	thêe phâak něua
do norte (adj)	ทางเหนือ	thaang něua

sul (m)	ใต้	dtâi
para sul	ทิศใต้	thít dtâi
no sul	ที่ภาคใต้	thêe phâak dtâi
do sul (adj)	ทางใต้	thaang dtâi

oeste, ocidente (m)	ตะวันตก	dtà-wan dtòk
para oeste	ทิศตะวันตก	thít dtà-wan dtòk
no oeste	ที่ภาคตะวันตก	thêe phâak dtà-wan dtòk
ocidental (adj)	ทางตะวันตก	thaang dtà-wan dtòk

leste, oriente (m)	ตะวันออก	dtà-wan òrk
para leste	ทิศตะวันออก	thít dtà-wan òrk
no leste	ที่ภาคตะวันออก	thêe phâak dtà-wan òrk
oriental (adj)	ทางตะวันออก	thaang dtà-wan òrk

198. Mar. Oceano

mar (m)	ทะเล	thá-lay
oceano (m)	มหาสมุทร	má-hǎa sà-mùt
golfo (m)	อ่าว	àao
estreito (m)	ช่องแคบ	chôrng khâep

| terra (f) firme | พื้นดิน | phéun din |
| continente (m) | ทวีป | thá-wêep |

ilha (f)	เกาะ	gòr
península (f)	คาบสมุทร	khâap sà-mùt
arquipélago (m)	หมู่เกาะ	mòo gòr

baía (f)	อ่าว	àao
porto (m)	ท่าเรือ	thâa reua
lagoa (f)	ลากูน	laa-goon
cabo (m)	แหลม	lǎem

atol (m)	อะทอลล์	à-thorn
recife (m)	แนวปะการัง	naew bpà-gaa-rang
coral (m)	ปะการัง	bpà gaa-rang
recife (m) de coral	แนวปะการัง	naew bpà-gaa-rang

profundo (adj)	ลึก	léuk
profundidade (f)	ความลึก	khwaam léuk
abismo (m)	หุบเหวลึก	hùp wǎy léuk
fossa (f) oceânica	ร่องลึกกนสมุทร	rông léuk gôn sà-mùt

| corrente (f) | กระแสน้ำ | grà-sǎe náam |
| banhar (vt) | ลอมรอบ | lórm rôrp |

| litoral (m) | ชายฝั่ง | chaai fàng |
| costa (f) | ชายฝั่ง | chaai fàng |

maré (f) alta	น้ำขึ้น	náam khêun
refluxo (m)	น้ำลง	náam long
restinga (f)	หาดตื้น	hàat dtêun
fundo (m)	กนทะเล	gôn thá-lay

onda (f)	คลื่น	khlêun
crista (f) da onda	มวนคลื่น	múan khlêun
espuma (f)	ฟองคลื่น	forng khlêun

tempestade (f)	พายุ	phaa-yú
furacão (m)	พายุเฮอร์ริเคน	phaa-yú her-rí-khayn
tsunami (m)	คลื่นยักษ์	khlêun yák
calmaria (f)	ภาวะไรลมพัด	phaa-wá rái lom phát
calmo (adj)	สงบ	sà-ngòp

| polo (m) | ขั้วโลก | khûa lôhk |
| polar (adj) | ขั้วโลก | khûa lôhk |

latitude (f)	เส้นรุ้ง	sên rúng
longitude (f)	เส้นแวง	sên waeng
paralela (f)	เสุนขนาน	sên khà-nǎan
equador (m)	เสนศูนย์สูตร	sên sǒon sòot

céu (m)	ท้องฟ้า	thórng fáa
horizonte (m)	ขอบฟ้า	khòrp fáa
ar (m)	อากาศ	aa-gàat

farol (m)	ประภาคาร	bprà-phaa-khaan
mergulhar (vi)	ดำ	dam
afundar-se (vr)	จม	jom
tesouros (m pl)	สมบัติ	sǒm-bàt

199. Nomes de Mares e Oceanos

Oceano (m) Atlântico	มหาสมุทรแอตแลนติก	má-hǎa sà-mùt àet-laen-dtìk
Oceano (m) Índico	มหาสมุทรอินเดีย	má-hǎa sà-mùt in-dia
Oceano (m) Pacífico	มหาสมุทรแปซิฟิก	má-hǎa sà-mùt bpae-sí-fík
Oceano (m) Ártico	มหาสมุทรอารคติก	má-hǎa sà-mùt aa-ká-dtìk

Mar (m) Negro	ทะเลดำ	thá-lay dam
Mar (m) Vermelho	ทะเลแดง	thá-lay daeng
Mar (m) Amarelo	ทะเลเหลือง	thá-lay lěuang
Mar (m) Branco	ทะเลขาว	thá-lay khǎao

Mar (m) Cáspio	ทะเลแคสเปียน	thá-lay khâet-bpian
Mar (m) Morto	ทะเลเดดซี	thá-lay dàyt-see
Mar (m) Mediterrâneo	ทะเลเมดิเตอร์เรเนียน	thá-lay may-dì-dtêr-ray-nian

Mar (m) Egeu	ทะเลเอเจี้ยน	thá-lay ay-jîan
Mar (m) Adriático	ทะเลเอเดรียติก	thá-lay ay-day-ree-yá-dtìk
Mar (m) Arábico	ทะเลอาหรับ	thá-lay aa-ràp

Mar (m) do Japão	ทะเลญี่ปุ่น	thá-lay yêe-bpùn
Mar (m) de Bering	ทะเลเบริง	thá-lay bae-rîng
Mar (m) da China Meridional	ทะเลจีนใต้	thá-lay jeen-dtâi

Mar (m) de Coral	ทะเลคอรัล	thá-lay khor-ran
Mar (m) de Tasman	ทะเลแทสมัน	thá-lay thâet man
Mar (m) do Caribe	ทะเลแคริบเบียน	thá-lay khae-ríp-bian

| Mar (m) de Barents | ทะเลบาเรนท์ | thá-lay baa-rayn |
| Mar (m) de Kara | ทะเลคารา | thá-lay khaa-raa |

Mar (m) do Norte	ทะเลเหนือ	thá-lay nĕua
Mar (m) Báltico	ทะเลบอลติก	thá-lay bon-dtìk
Mar (m) da Noruega	ทะเลนอรเวย์	thá-lay nor-rá-way

200. Montanhas

montanha (f)	ภูเขา	phoo khăo
cordilheira (f)	ทิวเขา	thiw khăo
serra (f)	สันเขา	săn khăo

cume (m)	ยอดเขา	yôrt khăo
pico (m)	ยอด	yôrt
pé (m)	ตีนเขา	dteun khăo
declive (m)	ไหลเขา	lài khăo

vulcão (m)	ภูเขาไฟ	phoo khăo fai
vulcão (m) ativo	ภูเขาไฟมีพลัง	phoo khăo fai mee phá-lang
vulcão (m) extinto	ภูเขาไฟที่ดับแล้ว	phoo khăo fai thêe dàp láew

erupção (f)	ภูเขาไฟระเบิด	phoo khăo fai rá-bèrt
cratera (f)	ปลองภูเขาไฟ	bplòng phoo khăo fai
magma (m)	หินหนืด	hĭn nèut
lava (f)	ลาวา	laa-waa
fundido (lava ~a)	หลอมเหลว	lŏrm lĕo

cânion, desfiladeiro (m)	หุบเขาลึก	hùp khăo léuk
garganta (f)	ชองเขา	chôrng khăo
fenda (f)	รอยแตกภูเขา	roi dtàek phoo khăo
precipício (m)	หุบเหวลึก	hùp wăy léuk

passo, colo (m)	ทางผาน	thaang phàan
planalto (m)	ที่ราบสูง	thêe râap sŏong
falésia (f)	หนาผา	nâa phăa
colina (f)	เนินเขา	nern khăo

geleira (f)	ธารน้ำแข็ง	thaan náam khăeng
cachoeira (f)	น้ำตก	nám dtòk
gêiser (m)	น้ำพุรอน	nám phú rórn
lago (m)	ทะเลสาบ	thá-lay sàap

planície (f)	ที่ราบ	thêe râap
paisagem (f)	ภูมิทัศน์	phoom thát
eco (m)	เสียงสะทอน	sĭang sà-thón

alpinista (m)	นักปีนเขา	nák bpeen khǎo
escalador (m)	นักไต่เขา	nák dtài khǎo
conquistar (vt)	ไต่เขาถึงยอด	dtài khǎo thěung yôt
subida, escalada (f)	การปีนเขา	gaan bpeen khǎo

201. Nomes de montanhas

Alpes (m pl)	เทือกเขาแอลป์	thêuak-khǎo-aen
Monte Branco (m)	ยอดเขามงบล็อง	yôt khǎo mong-bà-lǒng
Pirineus (m pl)	เทือกเขาไพรีนีส	thêuak khǎo pai-ree-nêet
Cárpatos (m pl)	เทือกเขาคาร์เพเทียน	thêuak khǎo khaa-phay-thian
Urais (m pl)	เทือกเขายูรัล	thêuak khǎo yoo-ran
Cáucaso (m)	เทือกเขาคอเคซัส	thêuak khǎo khor-khay-sát
Elbrus (m)	ยอดเขาเอลบรุส	yôt khǎo ayn-brùt
Altai (m)	เทือกเขาอัลไต	thêuak khǎo an-dtai
Tian Shan (m)	เทือกเขาเทียนชาน	thêuak khǎo thian-chaan
Pamir (m)	เทือกเขาพาเมียร์	thêuak khǎo paa-mia
Himalaia (m)	เทือกเขาหิมาลัย	thêuak khǎo hì-maa-lai
monte Everest (m)	ยอดเขาเอเวอเรสต์	yôt khǎo ay-wer-râyt
Cordilheira (f) dos Andes	เทือกเขาแอนดีส	thêuak-khǎo-aen-dèet
Kilimanjaro (m)	ยอดเขาคิลิมันจาโร	yôt khǎo khí-lí-man-jaa-roh

202. Rios

rio (m)	แม่น้ำ	mâe náam
fonte, nascente (f)	แหล่งน้ำแร่	làeng náam râe
leito (m) de rio	เส้นทางแม่น้ำ	sên thaang mâe náam
bacia (f)	ลุ่มน้ำ	lûm náam
desaguar no …	ไหลไปสู่…	lǎi bpai sòo...
afluente (m)	สาขา	sǎa-khǎa
margem (do rio)	ฝั่งแม่น้ำ	fàng mâe náam
corrente (f)	กระแสน้ำ	grà-sǎe náam
rio abaixo	ตามกระแสน้ำ	dtaam grà-sǎe náam
rio acima	ทวนน้ำ	thuan náam
inundação (f)	น้ำท่วม	nám thûam
cheia (f)	น้ำท่วม	nám thûam
transbordar (vi)	เอ่อล้น	èr lón
inundar (vt)	ท่วม	thûam
banco (m) de areia	บริเวณน้ำตื้น	bor-rí-wayn nám dtêun
corredeira (f)	กระแสน้ำเชี่ยว	grà-sǎe nám-chîeow
barragem (f)	เขื่อน	khèuan
canal (m)	คลอง	khlorng
reservatório (m) de água	ที่เก็บกักน้ำ	thêe gèp gàk náam
eclusa (f)	ประตูระบายน้ำ	bprà-dtoo rá-baai náam

corpo (m) de água	พื้นน้ำ	phéun náam
pântano (m)	บึง	beung
lamaçal (m)	หวย	hûay
redemoinho (m)	น้ำวน	nám won

riacho (m)	ลำธาร	lam thaan
potável (adj)	น้ำดื่มได้	nám dèum dâai
doce (água)	น้ำจืด	nám jèut

gelo (m)	น้ำแข็ง	nám khăeng
congelar-se (vr)	แชแข็ง	châe khăeng

203. Nomes de rios

rio Sena (m)	แม่น้ำเซน	mâe náam sayn
rio Loire (m)	แม่น้ำลัวร	mâe-náam lua

rio Tâmisa (m)	แม่น้ำเทมส์	mâe-náam them
rio Reno (m)	แม่น้ำไรน์	mâe-náam rai
rio Danúbio (m)	แม่น้ำดานูบ	mâe-náam daa-nôop

rio Volga (m)	แม่น้ำวอลกา	mâe-náam won-gaa
rio Don (m)	แม่น้ำดอน	mâe-náam don
rio Lena (m)	แม่น้ำลีนา	mâe-náam lee-naa

rio Amarelo (m)	แม่น้ำหวง	mâe-náam hŭang
rio Yangtzé (m)	แม่น้ำแยงซี	mâe-náam yaeng-see
rio Mekong (m)	แม่น้ำโขง	mâe-náam khŏhng
rio Ganges (m)	แม่น้ำคงคา	mâe-náam khong-khaa

rio Nilo (m)	แม่น้ำไนล์	mâe-náam nai
rio Congo (m)	แม่น้ำคองโก	mâe-náam khong-goh
rio Cubango (m)	แม่น้ำโอคาวังโก	mâe-náam oh-khaa wang goh
rio Zambeze (m)	แม่น้ำแซมบีซี	mâe-náam saem bee see
rio Limpopo (m)	แม่น้ำลิมโปโป	mâe-náam lim-bpoh-bpoh
rio Mississippi (m)	แม่น้ำมิสซิสซิปปี	mâe-náam mít-sít-síp-bpee

204. Floresta

floresta (f), bosque (m)	ป่าไม้	bpàa máai
florestal (adj)	ป่า	bpàa

mata (f) fechada	ป่าทึบ	bpàa théup
arvoredo (m)	ป่าละเมาะ	bpàa lá-mór
clareira (f)	ทุงโลง	thûng lôhng

matagal (m)	ป่าละเมาะ	bpàa lá-mór
mato (m), caatinga (f)	ป่าละเมาะ	bpàa lá-mór

pequena trilha (f)	ทางเดิน	thaang dern
ravina (f)	รองธาร	rông thaan

árvore (f)	ต้นไม้	dtôn máai
folha (f)	ใบไม้	bai máai
folhagem (f)	ใบไม้	bai máai
queda (f) das folhas	ใบไม้ร่วง	bai máai rûang
cair (vi)	ร่วง	rûang
topo (m)	ยอด	yôrt
ramo (m)	กิ่ง	gìng
galho (m)	กานไม้	gâan mái
botão (m)	ยอดอ่อน	yôrt òrn
agulha (f)	เข็ม	khěm
pinha (f)	ลูกสน	lôok sŏn
buraco (m) de árvore	โพรงไม้	phrohng máai
ninho (m)	รัง	rang
toca (f)	โพรง	phrohng
tronco (m)	ลำต้น	lam dtôn
raiz (f)	ราก	râak
casca (f) de árvore	เปลือกไม้	bplèuak máai
musgo (m)	มอส	môt
arrancar pela raiz	ถอนราก	thŏrn râak
cortar (vt)	โค่น	khôhn
desflorestar (vt)	ตัดไม้ทำลายป่า	dtàt mái tham laai bpàa
toco, cepo (m)	ตอไม้	dtor máai
fogueira (f)	กองไฟ	gorng fai
incêndio (m) florestal	ไฟป่า	fai bpàa
apagar (vt)	ดับไฟ	dàp fai
guarda-parque (m)	เจ้าหน้าที่ดูแลป่า	jâo nâa-thêe doo lae bpàa
proteção (f)	การปกป้อง	gaan bpòk bpôrng
proteger (a natureza)	ปกป้อง	bpòk bpôrng
caçador (m) furtivo	นักลอบล่าสัตว์	nák lôrp lâa sàt
armadilha (f)	กับดักเหล็ก	gàp dàk lèk
colher (cogumelos, bagas)	เก็บ	gèp
perder-se (vr)	หลงทาง	lŏng thaang

205. Recursos naturais

recursos (m pl) naturais	ทรัพยากร ธรรมชาติ	sáp-pá-yaa-gon tham-má-châat
minerais (m pl)	แร่	râe
depósitos (m pl)	ตะกอน	dtà-gorn
jazida (f)	บ่อ	bòr
extrair (vt)	ขุดแร่	khùt râe
extração (f)	การขุดแร่	gaan khùt râe
minério (m)	แร	râe
mina (f)	เหมืองแร่	měuang râe
poço (m) de mina	ช่องเหมือง	chôrng měuang

mineiro (m)	คนงานเหมือง	khon ngaan mĕuang
gás (m)	แก๊ส	gáet
gasoduto (m)	ทอแก๊ส	thôr gáet
petróleo (m)	น้ำมัน	nám man
oleoduto (m)	ทอน้ำมัน	thôr náam man
poço (m) de petróleo	บอน้ำมัน	bòr náam man
torre (f) petrolífera	ปั่นจั่นขนาดใหญ่	bpân jàn khà-nàat yài
petroleiro (m)	เรือบรรทุกน้ำมัน	reua ban-thúk nám man
areia (f)	ทราย	saai
calcário (m)	หินปูน	hĭn bpoon
cascalho (m)	กรวด	grùat
turfa (f)	พีต	phêet
argila (f)	ดินเหนียว	din nĭeow
carvão (m)	ถานหิน	thàan hĭn
ferro (m)	เหล็ก	lèk
ouro (m)	ทอง	thorng
prata (f)	เงิน	ngern
níquel (m)	นิเกิล	ní-gêrn
cobre (m)	ทองแดง	thorng daeng
zinco (m)	สังกะสี	săng-gà-sĕe
manganês (m)	แมงกานีส	maeng-gaa-nêet
mercúrio (m)	ปรอท	bpa -ròrt
chumbo (m)	ตะกั่ว	dtà-gùa
mineral (m)	แร่	râe
cristal (m)	ผลึก	phà-lèuk
mármore (m)	หินออน	hĭn òrn
urânio (m)	ยูเรเนียม	yoo-ray-niam

A Terra. Parte 2

206. Tempo

tempo (m)	สภาพอากาศ	sà-phâap aa-gàat
previsão (f) do tempo	พยากรณ์	phá-yaa-gon
	สภาพอากาศ	sà-phâap aa-gàat
temperatura (f)	อุณหภูมิ	un-hà-phoom
termômetro (m)	ปรอทวัดอุณหภูมิ	bpà-ròrt wát un-hà-phoom
barômetro (m)	เครื่องวัดความดัน	khrêuang wát khwaam dan
	บรรยากาศ	ban-yaa-gàat
úmido (adj)	ชื้น	chéun
umidade (f)	ความชื้น	khwaam chéun
calor (m)	ความร้อน	khwaam rórn
tórrido (adj)	ร้อน	rórn
está muito calor	มันร้อน	man rórn
está calor	มันอุ่น	man ùn
quente (morno)	อุ่น	ùn
está frio	อากาศเย็น	aa-gàat yen
frio (adj)	เย็น	yen
sol (m)	ดวงอาทิตย์	duang aa-thít
brilhar (vi)	สองแสง	sòrng săeng
de sol, ensolarado	มีแสงแดด	mee săeng dàet
nascer (vi)	ขึ้น	khêun
pôr-se (vr)	ตก	dtòk
nuvem (f)	เมฆ	mâyk
nublado (adj)	มีเมฆมาก	mee mâyk mâak
nuvem (f) preta	เมฆฝน	mâyk fŏn
escuro, cinzento (adj)	มืดครึ้ม	mêut khréum
chuva (f)	ฝน	fŏn
está a chover	ฝนตก	fŏn dtòk
chuvoso (adj)	ฝนตก	fŏn dtòk
chuviscar (vi)	ฝนปรอย	fŏn bproi
chuva (f) torrencial	ฝนตกหนัก	fŏn dtòk nàk
aguaceiro (m)	ฝนห่าใหญ่	fŏn hàa yài
forte (chuva, etc.)	หนัก	nàk
poça (f)	หลุมน้ำ	lòm nám
molhar-se (vr)	เปียก	bpìak
nevoeiro (m)	หมอก	mòrk
de nevoeiro	หมอกจัด	mòrk jàt
neve (f)	หิมะ	hì-má
está nevando	หิมะตก	hì-má dtòk

207. Tempo extremo. Catástrofes naturais

trovoada (f)	พายุฟ้าคะนอง	phaa-yú fáa khá-nong
relâmpago (m)	ฟ้าผ่า	fáa phàa
relampejar (vi)	แลบ	lâep
trovão (m)	ฟ้าคะนอง	fáa khá-norng
trovejar (vi)	มีฟ้าคะนอง	mee fáa khá-norng
está trovejando	มีฟ้าร้อง	mee fáa rórng
granizo (m)	ลูกเห็บ	lôok hèp
está caindo granizo	มีลูกเห็บตก	mee lôok hèp dtòk
inundar (vt)	ท่วม	thûam
inundação (f)	น้ำท่วม	nám thûam
terremoto (m)	แผ่นดินไหว	phàen din wăi
abalo, tremor (m)	ไหว	wăi
epicentro (m)	จุดเหนือศูนย์แผ่นดินไหว	jùt nĕua sŏon phàen din wăi
erupção (f)	ภูเขาไฟระเบิด	phoo khăo fai rá-bèrt
lava (f)	ลาวา	laa-waa
tornado (m)	พายุหมุน	phaa-yú mŭn
tornado (m)	พายุทอร์เนโด	phaa-yú thor-nay-doh
tufão (m)	พายุไต้ฝุ่น	phaa-yú dtâi fùn
furacão (m)	พายุเฮอร์ริเคน	phaa-yú her-rí-khayn
tempestade (f)	พายุ	phaa-yú
tsunami (m)	คลื่นสึนามิ	khlêun sèu-naa-mí
ciclone (m)	พายุไซโคลน	phaa-yú sai-khlohn
mau tempo (m)	อากาศไม่ดี	aa-gàat mâi dee
incêndio (m)	ไฟไหม้	fai mâi
catástrofe (f)	ความหายนะ	khwaam hăa-yá-ná
meteorito (m)	อุกกาบาต	ùk-gaa-bàat
avalanche (f)	หิมะถล่ม	hì-má thà-lòm
deslizamento (m) de neve	หิมะถลม	hì-má thà-lòm
nevasca (f)	พายุหิมะ	phaa-yú hì-má
tempestade (f) de neve	พายุหิมะ	phaa-yú hì-má

208. Ruídos. Sons

silêncio (m)	ความเงียบ	khwaam ngîap
som (m)	เสียง	sĭang
ruído, barulho (m)	เสียงรบกวน	sĭang róp guan
fazer barulho	ทำเสียง	tam sĭang
ruidoso, barulhento (adj)	หนวกหู	nùak hŏo
alto	เสียงดัง	sĭang dang
alto (ex. voz ~a)	ดัง	dang
constante (ruído, etc.)	ต่อเนื่อง	dtòr nêuang

grito (m)	เสียงตะโกน	sĭang dtà-gohn
gritar (vi)	ตะโกน	dtà-gohn
sussurro (m)	เสียงกระซิบ	sĭang grà síp
sussurrar (vi, vt)	กระซิบ	grà síp

| latido (m) | เสียงเห่า | sĭang hào |
| latir (vi) | เห่า | hào |

gemido (m)	เสียงคราง	sĭang khraang
gemer (vi)	คราง	khraang
tosse (f)	เสียงไอ	sĭang ai
tossir (vi)	ไอ	ai

assobio (m)	เสียงผิวปาก	sĭang phĭw bpàak
assobiar (vi)	ผิวปาก	phĭw bpàak
batida (f)	เสียงเคาะ	sĭang khór
bater (à porta)	เคาะ	khór

| estalar (vi) | เปรี๊ยะ | bpría |
| estalido (m) | เสียงเปรี๊ยะ | sĭang bpría |

sirene (f)	เสียงสัญญาณเตือน	sĭang săn-yaan dteuan
apito (m)	เสียงนกหวีด	sĭang nók wèet
apitar (vi)	เป่านกหวีด	bpào nók wèet
buzina (f)	เสียงแตร	sĭang dtrae
buzinar (vi)	บีบแตร	bèep dtrae

209. Inverno

inverno (m)	ฤดูหนาว	réu-doo năao
de inverno	ฤดูหนาว	réu-doo năao
no inverno	ช่วงฤดูหนาว	chûang réu-doo năao

neve (f)	หิมะ	hì-má
está nevando	มีหิมะตก	mee hì-má dtòk
queda (f) de neve	หิมะตก	hì-má dtòk
amontoado (m) de neve	กองหิมะ	gong hì-má

floco (m) de neve	เกล็ดหิมะ	glèt hì-má
bola (f) de neve	ก้อนหิมะ	gôn hì-má
boneco (m) de neve	ตุ๊กตาหิมะ	dtúk-gà-dtaa hì-má
sincelo (m)	แท่งน้ำแข็ง	thâeng nám khăeng

dezembro (m)	ธันวาคม	than-waa khom
janeiro (m)	มกราคม	mók-gà-raa khom
fevereiro (m)	กุมภาพันธ์	gum-phaa phan

| gelo (m) | ความหนาวๆ | kwaam năao năao |
| gelado (tempo ~) | หนาวจัด | năao jàt |

abaixo de zero	ต่ำกว่าศูนย์องศา	dtàm gwàa sŏon ong-săa
primeira geada (f)	ลมหนาวแรก	lom năao râek
geada (f) branca	น้ำค้างแข็ง	náam kháang khăeng
frio (m)	ความหนาว	khwaam năao

está frio	อากาศหนาว	aa-gàat năao
casaco (m) de pele	เสื้อโค้ทขนสัตว์	sêua khóht khŏn sàt
mitenes (f pl)	ถุงมือ	thŭng meu

adoecer (vi)	เป็นหวัด	bpen wàt
resfriado (m)	หวัด	wàt
ficar resfriado	เป็นหวัด	bpen wàt

gelo (m)	น้ำแข็ง	nám khăeng
gelo (m) na estrada	น้ำแข็งบาง บนพื้นถนน	nám khăeng baang bon phéun thà-nŏn
congelar-se (vr)	แช่แข็ง	châe khăeng
bloco (m) de gelo	แพน้ำแข็ง	phae nám khăeng

esqui (m)	สกี	sà-gee
esquiador (m)	นักสกี	nák sà-gee
esquiar (vi)	เล่นสกี	lên sà-gee
patinar (vi)	เล่นสเก็ต	lên sà-gèt

Fauna

210. Mamíferos. Predadores

predador (m)	สัตว์กินเนื้อ	sàt gin néua
tigre (m)	เสือ	sĕua
leão (m)	สิงโต	sĭng dtoh
lobo (m)	หมาป่า	mǎa bpàa
raposa (f)	หมาจิ้งจอก	mǎa jîng-jòk
jaguar (m)	เสือจากัวร์	sĕua jaa-gua
leopardo (m)	เสือดาว	sĕua daao
chita (f)	เสือชีตาห์	sĕua chee-dtaa
pantera (f)	เสือดำ	sĕua dam
puma (m)	สิงโตภูเขา	sĭng-dtoh phoo khǎo
leopardo-das-neves (m)	เสือดาวหิมะ	sĕua daao hì-má
lince (m)	แมวป่า	maew bpàa
coiote (m)	โคโยตี้	khoh-yoh-dtêe
chacal (m)	หมาจิ้งจอกทอง	mǎa jîng-jòk thorng
hiena (f)	ไฮยีนา	hai-yee-naa

211. Animais selvagens

animal (m)	สัตว์	sàt
besta (f)	สัตว์	sàt
esquilo (m)	กระรอก	grà rôk
ouriço (m)	เมน	mâyn
lebre (f)	กระต่ายป่า	grà-dtàai bpàa
coelho (m)	กระต่าย	grà-dtàai
texugo (m)	แบดเจอร์	baet-jer
guaxinim (m)	แร็คคูน	ráek khoon
hamster (m)	หนูแฮมสเตอร์	nǒo haem-sà-dtêr
marmota (f)	มาร์มอต	maa-môt
toupeira (f)	ตุ่น	dtùn
rato (m)	หนู	nǒo
ratazana (f)	หนู	nǒo
morcego (m)	ค้างคาว	kháang khaao
arminho (m)	เออร์มิน	er-min
zibelina (f)	เซเบิ้ล	say bern
marta (f)	มาร์เทน	maa thern
doninha (f)	เพียงพอนสีน้ำตาล	phiang phon sĕe nám dtaan
visom (m)	เพียงพอน	phiang phorn

| castor (m) | ปีเวอร์ | bee-wer |
| lontra (f) | นาก | nâak |

cavalo (m)	ม้า	máa
alce (m)	กวางมูส	gwaang môot
veado (m)	กวาง	gwaang
camelo (m)	อูฐ	òot

bisão (m)	วัวป่า	wua bpàa
auroque (m)	วัวป่าออรอช	wua bpàa or rôt
búfalo (m)	ควาย	khwaai

zebra (f)	ม้าลาย	máa laai
antílope (m)	แอนทีโลป	aen-thi-lòp
corça (f)	กวางโรเดียร์	gwaang roh-dia
gamo (m)	กวางแฟลโลว์	gwaang flae-loh
camurça (f)	เลียงผา	liang-phǎa
javali (m)	หมูป่า	mǒo bpàa

baleia (f)	วาฬ	waan
foca (f)	แมวน้ำ	maew náam
morsa (f)	ช้างน้ำ	cháang náam
urso-marinho (m)	แมวน้ำมีขน	maew náam mee khǒn
golfinho (m)	โลมา	loh-maa

urso (m)	หมี	mǎe
urso (m) polar	หมีขั้วโลก	mǎe khûa lôhk
panda (m)	หมีแพนดา	mǎe phaen-dâa

macaco (m)	ลิง	ling
chimpanzé (m)	ลิงชิมแปนซี	ling chim-bpaen-see
orangotango (m)	ลิงอุรังอุตัง	ling u-rang-u-dtang
gorila (m)	ลิงกอริลลา	ling gor-rin-lâa
macaco (m)	ลิงแม็กแคก	ling mâk-khâk
gibão (m)	ชะนี	chá-nee

elefante (m)	ช้าง	cháang
rinoceronte (m)	แรด	râet
girafa (f)	ยีราฟ	yee-râaf
hipopótamo (m)	ฮิปโปโปเตมัส	híp-bpoh-bpoh-dtay-mát

| canguru (m) | จิงโจ้ | jing-jôh |
| coala (m) | หมีโคอาล่า | mǎe khoh aa lâa |

mangusto (m)	พังพอน	phang phon
chinchila (f)	คินคิลลา	khin-khin laa
cangambá (f)	สกังก์	sà-gang
porco-espinho (m)	เมน	mâyn

212. Animais domésticos

gata (f)	แมวตัวเมีย	maew dtua mia
gato (m) macho	แมวตัวผู้	maew dtua phôo
cão (m)	สุนัข	sù-nák

cavalo (m)	ม้า	máa
garanhão (m)	ม้าตัวผู้	máa dtua phôo
égua (f)	ม้าตัวเมีย	máa dtua mia

vaca (f)	วัว	wua
touro (m)	กระทิง	grà-thing
boi (m)	วัว	wua

ovelha (f)	แกะตัวเมีย	gàe dtua mia
carneiro (m)	แกะตัวผู้	gàe dtua phôo
cabra (f)	แพะตัวเมีย	pháe dtua mia
bode (m)	แพะตัวผู้	pháe dtua phôo

burro (m)	ลา	laa
mula (f)	ลอ	lôr

porco (m)	หมู	mŏo
leitão (m)	ลูกหมู	lôok mŏo
coelho (m)	กระต่าย	grà-dtàai

galinha (f)	ไก่ตัวเมีย	gài dtua mia
galo (m)	ไกตัวผู้	gài dtua phôo

pata (f), pato (m)	เป็ดตัวเมีย	bpèt dtua mia
pato (m)	เป็ดตัวผู้	bpèt dtua phôo
ganso (m)	หาน	hàan

peru (m)	ไก่งวงตัวผู้	gài nguang dtua phôo
perua (f)	ไกงวงตัวเมีย	gài nguang dtua mia

animais (m pl) domésticos	สัตว์เลี้ยง	sàt líang
domesticado (adj)	เลี้ยง	líang
domesticar (vt)	เชื่อง	chêuang
criar (vt)	ขยายพันธุ์	khà-yăai phan

fazenda (f)	ฟาร์ม	faam
aves (f pl) domésticas	สัตว์ปีก	sàt bpèek
gado (m)	วัวควาย	wua khwaai
rebanho (m), manada (f)	ฝูง	fŏong

estábulo (m)	คอกม้า	khôrk máa
chiqueiro (m)	คอกหมู	khôrk mŏo
estábulo (m)	คอกวัว	khôrk wua
coelheira (f)	คอกกระต่าย	khôrk grà-dtàai
galinheiro (m)	เล้าไก	láo gài

213. Cães. Raças de cães

cão (m)	สุนัข	sù-nák
cão pastor (m)	สุนัขเลี้ยงแกะ	sù-nák líang gàe
pastor-alemão (m)	เยอรมันเชฟเฟิร์ด	yer-rá-man chayf-fêrt
poodle (m)	พูเดิล	phoo dêrn
linguicinha (m)	ดัชชุน	dàt chun
buldogue (m)	บูลด็อก	boon dòrk

boxer (m)	บ็อกเซอร์	bòk-sêr
mastim (m)	มัสตีฟ	mát-dtèef
rottweiler (m)	ร็อตไวเลอร์	rót-wai-ler
dóberman (m)	โดเบอร์แมน	doh-ber-maen
basset (m)	บาสเซ็ต	bàat-sét
pastor inglês (m)	บ็อบเทล	bòp-thayn
dálmata (m)	ดัลเมเชียน	dan-may-chian
cocker spaniel (m)	ค็อกเกอรสเปเนียล	khórk-gêr sà-bpay-nian
terra-nova (m)	นิวฟาวน์ดฮาวน์ดแลนด์	niw-faao-dà-haao-dà-lǎen
são-bernardo (m)	เซนต์เบอรนารด	sayn ber nâat
husky (m) siberiano	ฮัสกี้	hát-gêe
Chow-chow (m)	เชาเชว	chao chao
spitz alemão (m)	สปิตซ	sà-bpìt
pug (m)	ปัก	bpák

214. Sons produzidos pelos animais

latido (m)	เสียงเห่า	sìang hào
latir (vi)	เห่า	hào
miar (vi)	ร้องเหมียว	rórng mǐeow
ronronar (vi)	ทำเสียงคราง	tham sìang khraang
mugir (vaca)	ร้องมอๆ	rórng mor mor
bramir (touro)	สงเสียงคำราม	sòng sǐang kham-raam
rosnar (vi)	โฮก	hôhk
uivo (m)	เสียงหอน	sǐang hǒn
uivar (vi)	หอน	hǒrn
ganir (vi)	ครางหงิงๆ	khraang ngǐng ngǐng
balir (vi)	ร้องแบะๆ	rórng bàe bàe
grunhir (vi)	ร้องอูดๆ	rórng ùùt ùùt
guinchar (vi)	รองเสียงแหลม	rórng sǐang lǎem
coaxar (sapo)	ร้องอ๊บๆ	rórng ôp ôp
zumbir (inseto)	หึ่ง	hèung
ziziar (vi)	ทำเสียงจ๊อกแจ๊ก	tham sǐang jòrk jáek

215. Animais jovens

cria (f), filhote (m)	ลูกสัตว์	lôok sàt
gatinho (m)	ลูกแมว	lôok maew
ratinho (m)	ลูกหนู	lôok nǒo
cachorro (m)	ลูกหมา	lôok mǎa
filhote (m) de lebre	ลูกกระต่ายป่า	lôok grà-dtàai bpàa
coelhinho (m)	ลูกกระตาย	lôok grà-dtàai
lobinho (m)	ลูกหมาป่า	lôok mǎa bpàa
filhote (m) de raposa	ลูกหมาจิ้งจอก	lôok mǎa jîng-jòk

filhote (m) de urso	ลูกหมี	lôok měe
filhote (m) de leão	ลูกสิงโต	lôok sǐng dtoh
filhote (m) de tigre	ลูกเสือ	lôok sěua
filhote (m) de elefante	ลูกช้าง	lôok cháang
leitão (m)	ลูกหมู	lôok mǒo
bezerro (m)	ลูกวัว	lôok wua
cabrito (m)	ลูกแพะ	lôok pháe
cordeiro (m)	ลูกแกะ	lôok gàe
filhote (m) de veado	ลูกกวาง	lôok gwaang
cria (f) de camelo	ลูกอูฐ	lôok òot
filhote (m) de serpente	ลูกงู	lôok ngoo
filhote (m) de rã	ลูกกบ	lôok gòp
cria (f) de ave	ลูกนก	lôok nók
pinto (m)	ลูกไก่	lôok gài
patinho (m)	ลูกเป็ด	lôok bpèt

216. Pássaros

pássaro (m), ave (f)	นก	nók
pombo (m)	นกพิราบ	nók phí-râap
pardal (m)	นกกระจิบ	nók grà-jìp
chapim-real (m)	นกติ๊ด	nók dtít
pega-rabuda (f)	นกสาลิกา	nók sǎa-lí gaa
corvo (m)	นกอีกา	nók ee-gaa
gralha-cinzenta (f)	นกกา	nók gaa
gralha-de-nuca-cinzenta (f)	นกจำพวกกา	nók jam phûak gaa
gralha-calva (f)	นกการูค	nók gaa róok
pato (m)	เป็ด	bpèt
ganso (m)	ห่าน	hàan
faisão (m)	ไก่ฟ้า	gài fáa
águia (f)	นกอินทรี	nók in-see
açor (m)	นกเหยี่ยว	nók yìeow
falcão (m)	นกเหยี่ยว	nók yìeow
abutre (m)	นกแร้ง	nók ráeng
condor (m)	นกแร้งขนาดใหญ่	nók ráeng kà-nàat yài
cisne (m)	นกหงส์	nók hǒng
grou (m)	นกกระเรียน	nók grà rian
cegonha (f)	นกกระสา	nók grà-sǎa
papagaio (m)	นกแก้ว	nók gâew
beija-flor (m)	นกฮัมมิ่งเบิร์ด	nók ham-mîng-bèrt
pavão (m)	นกยูง	nók yoong
avestruz (m)	นกกระจอกเทศ	nók grà-jòrk-thâyt
garça (f)	นกยาง	nók yaang
flamingo (m)	นกฟลามิงโก	nók flaa-ming-goh
pelicano (m)	นกกระทุง	nók-grà-thung

rouxinol (m)	นกไนติงเกล	nók-nai-dting-gayn
andorinha (f)	นกนางแอน	nók naang-àen
tordo-zornal (m)	นกเดินดง	nók dern dong
tordo-músico (m)	นกเดินดงร้องเพลง	nók dern dong rórng phlayng
melro-preto (m)	นกเดินดงสีดำ	nók-dern-dong sĕe dam
andorinhão (m)	นกแอ่น	nók àen
cotovia (f)	นกลาร์ค	nók lâak
codorna (f)	นกคุ่ม	nók khûm
pica-pau (m)	นกหัวขวาน	nók hŭa khwǎan
cuco (m)	นกดุเหว่า	nók dù hǎy wâa
coruja (f)	นกฮูก	nók hôok
bufo-real (m)	นกเค้าใหญ่	nók kháo yài
tetraz-grande (m)	ไก่ป่า	gài bpàa
tetraz-lira (m)	ไก่ดำ	gài dam
perdiz-cinzenta (f)	นกกระทา	nók-grà-thaa
estorninho (m)	นกกิ้งโครง	nók-gîng-khrohng
canário (m)	นกขุนมิน	nók khà-mîn
galinha-do-mato (f)	ไก่น้ำตาล	gài nám dtaan
tentilhão (m)	นกจาบ	nók-jàap
dom-fafe (m)	นกบูลฟินช์	nók boon-fin
gaivota (f)	นกนางนวล	nók naang-nuan
albatroz (m)	นกอัลบาทรอส	nók an-baa-thrôt
pinguim (m)	นกเพนกวิน	nók phayn-gwin

217. Pássaros. Canto e sons

cantar (vi)	ร้องเพลง	rórng phlayng
gritar, chamar (vi)	ร้อง	rórng
cantar (o galo)	ร้องขัน	rórng khǎn
cocorocó (m)	เสียงขัน	sĭang khǎn
cacarejar (vi)	ร้องกุ๊กๆ	rórng gúk gúk
crocitar (vi)	ร้องเสียงกาๆ	rórng sĭang gaa gaa
grasnar (vi)	ร้องกาบๆ	rórng gâap gâap
piar (vi)	ร้องเสียงจิ๊บ ๆ	rórng sĭang jíp jíp
chilrear, gorjear (vi)	ร้องจอกแจก	rórng jòk jáek

218. Peixes. Animais marinhos

brema (f)	ปลาบรีม	bplaa bpreem
carpa (f)	ปลาคาร์ป	bplaa khâap
perca (f)	ปลาเพิร์ช	bplaa phêrt
siluro (m)	ปลาดุก	bplaa-dùk
lúcio (m)	ปลาไพค์	bplaa phai
salmão (m)	ปลาแซลมอน	bplaa saen-morn
esturjão (m)	ปลาสเตอร์เจียน	bpláa sà-dtêr jian

arenque (m)	ปลาเฮอร์ริง	bplaa her-ring
salmão (m) do Atlântico	ปลาแซลมอนแอตแลนติก	bplaa saen-mon àet-laen-dtìk
cavala, sarda (f)	ปลาซาบะ	bplaa saa-bà
solha (f), linguado (m)	ปลาลิ้นหมา	bplaa lín-măa

lúcio perca (m)	ปลาไพค์เพิร์ช	bplaa phái phert
bacalhau (m)	ปลาค็อด	bplaa khót
atum (m)	ปลาทูน่า	bplaa thoo-nâa
truta (f)	ปลาเทราท์	bplaa thrau

enguia (f)	ปลาไหล	bplaa lăi
raia (f) elétrica	ปลากระเบนไฟฟ้า	bplaa grà-bayn-fai-fáa
moreia (f)	ปลาไหลมอเรย์	bplaa lăi mor-ray
piranha (f)	ปลาปิรันยา	bplaa bpì-ran-yâa

tubarão (m)	ปลาฉลาม	bplaa chà-lăam
golfinho (m)	โลมา	loh-maa
baleia (f)	วาฬ	waan

caranguejo (m)	ปู	bpoo
água-viva (f)	แมงกะพรุน	maeng gà-phrun
polvo (m)	ปลาหมึก	bplaa mèuk

estrela-do-mar (f)	ปลาดาว	bplaa daao
ouriço-do-mar (m)	หอยเม่น	hŏi mâyn
cavalo-marinho (m)	ม้าน้ำ	máa nám

ostra (f)	หอยนางรม	hŏi naang rom
camarão (m)	กุ้ง	gûng
lagosta (f)	กุ้งมังกร	gûng mang-gon
lagosta (f)	กุ้งมังกร	gûng mang-gon

219. Anfíbios. Répteis

| cobra (f) | งู | ngoo |
| venenoso (adj) | พิษ | phít |

víbora (f)	งูแมวเซา	ngoo maew sao
naja (f)	งูเห่า	ngoo hào
píton (m)	งูเหลือม	ngoo lĕuam
jiboia (f)	งูโบอา	ngoo boh-aa

cobra-de-água (f)	งูเล็กที่ไม่เป็นอันตราย	ngoo lék thêe mâi bpen an-dtà-raai
cascavel (f)	งูหางกระดิ่ง	ngoo hăang grà-dìng
anaconda (f)	งูอนาคอนดา	ngoo a -naa-khon-daa

lagarto (m)	กิ้งก่า	gîng-gàa
iguana (f)	อีกัวนา	ee gua naa
varano (m)	กิ้งกามอนิเตอร์	gîng-gàa mor-ní-dtêr
salamandra (f)	ซาลาแมนเดอร์	saa-laa-maen-dêr
camaleão (m)	กิ้งกาคามิเลียน	gîng-gàa khaa-mí-lian
escorpião (m)	แมงป่อง	maeng bpòrng
tartaruga (f)	เต่า	dtào

rã (f)	กบ	gòp
sapo (m)	คางคก	khaang-kók
crocodilo (m)	จระเข้	jor-rá-khây

220. Insetos

inseto (m)	แมลง	má-laeng
borboleta (f)	ผีเสื้อ	phěe sêua
formiga (f)	มด	mót
mosca (f)	แมลงวัน	má-laeng wan
mosquito (m)	ยุง	yung
escaravelho (m)	แมลงปีกแข็ง	má-laeng bpèek khǎeng

vespa (f)	ต่อ	dtòr
abelha (f)	ผึ้ง	phêung
mamangaba (f)	ผึ้งบัมเบิลบี	phêung bam-bern bee
moscardo (m)	เหลือบ	lèuap

| aranha (f) | แมงมุม | maeng mum |
| teia (f) de aranha | ใยแมงมุม | yai maeng mum |

libélula (f)	แมลงปอ	má-laeng bpor
gafanhoto (m)	ตั๊กแตน	dták-gà-dtaen
traça (f)	ผีเสื้อกลางคืน	phěe sêua glaang kheun

barata (f)	แมลงสาบ	má-laeng sàap
carrapato (m)	เห็บ	hèp
pulga (f)	หมัด	màt
borrachudo (m)	ริ้น	rín

gafanhoto (m)	ตั๊กแตน	dták-gà-dtaen
caracol (m)	หอยทาก	hǒi thâak
grilo (m)	จิ้งหรีด	jîng-rèet
pirilampo, vaga-lume (m)	หิ่งห้อย	hìng-hôi
joaninha (f)	แมลงเต่าทอง	má-laeng dtào thorng
besouro (m)	แมงอีนูน	maeng ee noon

sanguessuga (f)	ปูลิง	bpling
lagarta (f)	บุ้ง	bûng
minhoca (f)	ไส้เดือน	sâi deuan
larva (f)	ตัวอ่อน	dtua òrn

221. Animais. Partes do corpo

bico (m)	จงอยปาก	ja-ngoi bpàak
asas (f pl)	ปีก	bpèek
pata (f)	เท้า	tháo
plumagem (f)	ขนนก	khǒn nók
pena, pluma (f)	ขนนก	khǒn nók
crista (f)	ขนหัว	khǒn hǔa
brânquias, guelras (f pl)	เหงือก	ngèuak
ovas (f pl)	ไข่ปลา	khài-bplaa

200

larva (f)	ตัวอ่อน	dtua òrn
barbatana (f)	ครีบ	khrêep
escama (f)	เกล็ด	glèt

presa (f)	เขี้ยว	khîeow
pata (f)	เท้า	tháo
focinho (m)	จมูกและปาก	jà-mòok láe bpàak
boca (f)	ปาก	bpàak
cauda (f), rabo (m)	หาง	hăang
bigodes (m pl)	หนวด	nùat

| casco (m) | กีบ | gèep |
| corno (m) | เขา | khăo |

carapaça (f)	กระดอง	grà dorng
concha (f)	เปลือก	bplèuak
casca (f) de ovo	เปลือกไข่	bplèuak khài

| pelo (m) | ขน | khŏn |
| pele (f), couro (m) | หนัง | năng |

222. Ações dos animais

| voar (vi) | บิน | bin |
| dar voltas | บินวน | bin-won |

| voar (para longe) | บินไป | bin bpai |
| bater as asas | กระพือ | grà-pheu |

| bicar (vi) | จิก | jìk |
| incubar (vt) | กกไข่ | gòk khài |

| sair do ovo | ฟักตัวออกจากไข่ | fák dtua òrk jàak kài |
| fazer o ninho | สร้างรัง | sâang rang |

rastejar (vi)	เลื้อย	léuay
picar (vt)	ต่อย	dtòi
morder (cachorro, etc.)	กัด	gàt

cheirar (vt)	ดม	dom
latir (vi)	เห่า	hào
silvar (vi)	ออกเสียงฟ่อ	òrk sĭang fôr

| assustar (vt) | ทำให้...กลัว | tham hâi...glua |
| atacar (vt) | จู่โจม | jòo johm |

roer (vt)	ขุบ	khòp
arranhar (vt)	ขวน	khùan
esconder-se (vr)	ซ่อน	sôrn

brincar (vi)	เล่น	lên
caçar (vi)	ล่า	lâa
hibernar (vi)	จำศีล	jam sĕen
extinguir-se (vr)	สูญพันธุ์	sŏon phan

223. Animais. Habitats

hábitat (m)	ที่อยู่อาศัย	thêe yòo aa-săi
migração (f)	การอพยพ	gaan òp-phá-yóp
montanha (f)	ภูเขา	phoo khăo
recife (m)	แนวปะการัง	naew bpà-gaa-rang
falésia (f)	หน้าผา	nâa phăa
floresta (f)	ป่า	bpàa
selva (f)	ป่าดิบชื้น	bpàa dìp chéun
savana (f)	สะวันนา	sà wan naa
tundra (f)	ทันดรา	than-draa
estepe (f)	ทุ่งหญ้าสเตปป์	thûng yâa sà-dtàyp
deserto (m)	ทะเลทราย	thá-lay saai
oásis (m)	โอเอซิส	oh-ay-sít
mar (m)	ทะเล	thá-lay
lago (m)	ทะเลสาบ	thá-lay sàap
oceano (m)	มหาสมุทร	má-hăa sà-mùt
pântano (m)	บึง	beung
de água doce	น้ำจืด	nám jèut
lagoa (f)	บ่อน้ำ	bòr náam
rio (m)	แม่น้ำ	mâe náam
toca (f) do urso	ถ้ำสัตว์	thâm sàt
ninho (m)	รัง	rang
buraco (m) de árvore	โพรงไม้	phrohng máai
toca (f)	โพรง	phrohng
formigueiro (m)	รังมด	rang mót

224. Cuidados com os animais

jardim (m) zoológico	สวนสัตว์	sŭan sàt
reserva (f) natural	เขตสงวน ธรรมชาติ	khàyt sà-ngŭan tham-má-châat
viveiro (m)	ที่ขยายพันธุ์	thêe khà-yăai phan
jaula (f) de ar livre	กรง	grorng
jaula, gaiola (f)	กรง	grorng
casinha (f) de cachorro	บ้านสุนัข	baan sù-nák
pombal (m)	บ้านนกพิราบ	bâan nók phí-râap
aquário (m)	ตู้ปลา	dtôo bplaa
delfinário (m)	บ่อโลมา	bòr loh-maa
criar (vt)	ขยายพันธุ์	khà-yăai phan
cria (f)	ลูกสัตว์	lôok sàt
domesticar (vt)	เชื่อง	chêuang
adestrar (vt)	ฝึก	fèuk
ração (f)	อาหาร	aa-hăan

alimentar (vt)	ให้อาหาร	hâi aa-hǎan
loja (f) de animais	รานสู่ตวเลี้ยง	ráan sàt líang
focinheira (m)	ตะกรอปาก	dtà-grôr bpàak
coleira (f)	ปลอกคอ	bplòrk kor
nome (do animal)	ชื่อ	chêu
pedigree (m)	สายพันธุ์	sǎai phan

225. Animais. Diversos

alcateia (f)	ฝูง	fǒong
bando (pássaros)	ฝูง	fǒong
cardume (peixes)	ฝูง	fǒong
manada (cavalos)	ฝูง	fǒong
macho (m)	ตัวผู้	dtua phôo
fêmea (f)	ตัวเมีย	dtua mia
faminto (adj)	หิว	hǐw
selvagem (adj)	ป่า	bpàa
perigoso (adj)	อันตราย	an-dtà-raai

226. Cavalos

cavalo (m)	ม้า	máa
raça (f)	พันธุ์	phan
potro (m)	ลูกม้า	lôok máa
égua (f)	ม้าตัวเมีย	máa dtua mia
mustangue (m)	ม้าป่า	máa bpàa
pônei (m)	ม้าพันธุ์เล็ก	máa phan lék
cavalo (m) de tiro	ม้างาน	máa ngaan
crina (f)	แผงคอ	phǎeng khor
rabo (m)	หาง	hǎng
casco (m)	กีบ	gèep
ferradura (f)	เกือก	gèuak
ferrar (vt)	ใส่เกือก	sài gèuak
ferreiro (m)	ช่างเหล็ก	châang lèk
sela (f)	อานม้า	aan máa
estribo (m)	โกลน	glohn
brida (f)	บังเหียน	bang hǐan
rédeas (f pl)	สายบังเหียน	sǎai bang hǐan
chicote (m)	แส้	sâe
cavaleiro (m)	นักขี่ม้า	nák khèe máa
colocar sela	ใส่อานม้า	sài aan máa
montar no cavalo	ขึ้นขี่ม้า	khêun khèe máa
galope (m)	การควบม้า	gaan khûap máa
galopar (vi)	ควบม้า	khûap máa

trote (m)	การเหยาะย่าง	gaan yòr yâang
a trote	แบบเหยาะยาง	bàep yòr yâang
ir a trote	เหยาะยาง	yòr yâang
cavalo (m) de corrida	ม้าแข่ง	máa khàeng
corridas (f pl)	การแข่งม้า	gaan khàeng máa
estábulo (m)	คอกม้า	khôrk máa
alimentar (vt)	ให้อาหาร	hâi aa-hǎan
feno (m)	หญ้าแหง	yâa hâeng
dar água	ให้น้ำ	hâi nám
limpar (vt)	ทำความสะอาด	tham khwaam sà-àat
carroça (f)	รถเทียมม้า	rót thiam máa
pastar (vi)	เล็มหญ้า	lem yâa
relinchar (vi)	ร้องฮี้ๆ	rórng híí híí
dar um coice	ถีบ	thèep

Flora

227. Árvores

árvore (f)	ต้นไม้	dtôn máai
decídua (adj)	ผลัดใบ	phlàt bai
conífera (adj)	สน	sǒn
perene (adj)	ซึ่งเขียวชอุ่มตลอดปี	sêung khǐeow chá-ùm dtà-lòrt bpee
macieira (f)	ต้นแอปเปิ้ล	dtôn àep-bpêrn
pereira (f)	ต้นแพร	dtôn phae
cerejeira (f)	ต้นเชอรี่ป่า	dtôn cher-rêe bpàa
ginjeira (f)	ต้นเชอรี่	dtôn cher-rêe
ameixeira (f)	ตนพลัม	dtôn phlam
bétula (f)	ต้นเบิร์ช	dtôn bèrt
carvalho (m)	ต้นโอ๊ค	dtôn óhk
tília (f)	ตนไม้ดอกเหลือง	dtôn máai dòrk lěuang
choupo-tremedor (m)	ต้นแอสเพน	dtôn ae sà-phayn
bordo (m)	ตนเมเปิล	dtôn may bpêrn
espruce (m)	ต้นเฟอร์	dtôn fer
pinheiro (m)	ต้นเกี๊ยะ	dtôn gía
alerce, lariço (m)	ตนลารช	dtôn lâat
abeto (m)	ต้นเฟอร์	dtôn fer
cedro (m)	ตนซีดาร	dtôn-see-daa
choupo, álamo (m)	ต้นปอปลาร์	dtôn bpor-bplaa
tramazeira (f)	ตนโรแวน	dtôn-roh-waen
salgueiro (m)	ต้นวิลโลว์	dtôn win-loh
amieiro (m)	ตนอัลเดอร์	dtôn an-dêr
faia (f)	ต้นบีช	dtôn bèet
ulmeiro, olmo (m)	ตนเอลม	dtôn elm
freixo (m)	ต้นแอช	dtôn aesh
castanheiro (m)	ตนเกาลัด	dtôn gao lát
magnólia (f)	ต้นแมกโนเลีย	dtôn mâek-noh-lia
palmeira (f)	ต้นปาลม	dtôn bpaam
cipreste (m)	ตนไซเปรส	dtôn-sai-bpràyt
mangue (m)	ต้นโกงกาง	dtôn gohng gaang
embondeiro, baobá (m)	ต้นเบาบับ	dtôn bao-bàp
eucalipto (m)	ต้นยูคาลิปตัส	dtôn yoo-khaa-líp-dtàt
sequoia (f)	ตนสนซีควัยยา	dtôn sǒn see kua yaa

228. Arbustos

arbusto (m)	พุ่มไม้	phûm máai
arbusto (m), moita (f)	ตนไมพุม	dtôn máai phûm
videira (f)	ต้นองุ่น	dtôn a-ngùn
vinhedo (m)	ไรองุน	râi a-ngùn
framboeseira (f)	พุ่มราสเบอร์รี่	phûm râat-ber-rêe
groselheira-negra (f)	พุมแบล็คเคอร์แรนท์	phûm blàek-khêr-raen
groselheira-vermelha (f)	พุมเรดเคอรุแรนท	phûm râyt-khêr-raen
groselheira (f) espinhosa	พุมกูสเบอร์รี่	phûm gòot-ber-rêe
acácia (f)	ต้นอาเคเชีย	dtôn aa-khay-chia
bérberis (f)	ตนบารเบอรรี่	dtôn baa-ber-rêe
jasmim (m)	มะลิ	má-lí
junípero (m)	ต้นจูนิเปอร์	dtôn joo-ní-bper
roseira (f)	พุมกุหลาบ	phûm gù làap
roseira (f) brava	พุมดอกโรส	phûm dòrk-rôht

229. Cogumelos

cogumelo (m)	เห็ด	hèt
cogumelo (m) comestível	เห็ดกินได้	hèt gin dâai
cogumelo (m) venenoso	เห็ดมีพิษ	hèt mee pít
chapéu (m)	ดูอกเห็ด	dòrk hèt
pé, caule (m)	ตนเห็ด	dtôn hèt
boleto, porcino (m)	เห็ดพอร์ชินี	hèt phor chí nee
boleto (m) alaranjado	เห็ดพอร์ชินีดูอกเหลือง	hèt phor chí nee dòrk lěuang
boleto (m) de bétula	เห็ดตับเตาที่ขึ้น	hèt dtàp dtào thêe khêun
	บนตนเบิรช	bon dtôn-bèrt
cantarelo (m)	เห็ดกอเหลือง	hèt gòr lěuang
rússula (f)	เห็ดตะไค	hèt dtà khai
morchella (f)	เห็ดมอเรล	hèt mor rayn
agário-das-moscas (m)	เห็ดพิษหมวกแดง	hèt phít mùak daeng
cicuta (f) verde	เห็ดระโงกหิน	hèt rá ngôhk hǐn

230. Frutos. Bagas

fruta (f)	ผลไม้	phǒn-lá-máai
frutas (f pl)	ผลไม	phǒn-lá-máai
maçã (f)	แอปเปิ้ล	àep-bpêrn
pera (f)	ลูกแพร	lôok phae
ameixa (f)	พลัม	phlam
morango (m)	สตรอว์เบอร์รี่	sà-dtror-ber-rêe
ginja (f)	เชอรรี่	cher-rêe

cereja (f)	เชอร์รี่ป่า	cher-rêe bpàa
uva (f)	องุ่น	a-ngùn

framboesa (f)	ราสเบอร์รี่	râat-ber-rêe
groselha (f) negra	แบล็คเคอร์แรนท์	blàek khêr-raen
groselha (f) vermelha	เรดเคอร์แรนท	râyt-khêr-raen
groselha (f) espinhosa	กูสเบอร์รี่	gòot-ber-rêe
oxicoco (m)	แครนเบอร์รี่	khraen-ber-rêe

laranja (f)	ส้ม	sôm
tangerina (f)	ส้มแมนดาริน	sôm maen daa rin
abacaxi (m)	สับปะรด	sàp-bpà-rót
banana (f)	กล้วย	glûay
tâmara (f)	อินทผลัม	in-thá-phâ-lam

limão (m)	เลมอน	lay-mon
damasco (m)	แอปริคอท	ae-bprì-khôrt
pêssego (m)	ลูกทอ	lôok thór
quiuí (m)	กีวี	gee wee
toranja (f)	ส้มโอ	sôm oh

baga (f)	เบอร์รี่	ber-rêe
bagas (f pl)	เบอร์รี่	ber-rêe
arando (m) vermelho	คาวเบอร์รี่	khaao-ber-rêe
morango-silvestre (m)	สตรอว์เบอร์รี่ป่า	sá-dtrorw ber-rêe bpàa
mirtilo (m)	บิลเบอร์รี่	bil-ber-rêe

231. Flores. Plantas

flor (f)	ดอกไม้	dòrk máai
buquê (m) de flores	ช่อดอกไม้	chôr dòrk máai

rosa (f)	ดอกกุหลาบ	dòrk gù làap
tulipa (f)	ดอกทิวลิป	dòrk thiw-líp
cravo (m)	ดอกคาร์เนชั่น	dòrk khaa-nay-chân
gladíolo (m)	ดอกแกลดิโอลัส	dòrk gaen-dì-oh-lát

centáurea (f)	ดอกคอร์นฟลาวเวอร์	dòrk khon-flaao-wer
campainha (f)	ดอกระฆัง	dòrk rá-khang
dente-de-leão (m)	ดอกแดนดิไลออน	dòrk daen-dì-lai-on
camomila (f)	ดอกคาโมมายล	dòrk khaa-moh maai

aloé (m)	ว่านหางจระเข้	wâan-hăang-jor-rá-khây
cacto (m)	ตะบองเพชร	dtà-bong-phét
fícus (m)	ตนเลียบ	dtôn lîap

lírio (m)	ดอกลิลี่	dòrk lí-lêe
gerânio (m)	ดอกเจอราเนียม	dòrk jer-raa-niam
jacinto (m)	ดอกไฮอะชินท์	dòrk hai-a-sin

mimosa (f)	ดอกไมยราบ	dòrk mai râap
narciso (m)	ดอกนาร์ซิสซัส	dòrk naa-sít-sát
capuchinha (f)	ดอกแนสเตอร์ชัม	dòrk nâet-dtêr-cham
orquídea (f)	ดอกกล้วยไม้	dòrk glûay máai

peônia (f)	ดอกโบตั๋น	dòrk boh-dtǎn
violeta (f)	ดอกไวโอเล็ต	dòrk wai-oh-lét
amor-perfeito (m)	ดอกแพนซี	dòrk phaen-see
não-me-esqueças (m)	ดอกฟอร์เก็ตมีน็อต	dòrk for-gèt-mee-nót
margarida (f)	ดอกเดซี	dòrk day see
papoula (f)	ดอกป๊อปปี้	dòrk bpóp-bpêe
cânhamo (m)	กัญชา	gan chaa
hortelã, menta (f)	สะระแหน่	sà-rá-nàe
lírio-do-vale (m)	ดอกลิลลี่แห่งหุบเขา	dòrk lí-lá-lêe hàeng hùp khǎo
campânula-branca (f)	ดอกหยาดหิมะ	dòrk yàat hì-má
urtiga (f)	ตำแย	dtam-yae
azedinha (f)	ซอรเรล	sor-rayn
nenúfar (m)	บัว	bua
samambaia (f)	เฟิร์น	fern
líquen (m)	ไลเคน	lai-khayn
estufa (f)	เรือนกระจก	reuan grà-jòk
gramado (m)	สนามหญ้า	sà-nǎam yâa
canteiro (m) de flores	สนามดอกไม้	sà-nǎam-dòrk-máai
planta (f)	พืช	phêut
grama (f)	หญ้า	yâa
folha (f) de grama	ใบหญ้า	bai yâa
folha (f)	ใบไม้	bai máai
pétala (f)	กลีบดอก	glèep dòrk
talo (m)	ลำต้น	lam dtôn
tubérculo (m)	หัวใต้ดิน	hǔa dtâi din
broto, rebento (m)	ต้นอ่อน	dtôn òrn
espinho (m)	หนาม	nǎam
florescer (vi)	บาน	baan
murchar (vi)	เหี่ยว	hìeow
cheiro (m)	กลิ่น	glìn
cortar (flores)	ตัด	dtàt
colher (uma flor)	เด็ด	dèt

232. Cereais, grãos

grão (m)	เมล็ด	má-lét
cereais (plantas)	ธัญพืช	than-yá-phêut
espiga (f)	รวงขาว	ruang khâao
trigo (m)	ข้าวสาลี	khâao sǎa-lee
centeio (m)	ข้าวไรย์	khâao rai
aveia (f)	ข้าวโอต	khâao óht
painço (m)	ข้าวฟ่าง	khâao fâang
cevada (f)	ข้าวบาร์เลย์	khâao baa-lây
milho (m)	ขาวโพด	khâao-phôht

| arroz (m) | ข้าว | khâao |
| trigo-sarraceno (m) | บัควีท | bàk-wêet |

ervilha (f)	ถั่วลันเตา	thùa-lan-dtao
feijão (m) roxo	ถั่วรูปไต	thùa rôop dtai
soja (f)	ถั่วเหลือง	thùa lěuang
lentilha (f)	ถั่วเลนทิล	thùa layn thin
feijão (m)	ถั่ว	thùa

233. Vegetais. Verduras

| vegetais (m pl) | ผัก | phàk |
| verdura (f) | ผักใบเขียว | phàk bai khĭeow |

tomate (m)	มะเขือเทศ	má-khĕua thâyt
pepino (m)	แตงกวา	dtaeng-gwaa
cenoura (f)	แครอท	khae-rót
batata (f)	มันฝรั่ง	man fà-ràng
cebola (f)	หัวหอม	hŭa hŏrm
alho (m)	กระเทียม	grà-thiam

couve (f)	กะหล่ำปลี	gà-làm bplee
couve-flor (f)	ดอกกะหล่ำ	dòrk gà-làm
couve-de-bruxelas (f)	กะหล่ำดาว	gà-làm-daao
brócolis (m pl)	บร็อคโคลี่	bròrk-khoh-lêe

beterraba (f)	บีท	beet
berinjela (f)	มะเขือยาว	má-khĕua-yaao
abobrinha (f)	ซูกินี	soo-gi -nee
abóbora (f)	ฟักทอง	fák-thorng
nabo (m)	หัวผักกาด	hŭa-phàk-gàat

salsa (f)	ผักชีฝรั่ง	phàk chee fà-ràng
endro, aneto (m)	ผักชีลาว	phàk-chee-laao
alface (f)	ผักกาดหอม	phàk gàat hŏrm
aipo (m)	คื่นฉ่าย	khêun-châai
aspargo (m)	หน่อไม้ฝรั่ง	nòr máai fà-ràng
espinafre (m)	ผักโขม	phàk khŏm

ervilha (f)	ถั่วลันเตา	thùa-lan-dtao
feijão (~ soja, etc.)	ถั่ว	thùa
milho (m)	ข้าวโพด	khâao-phôht
feijão (m) roxo	ถั่วรูปไต	thùa rôop dtai

pimentão (m)	พริกหยวก	phrík-yùak
rabanete (m)	หัวผักกาดแดง	hŭa-phàk-gàat daeng
alcachofra (f)	อาร์ติโชค	aa dtì chôhk

GEOGRAFIA REGIONAL

Países. Nacionalidades

234. Europa Ocidental

Europa (f)	ยุโรป	yú-ròhp
União (f) Europeia	สหภาพยุโรป	sà-hà phâap yú-rôhp
europeu (m)	คนยุโรป	khon yú-rôhp
europeu (adj)	ยุโรป	yú-ròhp
Áustria (f)	ประเทศออสเตรีย	bprà-thâyt òt-dtria
austríaco (m)	คนออสเตรีย	khon òt-dtria
austríaca (f)	คนออสเตรีย	khon òt-dtria
austríaco (adj)	ออสเตรีย	òrt-dtria
Grã-Bretanha (f)	บริเตนใหญ่	brì-dtayn yài
Inglaterra (f)	ประเทศอังกฤษ	bprà-thâyt ang-grìt
inglês (m)	คนอังกฤษ	khon ang-grìt
inglesa (f)	คนอังกฤษ	khon ang-grìt
inglês (adj)	อังกฤษ	ang-grìt
Bélgica (f)	ประเทศเบลเยียม	bprà-thâyt bayn-yiam
belga (m)	คนเบลเยียม	khon bayn-yiam
belga (f)	คนเบลเยียม	khon bayn-yiam
belga (adj)	เบลเยียม	bayn-yiam
Alemanha (f)	ประเทศเยอรมนี	bprà-thâyt yer-rá-ma-nee
alemão (m)	คนเยอรมัน	khon yer-rá-man
alemã (f)	คนเยอรมัน	khon yer-rá-man
alemão (adj)	เยอรมัน	yer-rá-man
Países Baixos (m pl)	ประเทศเนเธอร์แลนด์	bprà-thâyt nay-ther-laen
Holanda (f)	ประเทศฮอลแลนด	bprà-thâyt hon-laen
holandês (m)	คนเนเธอร์แลนด์	khon nay-ther-laen
holandesa (f)	คนเนเธอร์แลนด์	khon nay-ther-laen
holandês (adj)	เนเธอร์แลนด์	nay-ter-laen
Grécia (f)	ประเทศกรีซ	bprà-thâyt grèet
grego (m)	คนกรีก	khon grèek
grega (f)	คนกรีก	khon grèek
grego (adj)	กรีซ	grèet
Dinamarca (f)	ประเทศเดนมาร์ก	bprà-thâyt dayn-màak
dinamarquês (m)	คนเดนมาร์ก	khon dayn-màak
dinamarquesa (f)	คนเดนมาร์ก	khon dayn-màak
dinamarquês (adj)	เดนมาร์ก	dayn-màak
Irlanda (f)	ประเทศไอร์แลนด์	bprà-thâyt ai-laen
irlandês (m)	คนไอริช	khon ai-rít

| irlandesa (f) | คนไอริช | khon ai-rít |
| irlandês (adj) | ไอรแลนด์ | ai-laen |

Islândia (f)	ประเทศไอซ์แลนด์	bprà-thâyt ai-laen
islandês (m)	คนไอซ์แลนด์	khon ai-laen
islandesa (f)	คนไอซ์แลนด์	khon ai-laen
islandês (adj)	ไอซ์แลนด์	ai-laen

Espanha (f)	ประเทศสเปน	bprà-thâyt sà-bpayn
espanhol (m)	คนสเปน	khon sà-bpayn
espanhola (f)	คนสเปน	khon sà-bpayn
espanhol (adj)	สเปน	sà-bpayn

Itália (f)	ประเทศอิตาลี	bprà-thâyt i-dtaa-lee
italiano (m)	คนอิตาเลียน	khon i-dtaa-lian
italiana (f)	คนอิตาเลียน	khon i-dtaa-lian
italiano (adj)	อิตาลี	i-dtaa-lee

Chipre (m)	ประเทศไซปรัส	bprà-thâyt sai-bpràt
cipriota (m)	คนไซปรัส	khon sai-bpràt
cipriota (f)	คนไซปรัส	khon sai-bpràt
cipriota (adj)	ไซปรัส	sai-bpràt

Malta (f)	ประเทศมอลตา	bprà-thâyt mon-dtaa
maltês (m)	คนมอลตา	khon mon-dtaa
maltesa (f)	คนมอลตา	khon mon-dtaa
maltês (adj)	มอลตา	mon-dtâa

Noruega (f)	ประเทศนอร์เวย์	bprà-thâyt nor-way
norueguês (m)	คนนอร์เวย์	khon nor-way
norueguesa (f)	คนนอร์เวย์	khon nor-way
norueguês (adj)	นอร์เวย	nor-way

Portugal (m)	ประเทศโปรตุเกส	bprà-thâyt bproh-dtù-gàyt
português (m)	คนโปรตุเกส	khon bproh-dtù-gàyt
portuguesa (f)	คนโปรตุเกส	khon bproh-dtù-gàyt
português (adj)	โปรตุเกส	bproh-dtù-gàyt

Finlândia (f)	ประเทศฟินแลนด์	bprà-thâyt fin-laen
finlandês (m)	คนฟินแลนด์	khon fin-laen
finlandesa (f)	คนฟินแลนด์	khon fin-laen
finlandês (adj)	ฟินแลนด์	fin-laen

França (f)	ประเทศฝรั่งเศส	bprà-thâyt fà-ràng-sàyt
francês (m)	คนฝรั่งเศส	khon fà-ràng-sàyt
francesa (f)	คนฝรั่งเศส	khon fà-ràng-sàyt
francês (adj)	ฝรั่งเศส	fà-ràng-sàyt

Suécia (f)	ประเทศสวีเดน	bprà-thâyt sà-wěe-dayn
sueco (m)	คนสวีเดน	khon sà-wěe-dayn
sueca (f)	คนสวีเดน	khon sà-wěe-dayn
sueco (adj)	สวีเดน	sà-wěe-dayn

Suíça (f)	ประเทศสวิตเซอร์แลนด์	bprà-thâyt sà-wìt-sêr-laen
suíço (m)	คนสวิส	khon sà-wìt
suíça (f)	คนสวิส	khon sà-wìt

suíço (adj)	สวิส	sà-wìt
Escócia (f)	ประเทศสก็อตแลนด์	bprà-thâyt sà-gòt-laen
escocês (m)	คนสก็อต	khon sà-gòt
escocesa (f)	คนสก็อต	khon sà-gòt
escocês (adj)	สก็อตแลนด์	sà-gòt-laen

Vaticano (m)	นครรัฐวาติกัน	ná-khon rát waa-dtì-gan
Liechtenstein (m)	ประเทศลิกเตนสไตน์	bprà-thâyt lík-tay-ná-sà-dtai
Luxemburgo (m)	ประเทศลักเซมเบิร์ก	bprà-thâyt lák-saym-bèrk
Mônaco (m)	ประเทศโมนาโก	bprà-thâyt moh-naa-goh

235. Europa Central e de Leste

Albânia (f)	ประเทศแอลเบเนีย	bprà-thâyt aen-bay-nia
albanês (m)	คนแอลเบเนีย	khon aen-bay-nia
albanesa (f)	คนแอลเบเนีย	khon aen-bay-nia
albanês (adj)	แอลเบเนีย	aen-bay-nia

Bulgária (f)	ประเทศบัลแกเรีย	bprà-thâyt ban-gae-ria
búlgaro (m)	คนบัลแกเรีย	khon ban-gae-ria
búlgara (f)	คนบัลแกเรีย	khon ban-gae-ria
búlgaro (adj)	บัลแกเรีย	ban-gae-ria

Hungria (f)	ประเทศฮังการี	bprà-thâyt hang-gaa-ree
húngaro (m)	คนฮังการี	khon hang-gaa-ree
húngara (f)	คนฮังการี	khon hang-gaa-ree
húngaro (adj)	ฮังการี	hang-gaa-ree

Letônia (f)	ประเทศลัตเวีย	bprà-thâyt lát-wia
letão (m)	คนลัตเวีย	khon lát-wia
letã (f)	คนลัตเวีย	khon lát-wia
letão (adj)	ลัตเวีย	lát-wia

Lituânia (f)	ประเทศลิทัวเนีย	bprà-thâyt lí-thua-nia
lituano (m)	คนลิทัวเนีย	khon lí-thua-nia
lituana (f)	คนลิทัวเนีย	khon lí-thua-nia
lituano (adj)	ลิทัวเนีย	lí-thua-nia

Polônia (f)	ประเทศโปแลนด์	bprà-thâyt bpoh-laen
polonês (m)	คนโปแลนด์	khon bpoh-laen
polonesa (f)	คนโปแลนด์	khon bpoh-laen
polonês (adj)	โปแลนด์	bpoh-laen

Romênia (f)	ประเทศโรมาเนีย	bprà-thâyt roh-maa-nia
romeno (m)	คนโรมาเนีย	khon roh-maa-nia
romena (f)	คนโรมาเนีย	khon roh-maa-nia
romeno (adj)	โรมาเนีย	roh-maa-nia

Sérvia (f)	ประเทศเซอร์เบีย	bprà-thâyt sêr-bia
sérvio (m)	คนเซอร์เบีย	khon sêr-bia
sérvia (f)	คนเซอร์เบีย	khon sêr-bia
sérvio (adj)	เซอรเบีย	sêr-bia
Eslováquia (f)	ประเทศสโลวาเกีย	bprà-thâyt sà-loh-waa-gia
eslovaco (m)	คนสโลวาเกีย	khon sà-loh-waa-gia

| eslovaca (f) | คนสโลวาเกีย | khon sà-loh-waa-gia |
| eslovaco (adj) | สโลวาเกีย | sà-loh-waa-gia |

Croácia (f)	ประเทศโครเอเชีย	bprà-thâyt khroh-ay-chia
croata (m)	คนโครเอเชีย	khon khroh-ay-chia
croata (f)	คนโครเอเชีย	khon khroh-ay-chia
croata (adj)	โครเอเชีย	khroh-ay-chia

República (f) Checa	ประเทศเช็กเกีย	bprà-thâyt chék-gia
checo (m)	คนเช็ก	khon chék
checa (f)	คนเช็ก	khon chék
checo (adj)	เช็กเกีย	chék-gia

Estônia (f)	ประเทศเอสโตเนีย	bprà-thâyt àyt-dtoh-nia
estônio (m)	คนเอสโตเนีย	khon àyt-dtoh-nia
estônia (f)	คนเอสโตเนีย	khon àyt-dtoh-nia
estônio (adj)	เอสโตเนีย	àyt-dtoh-nia

Bósnia e Herzegovina (f)	ประเทศบอสเนีย และเฮอรเซโกวินา	bprà-thâyt bòt-nia láe her-say-goh-wí-naa
Macedônia (f)	ประเทศมาซิโดเนีย	bprà-thâyt maa-sí-doh-nia
Eslovênia (f)	ประเทศสโลวีเนีย	bprà-thâyt sà-loh-wee-nia
Montenegro (m)	ประเทศมอนเตเนโกร	bprà-thâyt mon-dtay-nay-groh

236. Países da ex-URSS

Azerbaijão (m)	ประเทศอาเซอรไบจาน	bprà-thâyt aa-sêr-bai-jaan
azeri (m)	คนอาเซอรไบจาน	khon aa-sêr-bai-jaan
azeri (f)	คนอาเซอรไบจาน	khon aa-sêr-bai-jaan
azeri, azerbaijano (adj)	อาเซอรไบจาน	aa-sêr-bai-jaan

Armênia (f)	ประเทศอารเมเนีย	bprà-thâyt aa-may-nia
armênio (m)	คนอารเมเนีย	khon aa-may-nia
armênia (f)	คนอารเมเนีย	khon aa-may-nia
armênio (adj)	อารเมเนีย	aa-may-nia

Belarus	ประเทศเบลารุส	bprà-thâyt blao-rút
bielorrusso (m)	คนเบลารุส	khon blao-rút
bielorrussa (f)	คนเบลารุส	khon blao-rút
bielorrusso (adj)	เบลารุส	blao-rút

Geórgia (f)	ประเทศจอรเจีย	bprà-thâyt jor-jia
georgiano (m)	คนจอรเจีย	khon jor-jia
georgiana (f)	คนจอรเจีย	khon jor-jia
georgiano (adj)	จอรเจีย	jor-jia

Cazaquistão (m)	ประเทศคาซัคสถาน	bprà-thâyt khaa-sák-sà-thăan
cazaque (m)	คนคาซัคสถาน	khon khaa-sák-sà-thăan
cazaque (f)	คนคาซัคสถาน	khon khaa-sák-sà-thăan
cazaque (adj)	คาซัคสถาน	khaa-sák-sà-thăan

| Quirguistão (m) | ประเทศคีรกีซสถาน | bprà-thâyt khee-gèet-à-thăan |

quirguiz (m)	คนคีร์กีซสถาน	khon khee-gèet-sà-thăan
quirguiz (f)	คนุคีร์กีซสถาน	khon khee-gèet-sà-thăan
quirguiz (adj)	คีร์กีซสถาน	khee-gèet-sà-thăan

Moldávia (f)	ประเทศมอลโดวา	bprà-thâyt mon-doh-waa
moldavo (m)	คนมอลโดวา	khon mon-doh-waa
moldava (f)	คนมอลโดวา	khon mon-doh-waa
moldavo (adj)	มอลโดวา	mon-doh-waa

Rússia (f)	ประเทศรัสเซีย	bprà-thâyt rát-sia
russo (m)	คนรัสเซีย	khon rát-sia
russa (f)	คนรัสเซีย	khon rát-sia
russo (adj)	รัสเซีย	rát-sia

Tajiquistão (m)	ประเทศทาจิกิสถาน	bprà-thâyt thaa-jì-gìt-thăan
tajique (m)	คนทาจิกิสถาน	khon thaa-jì-gìt-thăan
tajique (f)	คนทาจิกิสถาน	khon thaa-jì-gìt-thăan
tajique (adj)	ทาจิกิสถาน	thaa-jì-gìt-thăan

Turquemenistão (m)	ประเทศเติร์กเมนิสถาน	bprà-thâyt dtèrk-may-nít-thăan
turcomeno (m)	คนเติร์กเมนิสถาน	khon dtèrk-may-nít-thăan
turcomena (f)	คนุเติร์กเมนิสถาน	khon dtèrk-may-nít-thăan
turcomeno (adj)	เติร์กเมนิสถาน	dtèrk-may-nít-thăan

Uzbequistão (f)	ประเทศอุซเบกิสถาน	bprà-thâyt ùt-bay-gìt-thăan
uzbeque (m)	คนอุซเบกิสถาน	khon ùt-bay-gìt-thăan
uzbeque (f)	คนอุซเบกิสถาน	khon ùt-bay-gìt-thăan
uzbeque (adj)	อุซเบกิสถาน	ùt-bay-gìt-thăan

Ucrânia (f)	ประเทศยูเครน	bprà-thâyt yoo-khrayn
ucraniano (m)	คนยูเครน	khon yoo-khrayn
ucraniana (f)	คนยูเครน	khon yoo-khrayn
ucraniano (adj)	ยูเครน	yoo-khrayn

237. Asia

| Ásia (f) | เอเชีย | ay-chia |
| asiático (adj) | เอเชีย | ay-chia |

Vietnã (m)	ประเทศเวียดนาม	bprà-thâyt wîat-naam
vietnamita (m)	คนเวียดนาม	khon wîat-naam
vietnamita (f)	คนเวียดนาม	khon wîat-naam
vietnamita (adj)	เวียดนาม	wîat-naam

Índia (f)	ประเทศอินเดีย	bprà-thâyt in-dia
indiano (m)	คนอินเดีย	khon in-dia
indiana (f)	คนอินเดีย	khon in-dia
indiano (adj)	อินเดีย	in-dia

Israel (m)	ประเทศอิสราเอล	bprà-thâyt ìt-sà-răa-ayn
israelense (m)	คนอิสราเอล	khon ìt-sà-răa-ayn
israelita (f)	คนอิสราเอล	khon ìt-sà-răa-ayn
israelense (adj)	อิสราเอล	ìt-sà-răa-ayn

judeu (m)	คนยิว	khon yiw
judia (f)	คนยิว	khon yiw
judeu (adj)	ยิว	yiw

China (f)	ประเทศจีน	bprà-thâyt jeen
chinês (m)	คนจีน	khon jeen
chinesa (f)	คนจีน	khon jeen
chinês (adj)	จีน	jeen

coreano (m)	คนเกาหลี	khon gao-lĕe
coreana (f)	คนเกาหลี	khon gao-lĕe
coreano (adj)	เกาหลี	gao-lĕe

Líbano (m)	ประเทศเลบานอน	bprà-thâyt lay-baa-non
libanês (m)	คนเลบานอน	khon lay-baa-non
libanesa (f)	คนเลบานอน	khon lay-baa-non
libanês (adj)	เลบานอน	lay-baa-non

Mongólia (f)	ประเทศมองโกเลีย	bprà-thâyt mong-goh-lia
mongol (m)	คนมองโกล	khon mong-gloh
mongol (f)	คนมองโกล	khon mong-gloh
mongol (adj)	มองโกเลีย	mong-goh-lia

Malásia (f)	ประเทศมาเลเซีย	bprà-thâyt maa-lay-sia
malaio (m)	คนมาเลยฺ	khon maa-lây
malaia (f)	คนมาเลย	khon maa-lây
malaio (adj)	มาเลเซีย	maa-lay-sia

Paquistão (m)	ประเทศปากีสถาน	bprà-thâyt bpaa-gèet-thăan
paquistanês (m)	คนปากีสถาน	khon bpaa-gèet-thăan
paquistanesa (f)	คนปากีสถาน	khon bpaa-gèet-thăan
paquistanês (adj)	ปากีสถาน	bpaa-gèet-thăan

Arábia (f) Saudita	ประเทศ ซาอุดิอาระเบีย	bprà-thâyt saa-u-dì aa-ra--bia
árabe (m)	คนอาหรับ	khon aa-ràp
árabe (f)	คนอาหรับ	khon aa-ràp
árabe (adj)	อาหรับ	aa-ràp

Tailândia (f)	ประเทศไทย	bprà-tâyt thai
tailandês (m)	คนไทย	khon thai
tailandesa (f)	คนไทย	khon thai
tailandês (adj)	ไทย	thai

Taiwan (m)	ไต้หวัน	dtâi-wăn
taiwanês (m)	คนไตฺหวัน	khon dtâi-wăn
taiwanesa (f)	คนไตหวัน	khon dtâi-wăn
taiwanês (adj)	ไตหวัน	dtâi-wăn

Turquia (f)	ประเทศตุรกี	bprà-thâyt dtù-rá-gee
turco (m)	คนเติร๊ก	khon dtèrk
turca (f)	คนเติร๊ก	khon dtèrk
turco (adj)	ตุรกี	dtù-rá-gee

| Japão (m) | ประเทศญี่ปุ่น | bprà-thâyt yêe-bpùn |
| japonês (m) | คนญี่ปุ่น | khon yêe-bpùn |

| japonesa (f) | คนญี่ปุ่น | khon yêe-bpùn |
| japonês (adj) | ญี่ปุ่น | yêe-bpùn |

Afeganistão (m)	ประเทศอัฟกานิสถาน	bprà-thâyt àf-gaa-nít-thăan
Bangladesh (m)	ประเทศบังคลาเทศ	bprà-thâyt bang-khlaa-thâyt
Indonésia (f)	ประเทศอินโดนีเซีย	bprà-thâyt in-doh-nee-sia
Jordânia (f)	ประเทศจอรแดน	bprà-thâyt jor-daen

Iraque (m)	ประเทศอิรัก	bprà-thâyt i-rák
Irã (m)	ประเทศอิหราน	bprà-thâyt i-ràan
Camboja (f)	ประเทศกัมพูชา	bprà-thâyt gam-phoo-chaa
Kuwait (m)	ประเทศคูเวต	bprà-thâyt khoo-wâyt

Laos (m)	ประเทศลาว	bprà-thâyt laao
Birmânia (f)	ประเทศเมียนมาร์	bprà-thâyt mian-maa
Nepal (m)	ประเทศเนปาล	bprà-thâyt nay-bpaan
Emirados Árabes Unidos	สหรัฐอาหรับเอมิเรตส์	sà-hà-rát aa-ràp ay-mí-râyt

Síria (f)	ประเทศซีเรีย	bprà-thâyt see-ria
Palestina (f)	ปาเลสไตน์	bpaa-lâyt-dtai
Coreia (f) do Sul	เกาหลีใต	gao-lĕe dtâi
Coreia (f) do Norte	เกาหลีเหนือ	gao-lĕe nĕua

238. América do Norte

Estados Unidos da América	สหรัฐอเมริกา	sà-hà-rát a-may-rí-gaa
americano (m)	คนอเมริกา	khon a-may-rí-gaa
americana (f)	คนอเมริกา	khon a-may-rí-gaa
americano (adj)	อเมริกา	a-may-rí-gaa

Canadá (m)	ประเทศแคนาดา	bprà-thâyt khae-naa-daa
canadense (m)	คนแคนาดา	khon khae-naa-daa
canadense (f)	คนแคนาดา	khon khae-naa-daa
canadense (adj)	แคนาดา	khae-naa-daa

México (m)	ประเทศเม็กซิโก	bprà-thâyt mék-sí-goh
mexicano (m)	คนเม็กซิโก	khon mék-sí-goh
mexicana (f)	คนเม็กซิโก	khon mék-sí-goh
mexicano (adj)	เม็กซิโก	mék-sí-goh

239. América Central do Sul

Argentina (f)	ประเทศอาร์เจนตินา	bprà-thâyt aa-jayn-dtì-naa
argentino (m)	คนอาร์เจนตินา	khon aa-jayn-dtì-naa
argentina (f)	คนอาร์เจนตินา	khon aa-jayn-dtì-naa
argentino (adj)	อาร์เจนตินา	aa-jayn-dtì-naa

Brasil (m)	ประเทศบราซิล	bprà-thâyt braa-sin
brasileiro (m)	คนบราซิล	khon braa-sin
brasileira (f)	คนบราซิล	khon braa-sin
brasileiro (adj)	บราซิล	braa-sin
Colômbia (f)	ประเทศโคลัมเบีย	bprà-thâyt khoh-lam-bia

colombiano (m)	คนโคลัมเบีย	khon khoh-lam-bia
colombiana (f)	คนโคลัมเบีย	khon khoh-lam-bia
colombiano (adj)	โคลัมเบีย	khoh-lam-bia
Cuba (f)	ประเทศคิวบา	bprà-thâyt khiw-baa
cubano (m)	คนคิวบา	khon khiw-baa
cubana (f)	คนคิวบา	khon khiw-baa
cubano (adj)	คิวบา	khiw-baa
Chile (m)	ประเทศชิลี	bprà-thâyt chí-lee
chileno (m)	คนชิลี	khon chí-lee
chilena (f)	คนชิลี	khon chí-lee
chileno (adj)	ชิลี	chí-lee
Bolívia (f)	ประเทศโบลิเวีย	bprà-thâyt boh-lí-wia
Venezuela (f)	ประเทศเวเนซุเอลา	bprà-thâyt way-nay-sú-ay-laa
Paraguai (m)	ประเทศปารากวัย	bprà-thâyt bpaa-raa-gwai
Peru (m)	ประเทศเปรู	bprà-thâyt bpay-roo
Suriname (m)	ประเทศซูรินาม	bprà-thâyt soo-rí-naam
Uruguai (m)	ประเทศอุรุกวัย	bprà-thâyt u-rúk-wai
Equador (m)	ประเทศเอกวาดอร์	bprà-thâyt ay-gwaa-dor
Bahamas (f pl)	ประเทศบาฮามาส	bprà-thâyt baa-haa-mâat
Haiti (m)	ประเทศเฮติ	bprà-thâyt hay-dtì
República Dominicana	สาธารณรัฐโดมินิกัน	săa-thaa-rá-ná rát doh-mí-ní-gan
Panamá (m)	ประเทศปานามา	bprà-thâyt bpaa-naa-maa
Jamaica (f)	ประเทศจาเมกา	bprà-thâyt jaa-may-gaa

240. Africa

Egito (m)	ประเทศอียิปต์	bprà-thâyt bprà-thâyt ee-yíp
egípcio (m)	คนอียิปต์	khon ee-yíp
egípcia (f)	คนอียิปต์	khon ee-yíp
egípcio (adj)	อียิปต์	ee-yíp
Marrocos	ประเทศมอร็อคโค	bprà-thâyt mor-rók-khoh
marroquino (m)	คนมอร็อคโค	khon mor-rók-khoh
marroquina (f)	คนมอร็อคโค	khon mor-rók-khoh
marroquino (adj)	มอร็อคโค	mor-rók-khoh
Tunísia (f)	ประเทศตูนิเซีย	bprà-thâyt dtoo-ní-sia
tunisiano (m)	คนตูนีเซีย	khon dtoo-ní-sia
tunisiana (f)	คนตูนีเซีย	khon dtoo-ní-sia
tunisiano (adj)	ตูนีเซีย	dtoo-ní-sia
Gana (f)	ประเทศกานา	bprà-thâyt gaa-naa
Zanzibar (m)	ประเทศแซนซิบาร์	bprà-thâyt saen-sí-baa
Quênia (f)	ประเทศเคนยา	bprà-thâyt khayn-yâa
Líbia (f)	ประเทศลิเบีย	bprà-thâyt lí-bia
Madagascar (m)	ประเทศมาดากัสการ์	bprà-thâyt maa-daa-gàt-gaa
Namíbia (f)	ประเทศนามิเบีย	bprà-thâyt naa-mí-bia
Senegal (m)	ประเทศเซเนกัล	bprà-thâyt say-nay-gan

| Tanzânia (f) | ประเทศแทนซาเนีย | bprà-thâyt thaen-saa-nia |
| África (f) do Sul | ประเทศแอฟริกาใต้ | bprà-thâyt àef-rí-gaa dtâi |

africano (m)	คนแอฟริกา	khon àef-rí-gaa
africana (f)	คนแอฟริกา	khon àef-rí-gaa
africano (adj)	แอฟริกา	àef-rí-gaa

241. Austrália. Oceania

Austrália (f)	ประเทศออสเตรเลีย	bprà-thâyt òt-dtray-lia
australiano (m)	คนออสเตรเลีย	khon òt-dtray-lia
australiana (f)	คนออสเตรเลีย	khon òt-dtray-lia
australiano (adj)	ออสเตรเลีย	òrt-dtray-lia

Nova Zelândia (f)	ประเทศนิวซีแลนด์	bprà-thâyt niw-see-laen
neozelandês (m)	คนนิวซีแลนด์	khon niw-see-laen
neozelandesa (f)	คนนิวซีแลนด์	khon niw-see-laen
neozelandês (adj)	นิวซีแลนด์	niw-see-laen

| Tasmânia (f) | ประเทศแทสเมเนีย | bprà-thâyt thâet-may-nia |
| Polinésia (f) Francesa | เฟรนช์โปลินีเซีย | frayn-bpoh-lí-nee-sia |

242. Cidades

Amesterdã, Amsterdã	อัมสเตอร์ดัม	am-sà-dtêr-dam
Ancara	อังคารา	ang-khaa-raa
Atenas	เอเธนส์	ay-thayn
Bagdade	แบกแดด	bàek-dàet
Bancoque	กรุงเทพฯ	grung thâyp

Barcelona	บาร์เซโลนา	baa-say-loh-naa
Beirute	เบรุต	bay-rút
Berlim	เบอร์ลิน	ber-lin
Bonn	บอนน์	bon
Bordéus	บอร์โด	bor doh

Bratislava	บราติสลาวา	braa-dtìt-laa-waa
Bruxelas	บรัสเซล	bràt-sayn
Bucareste	บูคาเรสต์	boo-khaa-râyt
Budapeste	บูดาเปส	boo-daa-bpàyt
Cairo	ไคโร	khai-roh

Calcutá	คัลคัตตา	khan-khát-dtaa
Chicago	ชิคาโก	chí-khaa-goh
Cidade do México	เม็กซิโกซิตี้	mék-sí-goh sí-dtêe
Copenhague	โคเปนเฮเกน	khoh-bpayn-hay-gayn
Dar es Salaam	ดารเอสซาลาม	daa àyt saa laam

Deli	เดลี	day-lee
Dubai	ดูไบ	doo-bai
Dublim	ดับลิน	dàp-lin
Düsseldorf	ดุสเซลดอร์ฟ	dùt-sayn-dòf

Estocolmo	สต็อกโฮล์ม	sà-dtòk-hohm
Florença	ฟลอเรนซ์	flor-rayn
Frankfurt	แฟรงค์เฟิร์ท	fraeng-fêrt
Genebra	เจนีวา	jay-nee-waa
Haia	เดอะเฮก	dùh hêyk
Hamburgo	แฮมเบิร์ก	haem-bèrk
Hanói	ฮานอย	haa-noi
Havana	ฮาวานา	haa waa-naa
Helsinque	เฮลซิงกิ	hayn-sing-gì
Hiroshima	ฮิโรชิมา	hí-roh-chí-mâa
Hong Kong	ฮ่องกง	hôrng-gong
Istambul	อิสตันบูล	ìt-dtan-boon
Jerusalém	เยรูซาเลม	yay-roo-saa-laym
Kiev, Quieve	เคียฟ	khîaf
Kuala Lumpur	กัวลาลัมเปอร์	gua-laa lam-bper
Lion	ลียง	lee-yong
Lisboa	ลิสบอน	lít-bon
Londres	ลอนดอน	lon-don
Los Angeles	ลอสแองเจลิส	lôt-aeng-jay-lít
Madrid	มาดริด	maa-drìt
Marselha	มารกเซย	màak-soie
Miami	ไมอามี่	mai-aa-mêe
Montreal	มอนทรีอูอล	mon-three-on
Moscou	มอสโกว	mor-sà-goh
Mumbai	มุมไบ	mum-bai
Munique	มิวนิค	miw-ník
Nairóbi	ไนโรบี	nai-roh-bee
Nápoles	เนเปิลส์	nay-bpern
Nice	นิซ	nít
Nova York	นิวยอร์ค	niw-yôk
Oslo	ออสโล	òrt-loh
Ottawa	อ็อตตาวา	òt-dtaa-waa
Paris	ปารีส	bpaa-rêet
Pequim	ปักกิ่ง	bpàk-gìng
Praga	ปราก	bpràak
Rio de Janeiro	ริโอเอจาเนโร	rí-oh-ay jaa-nay-roh
Roma	โรม	rohm
São Petersburgo	เซนต์ปีเตอร์สเบิร์ก	sayn bpì-dtèrt-bèrk
Seul	โซล	sohn
Singapura	สิงคโปร์	sĭng-khá-bpoh
Sydney	ซิดนีย์	sít-nee
Taipé	ไทเป	thai-bpay
Tóquio	โตเกียว	dtoh-gieow
Toronto	โตรอนโต	dtoh-ron-dtoh
Varsóvia	วอร์ซอว์	wor-sor
Veneza	เวนิส	way-nít
Viena	เวียนนา	wian-naa
Washington	วอชิงตัน	wor ching dtan
Xangai	เชี่ยงไฮ	sîang-hái

243. Política. Governo. Parte 1

política (f)	การเมือง	gaan meuang
político (adj)	ทางการเมือง	thang gaan meuang
político (m)	นักการเมือง	nák gaan meuang
estado (m)	รัฐ	rát
cidadão (m)	พลเมือง	phon-lá-meuang
cidadania (f)	สัญชาติ	săn-châat
brasão (m) de armas	ตราประจำชาติ	dtraa bprà-jam châat
hino (m) nacional	เพลงชาติ	phlayng châat
governo (m)	รัฐบาล	rát-thà-baan
Chefe (m) de Estado	ผู้นำประเทศ	phôo nam bprà-thâyt
parlamento (m)	รัฐสภา	rát-thà-sà-phaa
partido (m)	พรรคการเมือง	phák gaan meuang
capitalismo (m)	ทุนนิยม	thun ní-yom
capitalista (adj)	แบบทุนนิยม	bàep thun ní-yom
socialismo (m)	สังคมนิยม	săng-khom ní-yom
socialista (adj)	แบบสังคมนิยม	bàep săng-khom ní-yom
comunismo (m)	ลัทธิคอมมิวนิสต์	lát-thí khom-miw-nít
comunista (adj)	แบบคอมมิวนิสต์	bàep khom-miw-nít
comunista (m)	คนคอมมิวนิสต์	khon khom-miw-nít
democracia (f)	ประชาธิปไตย	bprà-chaa-thíp-bpà-dtai
democrata (m)	ผู้นิยมประชาธิปไตย	phôo ní-yom bprà-chaa-típ-bpà-dtai
democrático (adj)	แบบประชาธิปไตย	bàep bprà-chaa-thíp-bpà-dtai
Partido (m) Democrático	พรรคประชาธิปัตย์	phák bprà-chaa-tí-bpàt
liberal (m)	ผู้เอียงเสรีนิยม	phôo iang săy-ree ní-yom
liberal (adj)	แบบเสรีนิยม	bàep săy-ree ní-yom
conservador (m)	ผู้เอียงอนุรักษ์นิยม	phôo iang a-nú rák ní-yom
conservador (adj)	แบบอนุรักษ์นิยม	bàep a-nú rák ní-yom
república (f)	สาธารณรัฐ	săa-thaa-rá-ná rát
republicano (m)	รีพับลิกัน	ree pháp lí gan
Partido (m) Republicano	พรรครีพับลิกัน	phák ree-pháp-lí-gan
eleições (f pl)	การเลือกตั้ง	gaan lêuak dtâng
eleger (vt)	เลือก	lêuak
eleitor (m)	ผู้ออกเสียงลงคะแนน	phôo òrk sĭang long khá-naen
campanha (f) eleitoral	การรณรงค์หาเสียง	gaan ron-ná-rorng hăa sĭang
votação (f)	การออกเสียงลงคะแนน	gaan òrk sĭang long khá-naen
votar (vi)	ลงคะแนน	long khá-naen
sufrágio (m)	สิทธิในการเลือกตั้ง	sìt-thí nai gaan lêuak dtâng
candidato (m)	ผู้สมัคร	phôo sà-màk
candidatar-se (vi)	ลงสมัคร	long sà-màk

campanha (f)	การรณรงค์	gaan ron-ná-rorng
da oposição	ฝ่ายค้าน	fàai kháan
oposição (f)	ฝ่ายค้าน	fàai kháan

visita (f)	การเยือน	gaan yeuan
visita (f) oficial	การเยือนอย่างเป็นทางการ	gaan yeuan yàang bpen thaang gaan
internacional (adj)	แบบสากล	bàep sǎa-gon

| negociações (f pl) | การเจรจา | gaan jayn-rá-jaa |
| negociar (vi) | เจรจา | jayn-rá-jaa |

244. Política. Governo. Parte 2

sociedade (f)	สังคม	sǎng-khom
constituição (f)	รัฐธรรมนูญ	rát-thà-tham-má-noon
poder (ir para o ~)	อำนาจ	am-nâat
corrupção (f)	การทุจริตคอรัปชั่น	gaan thút-jà-rìt khor-ráp-chân

| lei (f) | กฎหมาย | gòt mǎai |
| legal (adj) | ทางกฎหมาย | thaang gòt mǎai |

| justeza (f) | ความยุติธรรม | khwaam yút-dtì-tham |
| justo (adj) | เป็นธรรม | bpen tham |

comitê (m)	คณะกรรมการ	khá-ná gam-má-gaan
projeto-lei (m)	ราง	râang
orçamento (m)	งบประมาณ	ngóp bprà-maan
política (f)	นโยบาย	ná-yoh-baai
reforma (f)	ปฏิรูป	bpà-dtì rôop
radical (adj)	รุนแรง	run raeng

força (f)	กำลัง	gam-lang
poderoso (adj)	ทรงพลัง	song phá-lang
partidário (m)	ผู้สนับสนุน	phôo sà-nàp-sà-nǔn
influência (f)	อิทธิพล	ìt-thí pon

regime (m)	ระบอบการปกครอง	rá-bòrp gaan bpòk khrorng
conflito (m)	ความขัดแย้ง	khwaam khàt yáeng
conspiração (f)	การคุบคิด	gaan khóp khít
provocação (f)	การยัวยุ	gaan yûa yú

derrubar (vt)	ล้มล้าง	lóm láang
derrube (m), queda (f)	การล้ม	gaan lóm
revolução (f)	ปฏิวัติ	bpà-dtì-wát

| golpe (m) de Estado | รัฐประหาร | rát-thà-bprà-hǎan |
| golpe (m) militar | การยึดอำนาจด้วยกำลังทหาร | gaan yéut am-nâat dûay gam-lang thá-hǎan |

crise (f)	วิกฤติ	wí-grìt
recessão (f) econômica	ภาวะเศรษฐกิจถดถอย	phaa-wá sàyt-thà-gìt thòt thǒi
manifestante (m)	ผู้ประท้วง	phôo bprà-thúang
manifestação (f)	การประท้วง	gaan bprà-thúang

lei (f) marcial	กฎอัยการศึก	gòt ai-yá-gaan sèuk
base (f) militar	ฐานทัพ	thǎan tháp
estabilidade (f)	ความมั่นคง	khwaam mân-khong
estável (adj)	มั่นคง	mân khong
exploração (f)	การขูดรีด	gaan khòot rêet
explorar (vt)	ขูดรีด	khòot rêet
racismo (m)	ลัทธินิยมเชื้อชาติ	khá-dtì ní-yom chéua châat
racista (m)	ผู้เหยียดผิว	phôo yìat phǐw
fascismo (m)	ลัทธิฟาสซิสต์	lát-thí fâat-sít
fascista (m)	ผู้นิยมลัทธิฟาสซิสต์	phôo ní-yom lát-thí fâat-sít

245. Países. Diversos

estrangeiro (m)	คนต่างชาติ	khon dtàang châat
estrangeiro (adj)	ต่างชาติ	dtàang châat
no estrangeiro	ต่างประเทศ	dtàang bprà-thâyt
emigrante (m)	ผู้อพยพ	phôo òp-phá-yóp
emigração (f)	การอพยพ	gaan òp-phá-yóp
emigrar (vi)	อพยพ	òp-phá-yóp
Ocidente (m)	ตะวันตก	dtà-wan dtòk
Oriente (m)	ตะวันออก	dtà-wan òrk
Extremo Oriente (m)	ตะวันออกไกล	dtà-wan òrk glai
civilização (f)	อารยธรรม	aa-rá-yá-tham
humanidade (f)	มนุษยชาติ	má-nút-sà-yá-châat
mundo (m)	โลก	lôhk
paz (f)	ความสงบสุข	khwaam sà-ngòp-sùk
mundial (adj)	ทั่วโลก	thûa lôhk
pátria (f)	บ้านเกิด	bâan gèrt
povo (população)	ประชาชน	bprà-chaa chon
população (f)	ประชากร	bprà-chaa gon
gente (f)	ประชาชน	bprà-chaa chon
nação (f)	ชาติ	châat
geração (f)	รุ่น	rûn
território (m)	อาณาเขต	aa-naa khàyt
região (f)	ภูมิภาค	phoo-mí-phâak
estado (m)	รัฐ	rát
tradição (f)	ธรรมเนียม	tham-niam
costume (m)	ประเพณี	bprà-phay-nee
ecologia (f)	นิเวศวิทยา	ní-wâyt wít-thá-yaa
índio (m)	อินเดียนแดง	in-dian daeng
cigano (m)	คนยิปซี	khon yíp-see
cigana (f)	คนยิปซี	khon yíp-see
cigano (adj)	ยิปซี	yíp see
império (m)	จักรวรรดิ	jàk-grà-wàt

colônia (f)	อาณานิคม	aa-naa ní-khom
escravidão (f)	การใช้แรงงานทาส	gaan chái raeng ngaan thâat
invasão (f)	การบุกรุก	gaan bùk rúk
fome (f)	ความอดอยาก	khwaam òt yàak

246. Grupos religiosos mais importantes. Confissões

religião (f)	ศาสนา	sàat-sà-nǎa
religioso (adj)	ศาสนา	sàat-sà-nǎa
crença (f)	ศรัทธา	sàt-thaa
crer (vt)	นับถือ	náp thěu
crente (m)	ผู้ศรัทธา	phôo sàt-thaa
ateísmo (m)	อเทวนิยม	a-thay-wá ní-yom
ateu (m)	ผู้เชื่อว่า	phôo chêua wâa
	ไม่มีพระเจ้า	mâi mee phrá jâo
cristianismo (m)	ศาสนาคริสต์	sàat-sà-nǎa khrít
cristão (m)	ผู้นับถือ	phôo náp thěu
	ศาสนาคริสต์	sàat-sà-nǎa khrít
cristão (adj)	ศาสนาคริสต์	sàat-sà-nǎa khrít
catolicismo (m)	ศาสนาคาธอลิก	sàat-sà-nǎa khaa-thor-lík
católico (m)	ผู้นับถือ	phôo náp thěu
	ศาสนาคาธอลิก	sàat-sà-nǎa khaa-thor-lík
católico (adj)	คาธอลิก	khaa-thor-lík
protestantismo (m)	ศาสนา	sàat-sà-nǎa
	โปรแตสแตนท์	bproh-dtàet-dtaen
Igreja (f) Protestante	โบสถ์นิกาย	bòht ní-gaai
	โปรแตสแตนท์	bproh-dtàet-dtaen
protestante (m)	ผู้นับถือศาสนา	phôo náp thěu sàat-sà-nǎa
	โปรแตสแตนท์	bproh-dtàet-dtaen
ortodoxia (f)	ศาสนาออร์ทอดอกซ์	sàat-sà-nǎa or-thor-dòrk
Igreja (f) Ortodoxa	โบสถ์ศาสนาออร์ทอดอกซ์	bòht sàat-sà-nǎa or-thor-dòrk
ortodoxo (m)	ผู้นับถือ	phôo náp thěu
	ศาสนาออร์ทอดอกซ์	sàat-sà-nǎa or-thor-dòrk
presbiterianismo (m)	นิกายเพรสไบทีเรียน	ní-gaai phrayt-bai-thee-rian
Igreja (f) Presbiteriana	โบสถ์นิกาย	bòht ní-gaai
	เพรสไบทีเรียน	phrayt-bai-thee-rian
presbiteriano (m)	ผู้นับถือนิกาย	phôo náp thěu ní-gaai
	เพรสไบทีเรียน	phrayt bai thee rian
luteranismo (m)	นิกายลูเทอแรน	ní-gaai loo-thay-a-rǎen
luterano (m)	ผู้นับถือนิกาย	phôo náp thěu ní-gaai
	ลูเทอแรน	loo-thay-a-rǎen
Igreja (f) Batista	นิกายแบ๊บติสท์	ní-gaai báep-dtìt
batista (m)	ผู้นับถือนิกาย	phôo náp thěu ní-gaai
	แบ๊บติสท	báep-dtìt
Igreja (f) Anglicana	โบสถ์นิกายแองกลิกัน	bòht ní-gaai ae-ngók-lí-gan

anglicano (m)	ผู้นับถือนิกาย แองกลิกัน	phôo náp thĕu ní-gaai ae ngók lí gan
mormonismo (m)	นิกายมอร์มอน	ní-gaai mor-mon
mórmon (m)	ผู้นับถือนิกาย มอร์มอน	phôo náp thĕu ní-gaai mor-mon
Judaísmo (m)	ศาสนายิว	sàat-sà-nǎa yiw
judeu (m)	คนยิว	khon yiw
budismo (m)	ศาสนาพุธ	sàat-sà-nǎa phút
budista (m)	ผู้นับถือ ศาสนาพุธ	phôo náp thĕu sàat-sà-nǎa phút
hinduísmo (m)	ศาสนาฮินดู	sàat-sà-nǎa hin-doo
hindu (m)	ผู้นับถือ ศาสนาฮินดู	phôo náp thĕu sàat-sà-nǎa hin-doo
Islã (m)	ศาสนาอิสลาม	sàat-sà-nǎa ìt-sà-laam
muçulmano (m)	ผู้นับถือ ศาสนาอิสลาม	phôo náp thĕu sàat-sà-nǎa ìt-sà-laam
muçulmano (adj)	มุสลิม	mút-sà-lim
xiismo (m)	ศาสนา อิสลามนิกายชีอะฮ์	sàat-sà-nǎa ìt-sà-laam ní-gaai shi-à
xiita (m)	ผู้นับถือนิกายชีอะฮ์	phôo náp thĕu ní-gaai shi-à
sunismo (m)	ศาสนา อิสลามนิกายซุนนี	sàat-sà-nǎa ìt-sà-laam ní-gaai sun-nee
sunita (m)	ผู้นับถือนิกาย ซุนนี	phôo náp thĕu ní-gaai sun-nee

247. Religiões. Padres

padre (m)	นักบวช	nák bùat
Papa (m)	พระสันตะปาปา	phrá sǎn-dtà-bpaa-bpaa
monge (m)	พระ	phrá
freira (f)	แม่ชี	mâe chee
pastor (m)	ศาสนาจารย์	sàat-sà-nǎa-jaan
abade (m)	เจ้าอาวาส	jâo aa-wâat
vigário (m)	เจาอาวาส	jâo aa-wâat
bispo (m)	มุขนายก	múk naa-yók
cardeal (m)	พระคาร์ดินัล	phrá khaa-dì-nan
pregador (m)	นักเทศน์	nák thâyt
sermão (m)	การเทศนา	gaan thâyt-sà-nǎa
paroquianos (pl)	ลูกวัด	lôok wát
crente (m)	ผู้ศรัทธา	phôo sàt-thaa
ateu (m)	ผู้เชื่อวา ไม่มีพระเจ้า	phôo chêua wâa mâi mee phrá jâo

248. Fé. Cristianismo. Islão

Adão	อาดัม	aa-dam
Eva	เอวา	ay-waa
Deus (m)	พระเจ้า	phrá jâo
Senhor (m)	พระเจ้า	phrá jâo
Todo Poderoso (m)	พระผู้เป็นเจ้า	phrá phôo bpen jâo
pecado (m)	บาป	bàap
pecar (vi)	ทำบาป	tham bàap
pecador (m)	คนบาป	khon bàap
pecadora (f)	คนบาป	khon bàap
inferno (m)	นรก	ná-rók
paraíso (m)	สวรรค์	sà-wăn
Jesus	พระเยซู	phrá yay-soo
Jesus Cristo	พระเยซูคริสต์	phrá yay-soo khrít
Espírito (m) Santo	พระจิต	phrá jìt
Salvador (m)	พระผู้ไถ่	phrá phôo thài
Virgem Maria (f)	พระนางมารีย์	phrá naang maa ree
	พรหมจารี	phrom-má-jaa-ree
Diabo (m)	มาร	maan
diabólico (adj)	ของมาร	khŏrng maan
Satanás (m)	ซาตาน	saa-dtaan
satânico (adj)	ซาตาน	saa-dtaan
anjo (m)	เทวทูต	thay-wá-thôot
anjo (m) da guarda	เทวดาผู้	thay-wá-daa phôo
	คุมครอง	khúm khrorng
angelical	ของเทวดา	khŏrng thay-wá-daa
apóstolo (m)	สาวก	săa-wók
arcanjo (m)	หัวหน้าทูตสวรรค์	hŭa nâa thôot sà-wăn
anticristo (m)	ศัตรูของพระคริสต์	sàt-dtroo khŏrng phrá khrít
Igreja (f)	โบสถ์	bòht
Bíblia (f)	คัมภีร์ไบเบิ้ล	kham-phee bai-bêrn
bíblico (adj)	ไบเบิ้ล	bai-bêrn
Velho Testamento (m)	พันธสัญญาเดิม	phan-thá-săn-yaa derm
Novo Testamento (m)	พันธสัญญาใหม่	phan-thá-săn-yaa mài
Evangelho (m)	พระวรสาร	phrá won săan
Sagradas Escrituras (f pl)	พระคัมภีร์ไบเบิล	phrá kham-phee bai-bern
Céu (sete céus)	สวรรค์	sà-wăn
mandamento (m)	บัญญัติ	ban-yàt
profeta (m)	ผู้เผยพระวจนะ	phôo phŏie phrá wá-jà-ná
profecia (f)	คำพยากรณ์	kham phá-yaa-gon
Alá (m)	อัลลอฮ์	an-lor
Maomé (m)	พระมูฮัมหมัด	phrá moo ham màt

Alcorão (m)	อัลกุรอาน	an gù-rá-aan
mesquita (f)	สุเหรา	sù-rào
mulá (m)	มุลละ	mun lá
oração (f)	บทสวดมนต์	bòt sùat mon
rezar, orar (vi)	สวด	sùat
peregrinação (f)	การจาริกแสวงบุญ	gaan jaa-rík sà-wăeng bun
peregrino (m)	ผู้แสวงบุญ	phôo sà-wăeng bun
Meca (f)	มักกะฮ	mák-gà
igreja (f)	โบสถ์	bòht
templo (m)	วิหาร	wí-hăan
catedral (f)	มหาวิหาร	má-hăa wí-hăan
gótico (adj)	แบบโกธิก	bàep goh-thík
sinagoga (f)	โบสถ์ของศาสนายิว	bòht khŏrng sàat-sà-năa yiw
mesquita (f)	สุเหรา	sù-rào
capela (f)	ห้องสวดมนต์	hôrng sùat mon
abadia (f)	วัด	wát
convento (m)	สำนักแม่ชี	săm-nák mâe chee
monastério (m)	อาราม	aa raam
sino (m)	ระฆัง	rá-khang
campanário (m)	หอระฆัง	hŏr rá-khang
repicar (vi)	ตีระฆัง	dtee rá-khang
cruz (f)	ไม้กางเขน	mái gaang khăyn
cúpula (f)	หลังคาทรงโดม	lăng kaa song dohm
ícone (m)	รูปเคารพ	rôop kpao-róp
alma (f)	วิญญาณ	win-yaan
destino (m)	ชะตากรรม	chá-dtaa gam
mal (m)	ความชั่วร้าย	khwaam chûa ráai
bem (m)	ความดี	khwaam dee
vampiro (m)	ผีดูดเลือด	phěe dòot lêuat
bruxa (f)	แมมด	mâe mót
demônio (m)	ปีศาจ	bpee-sàat
espírito (m)	ผี	phěe
redenção (f)	การไถ่ถอน	gaan thài thŏrn
redimir (vt)	ไถ่ถอน	thài thŏrn
missa (f)	พิธีมิสซา	phí-tee mít-saa
celebrar a missa	ประกอบพิธีศีลมหาสนิท	bprà-gòp phí-thee sěen má-hăa sà-nìt
confissão (f)	การสารภาพ	gaan săa-rá-phâap
confessar-se (vr)	สารภาพ	săa-rá-phâap
santo (m)	นักบุญ	nák bun
sagrado (adj)	ศักดิ์สิทธิ์	sàk-gà-dì sìt
água (f) benta	น้ำมนต์	nám mon
ritual (m)	พิธีกรรม	phí-thee gam
ritual (adj)	แบบพิธีกรรม	bpaep phí-thee gam
sacrifício (m)	การบูชายัญ	gaan boo-chaa yan

superstição (f)	ความเชื่องมงาย	khwaam chêua ngom-ngaai
superstícioso (adj)	เชื่องมงาย	chêua ngom-ngaai
vida (f) após a morte	ชีวิตหลังความตาย	chee-wít lăng khwaam dtaai
vida (f) eterna	ชีวิตอันเป็นนิรันดร์	chee-wít an bpen ní-ran

TEMAS DIVERSOS

249. Várias palavras úteis

ajuda (f)	ความช่วยเหลือ	khwaam chûay lěua
barreira (f)	สิ่งกีดขวาง	sìng gèet-khwǎang
base (f)	ฐาน	thǎan
categoria (f)	หมวดหมู่	mùat mòo
causa (f)	สาเหตุ	sǎa-hàyt
coincidência (f)	ความบังเอิญ	khwaam bang-ern
coisa (f)	สิ่ง	sìng
começo, início (m)	จุดเริ่มต้น	jùt rêrm-dtôn
cômodo (ex. poltrona ~a)	สะดวกสบาย	sà-dùak sà-baai
comparação (f)	การเปรียบเทียบ	gaan bprìap thîap
compensação (f)	การชดเชย	gaan chót-choie
crescimento (m)	การเติบโต	gaan dtèrp dtoh
desenvolvimento (m)	การพัฒนา	gaan phát-thá-naa
diferença (f)	ความแตกต่าง	khwaam dtàek dtàang
efeito (m)	ผลกระทบ	phǒn grà-thóp
elemento (m)	องค์ประกอบ	ong bprà-gòrp
equilíbrio (m)	สมดุล	sà-má-dun
erro (m)	ข้อผิดพลาด	khôr phìt phlâat
esforço (m)	ความพยายาม	khwaam phá-yaa-yaam
estilo (m)	สไตล์	sà-dtai
exemplo (m)	ตัวอย่าง	dtua yàang
fato (m)	ข้อเท็จจริง	khôr thét jing
fim (m)	จบ	jòp
forma (f)	รูปร่าง	rôop râang
frequente (adj)	ถี่	thèe
fundo (ex. ~ verde)	ฉากหลัง	chàak lǎng
gênero (tipo)	ประเภท	bprà-phâyt
grau (m)	ระดับ	rá-dàp
ideal (m)	อุดมคติ	u-dom khá-dtì
labirinto (m)	เขาวงกต	khǎo-wong-gòt
modo (m)	วิถีทาง	wí-thěe thaang
momento (m)	ช่วงเวลา	chûang way-laa
objeto (m)	สิ่งของ	sìng khǒrng
obstáculo (m)	อุปสรรค	u-bpà-sàk
original (m)	ต้นฉบับ	dtôn chà-bàp
padrão (adj)	เป็นมาตรฐาน	bpen mâat-dtrà-thǎan
padrão (m)	มาตรฐาน	mâat-dtrà-thǎan
paragem (pausa)	การหยุด	gaan yùt
parte (f)	ส่วน	sùan

partícula (f)	อนุภาค	a-nú phâak
pausa (f)	การหยุดพัก	gaan yùt phák
posição (f)	ตำแหน่ง	dtam-nàeng
princípio (m)	หลักการ	làk gaan
problema (m)	ปัญหา	bpan-hǎa
processo (m)	กระบวนการ	grà-buan gaan
progresso (m)	ความก้าวหน้า	khwaam gâao nâa
propriedade (qualidade)	คุณสมบัติ	khun-ná-sǒm-bàt
reação (f)	ปฏิกิริยา	bpà-dtì gì-rí-yaa
risco (m)	ความเสี่ยง	khwaam sìang
ritmo (m)	จังหวะ	jang wà
segredo (m)	ความลับ	khwaam láp
série (f)	ลำดับ	lam-dàp
sistema (m)	ระบบ	rá-bòp
situação (f)	สถานการณ์	sà-thǎan gaan
solução (f)	ทางแก้	thaang gâe
tabela (f)	ตาราง	dtaa-raang
termo (ex. ~ técnico)	คำ	kham
tipo (m)	ประเภท	bprà-phâyt
urgente (adj)	เร่งด่วน	râyng dùan
urgentemente	อย่างเร่งด่วน	yàang râyng dùan
utilidade (f)	ความมีประโยชน์	khwaam mee bprà-yòht
variante (f)	ข้อ	khôr
variedade (f)	ตัวเลือก	dtua lêuak
verdade (f)	ความจริง	khwaam jing
vez (f)	ตา	dtaa
zona (f)	โซน	sohn

250. Modificadores. Adjetivos. Parte 1

aberto (adj)	เปิด	bpèrt
afetuoso (adj)	อ่อนโยน	òn yohn
afiado (adj)	คม	khom
agradável (adj)	ดี	dee
agradecido (adj)	สำนึกในบุญคุณ	sǎm-néuk nai bun khun
alegre (adj)	รื่นเริง	rêun rerng
alto (ex. voz ~a)	ดัง	dang
amargo (adj)	ขม	khǒm
amplo (adj)	กว้างขวาง	gwâang khwǎang
antigo (adj)	โบราณ	boh-raan
apertado (sapatos ~s)	คับ	kháp
apropriado (adj)	ที่เหมาะสม	thêe mòr sǒm
arriscado (adj)	เสี่ยง	sìang
artificial (adj)	เทียม	thiam
azedo (adj)	เปรี้ยว	bprîeow
baixo (voz ~a)	ต่ำ	dtàm

| barato (adj) | ถูก | thòok |
| belo (adj) | สวย | sǔay |

bom (adj)	ดี	dee
bondoso (adj)	ดี	dee
bonito (adj)	สวย	sǔay
bronzeado (adj)	ผิวดำแดง	phǐw dam daeng
burro, estúpido (adj)	โง่	ngôh

calmo (adj)	สงบ	sà-ngòp
cansado (adj)	เหนื่อย	nèuay
cansativo (adj)	น่าเหนื่อยหน่าย	nâa nèuay nàai
carinhoso (adj)	ที่หวงใย	thêe hùang yai
caro (adj)	แพง	phaeng

cego (adj)	ตาบอด	dtaa bòrt
central (adj)	กลาง	glaang
cerrado (ex. nevoeiro ~)	หนา	nǎa
cheio (xícara ~a)	เต็ม	dtem

civil (adj)	พลเรือน	phon-lá-reuan
clandestino (adj)	ลับ	láp
claro (explicação ~a)	ชัดเจน	chát jayn
claro (pálido)	อ่อน	òrn

compatível (adj)	เข้ากันได้	khâo gan dâai
comum, normal (adj)	ปกติ	bpòk-gà-dtì
congelado (adj)	แช่แข็ง	châe khǎeng
conjunto (adj)	รวมกัน	rûam gan
considerável (adj)	สำคัญ	sǎm-khan

contente (adj)	มีความสุข	mee khwaam sùk
contínuo (adj)	ยาวนาน	yaao naan
contrário (ex. o efeito ~)	ตรงข้าม	dtrorng khâam
correto (resposta ~a)	ถูก	thòok
cru (não cozinhado)	ดิบ	dìp

curto (adj)	สั้น	sân
de curta duração	มีอายุสั้น	mee aa-yú sân
de sol, ensolarado	แดดแรง	dàet raeng
de trás	หลัง	lǎng
denso (fumaça ~a)	หนาแน่น	nǎa nâen

desanuviado (adj)	ไร้เมฆ	rái mâyk
descuidado (adj)	ประมาท	bprà-màat
diferente (adj)	ต่างกัน	dtàang gan
difícil (decisão)	ยาก	yâak
difícil, complexo (adj)	ยาก	yâak

direito (lado ~)	ขวา	khwǎa
distante (adj)	ห่างไกล	hàang glai
diverso (adj)	หลาย	lǎai
doce (açucarado)	หวาน	wǎan
doce (água)	จืด	jèut
doente (adj)	ป่วย	bpùay
duro (material ~)	แข็ง	khǎeng

| educado (adj) | สุภาพ | sù-phâap |
| encantador (agradável) | ดี | dee |

enigmático (adj)	ลึกลับ	léuk láp
enorme (adj)	ใหญ่	yài
escuro (quarto ~)	มืด	mêut
especial (adj)	พิเศษ	phí-sàyt
esquerdo (lado ~)	ซ้าย	sáai

estrangeiro (adj)	ต่างชาติ	dtàang châat
estreito (adj)	แคบ	khâep
exato (montante ~)	ถูกต้อง	thòok dtôrng
excelente (adj)	ยอดเยี่ยม	yôrt yîam
excessivo (adj)	เกินขีด	gern khèet

externo (adj)	ภายนอก	phaai nôrk
fácil (adj)	ง่าย	ngâai
faminto (adj)	หิว	hǐw
fechado (adj)	ปิด	bpìt
feliz (adj)	มีความสุข	mee khwaam sùk

fértil (terreno ~)	อุดมสมบูรณ์	ù-dom sǒm-boon
forte (pessoa ~)	แข็งแกร่ง	khǎeng gràeng
fraco (luz ~a)	สลัว	sà-lǔa
frágil (adj)	เปราะบาง	bpròr baang
fresco (pão ~)	สด	sòt

fresco (tempo ~)	เย็น	yen
frio (adj)	เย็น	yen
gordo (alimentos ~s)	มันๆ	man man
gostoso, saboroso (adj)	อร่อย	à-ròi

grande (adj)	ใหญ่	yài
gratuito, grátis (adj)	ฟรี	free
grosso (camada ~a)	หนา	nǎa
hostil (adj)	เป็นศัตรู	bpen sàt-dtroo

251. Modificadores. Adjetivos. Parte 2

igual (adj)	เหมือนกัน	měuan gan
imóvel (adj)	ไม่ขยับ	mâi khà-yàp
importante (adj)	สำคัญ	sǎm-khan
impossível (adj)	เป็นไปไม่ได้	bpen bpai mâi dâai
incompreensível (adj)	เข้าใจไม่ได้	khâo jai mâi dâai

indigente (muito pobre)	ยากจน	yâak jon
indispensável (adj)	จำเป็น	jam bpen
inexperiente (adj)	ขาดประสบการณ์	khàat bprà-sòp gaan
infantil (adj)	ของเด็ก	khǒrng dèk

ininterrupto (adj)	ต่อเนื่อง	dtòr nêuang
insignificante (adj)	ไม่สำคัญ	mâi sǎm-khan
inteiro (completo)	ทั้งหมด	tháng mòt
inteligente (adj)	ฉลาด	chà-làat

interno (adj)	ภายใน	phaai nai
jovem (adj)	หนุ่ม	nùm
largo (caminho ~)	กว้าง	gwâang
legal (adj)	ทางกฎหมาย	thaang gòt măai
leve (adj)	เบา	bao

limitado (adj)	จำกัด	jam-gàt
limpo (adj)	สะอาด	sà-àat
líquido (adj)	เหลว	lĕo
liso (adj)	เนียน	nian
liso (superfície ~a)	เรียบ	rîap

livre (adj)	ไม่จำกัด	mâi jam-gàt
longo (ex. cabelo ~)	ยาว	yaao
maduro (ex. fruto ~)	สุก	sùk
magro (adj)	ผอม	phŏrm
mais próximo (adj)	ใกล้ที่สุด	glâi thêe sùt

mais recente (adj)	ที่ผ่านมา	thêe phàan maa
mate (adj)	ด้าน	dâan
mau (adj)	แย่	yâe
meticuloso (adj)	พิถีพิถัน	phí-thĕe-phí-thăn
míope (adj)	สายตาสั้น	săai dtaa sân

mole (adj)	นิ่ม	nîm
molhado (adj)	เปียก	bpìak
moreno (adj)	คล้ำ	khlám
morto (adj)	ตาย	dtaai
muito magro (adj)	ผอม	phŏrm

não difícil (adj)	ไม่ยาก	mâi yâak
não é clara (adj)	ไม่ชัดเจน	mâi chát jayn
não muito grande (adj)	ไม่ใหญ่	mâi yài
natal (país ~)	ดั้งเดิม	dâng derm
necessário (adj)	จำเป็น	jam bpen

negativo (resposta ~a)	แง่ลบ	ngâe lóp
nervoso (adj)	กระวนกระวาย	grà won grà waai
normal (adj)	ปกติ	bpòk-gà-dtì
novo (adj)	ใหม่	mài
o mais importante (adj)	ที่สำคัญที่สุด	thêe săm-khan thêe sùt

obrigatório (adj)	จำเป็น	jam bpen
original (incomum)	ดั้งเดิม	dâng derm
passado (adj)	กลาย	glaai
pequeno (adj)	เล็ก	lék
perigoso (adj)	อันตราย	an-dtà-raai

permanente (adj)	ถาวร	thăa-won
perto (adj)	ใกล้	glâi
pesado (adj)	หนัก	nàk
pessoal (adj)	ส่วนตัว	sùan dtua
plano (ex. ecrã ~ a)	แบน	baen

| pobre (adj) | จน | jon |
| pontual (adj) | ตรงเวลา | dtrorng way-laa |

possível (adj)	เป็นไปได้	bpen bpai dâai
pouco fundo (adj)	ตื้น	dtêun
presente (ex. momento ~)	ปัจจุบัน	bpàt-jù-ban
prévio (adj)	ก่อนหน้า	gòrn nâa
primeiro (principal)	หลัก	làk
principal (adj)	หลัก	làk
privado (adj)	ส่วนบุคคล	sùan bùk-khon
provável (adj)	เป็นไปได้	bpen bpai dâai
próximo (adj)	ใกล	glâi
público (adj)	สาธารณะ	sǎa-thaa-rá-ná
quente (cálido)	ร้อน	rórn
quente (morno)	อุ่น	ùn
rápido (adj)	เร็ว	reo
raro (adj)	หายาก	hǎa yâak
remoto, longínquo (adj)	ไกล	glai
reto (linha ~a)	ตรง	dtrorng
salgado (adj)	เค็ม	khem
satisfeito (adj)	พอใจ	phor jai
seco (roupa ~a)	แห้ง	hâeng
seguinte (adj)	ถัดไป	thàt bpai
seguro (não perigoso)	ปลอดภัย	bplòrt phai
similar (adj)	คล้ายคลึง	khláai khleung
simples (fácil)	ง่าย	ngâai
soberbo, perfeito (adj)	ยอดเยี่ยม	yôrt yîam
sólido (parede ~a)	แข็ง	khǎeng
sombrio (adj)	มืดมัว	mêut mua
sujo (adj)	สกปรก	sòk-gà-bpròk
superior (adj)	สูงสุด	sǒong sùt
suplementar (adj)	เพิ่มเติม	phêrm dterm
tranquilo (adj)	เงียบ	ngîap
transparente (adj)	ใส	sǎi
triste (pessoa)	เศร้า	sâo
triste (um ar ~)	เศรา	sâo
último (adj)	ท้ายสุด	tháai sùt
úmido (adj)	ชื้น	chéun
único (adj)	อย่างเดียว	yàang dieow
usado (adj)	มีอสอง	meu sǒrng
vazio (meio ~)	ว่าง	wâang
velho (adj)	เก่า	gào
vizinho (adj)	เพื่อนบ้าน	phêuan bâan

500 VERBOS PRINCIPAIS

252. Verbos A-B

abraçar (vt)	กอด	gòrt
abrir (vt)	เปิด	bpèrt
acalmar (vt)	ทำให้...สงบ	tham hâi...sà-ngòp
acariciar (vt)	ลูบ	lôop
acenar (com a mão)	โบกมือ	bòhk meu
acender (~ uma fogueira)	จุดไฟ	jùt fai
achar (vt)	เชื่อ	chêua
acompanhar (vt)	รวมไปด้วย	rûam bpai dûay
aconselhar (vt)	แนะนำ	náe nam
acordar, despertar (vt)	ปลุกให้ตื่น	bplùk hâi dtèun
acrescentar (vt)	เพิ่ม	phêrm
acusar (vt)	กล่าวหา	glàao hǎa
adestrar (vt)	ฝึก	fèuk
adivinhar (vt)	คาดเดา	khâat dao
admirar (vt)	ชมเชย	chom choie
adorar (~ fazer)	ชอบ	chôrp
advertir (vt)	เตือน	dteuan
afirmar (vt)	ยืนยัน	yeun yan
afogar-se (vr)	จมน้ำ	jom náam
afugentar (vt)	ไล่ไป	lâi bpai
agir (vi)	ปฏิบัติ	bpà-dtì-bàt
agitar, sacudir (vt)	เขย่า	khà-yào
agradecer (vt)	แสดงความขอบคุณ	sà-daeng khwaam khòrp kun
ajudar (vt)	ช่วย	chûay
alcançar (objetivos)	บรรลุ	ban-lú
alimentar (dar comida)	ให้อาหาร	hâi aa-hǎan
almoçar (vi)	ทานอาหารเที่ยง	thaan aa-hǎan thîang
alugar (~ o barco, etc.)	จ้าง	jâang
alugar (~ um apartamento)	เช่า	châo
amar (pessoa)	รัก	rák
amarrar (vt)	มัด	mát
ameaçar (vt)	ขู่	khòo
amputar (vt)	ตัดอวัยวะ	dtàt a-wai-wá
anotar (escrever)	จดโน้ต	jòt nóht
anotar (escrever)	จด	jòt
anular, cancelar (vt)	ยกเลิก	yók lêrk
apagar (com apagador, etc.)	ขัดออก	khàt òrk
apagar (um incêndio)	ดับ	dàp

apaixonar-se ...	ตกหลุมรัก	dtòk lǔm rák
aparecer (vi)	ปรากฏ	bpraa-gòt
aplaudir (vi)	ปรบมือ	bpròp meu
apoiar (vt)	สนับสนุน	sà-nàp-sà-nǔn
apontar para ...	เล็ง	leng
apresentar	แนะนำ	náe nam
(alguém a alguém)		
apresentar (Gostaria de ~)	แนะนำ	náe nam
apressar (vt)	รีบ	rêep
apressar-se (vr)	รีบ	rêep
aproximar-se (vr)	เขาใกล้	khâo glâi
aquecer (vt)	อุ่นให้ร้อน	ùn hâi rórn
arrancar (vt)	ฉีก	chèek
arranhar (vt)	ขวน	khùan
arrepender-se (vr)	เสียใจ	sǐa jai
arriscar (vt)	เสี่ยง	sìang
arrumar, limpar (vt)	จัดระเบียบ	jàt rá-bìap
aspirar a ...	ปรารถนา	bpràat-thà-nǎa
assinar (vt)	ลงนาม	long naam
assistir (vt)	ช่วย	chûay
atacar (vt)	โจมตี	johm dtee
atar (vt)	ผูกกับ...	phòok gàp...
atracar (vi)	จอดเรือ	jòrt reua
aumentar (vi)	เพิ่ม	phêrm
aumentar (vt)	เพิ่ม	phêrm
avançar (vi)	คืบหน้า	khêup nâa
avistar (vt)	เหลือบมอง	lèuap morng
baixar (guindaste, etc.)	ลด	lót
barbear-se (vr)	โกน	gohn
basear-se (vr)	อิง	ing
bastar (vi)	พอเพียง	phor phiang
bater (à porta)	เคาะ	khór
bater (espancar)	ตี	dtee
bater-se (vr)	สู้	sôo
beber, tomar (vt)	ดื่ม	dèum
brilhar (vi)	ส่องแสง	sòrng sǎeng
brincar, jogar (vi, vt)	เล่น	lên
buscar (vt)	หา	hǎa

253. Verbos C-D

caçar (vi)	ล่าหา	lâa hǎa
calar-se (parar de falar)	หยุดพูด	yùt phôot
calcular (vt)	นับ	náp
carregar (o caminhão, etc.)	ขนของ	khǒn khǒrng
carregar (uma arma)	ใส่กระสุน	sài grà-sǔn

casar-se (vr)	แต่งงาน	dtàeng ngaan
causar (vt)	เป็นสาเหตุ...	bpen săa-hàyt...
cavar (vt)	ขุด	khùt

ceder (não resistir)	ยอม	yorm
cegar, ofuscar (vt)	ทำให้มองไม่เห็น	tam hâi morng mâi hĕn
censurar (vt)	ตำหนิ	dtam-nì
chamar (~ por socorro)	เรียก	rîak

chamar (alguém para ...)	เรียก	rîak
chegar (a algum lugar)	ไปถึง	bpai thĕung
chegar (vi)	มาถึง	maa thĕung
cheirar (~ uma flor)	ดมกลิ่น	dom glìn

cheirar (tem o cheiro)	มีกลิ่น	mee glìn
chorar (vi)	ร้องไห้	rórng hâi
citar (vt)	อ้างอิง	âang ing
colher (flores)	เก็บ	gèp

colocar (vt)	วาง	waang
combater (vi, vt)	สู้รบ	sôo róp
começar (vt)	เริ่ม	rêrm
comer (vt)	กิน	gin
comparar (vt)	เปรียบเทียบ	bprìap thîap

compensar (vt)	ชดเชย	chót-choie
competir (vi)	แข่งขัน	khàeng khăn
complicar (vt)	ทำให้...ซับซ้อน	tham hâi...sáp són
compor (~ música)	แต่ง	dtàeng

comportar-se (vr)	ประพฤติตัว	bprà-phréut dtua
comprar (vt)	ซื้อ	séu
comprometer (vt)	ทำให้...เสียเกียรติ	tham hâi...sĭa glat
concentrar-se (vr)	ตั้งสมาธิ	dtâng sà-maa-thí
concordar (dizer "sim")	เห็นด้วย	hĕn dûay

condecorar (dar medalha)	มอบรางวัล	môrp raang-wan
confessar-se (vr)	สารภาพ	săa-rá-phâap
confiar (vt)	เชื่อ	chêua
confundir (equivocar-se)	สับสน	sàp sŏn
conhecer (vt)	รู้จัก	róo jàk

conhecer-se (vr)	ทำความรู้จัก	tham khwaam róo jàk
consertar (vt)	จัดเรียง	jàt riang
consultar ...	ปรึกษา	bprèuk-săa
contagiar-se com ...	ติดเชื้อ	dtìt chéua

contar (vt)	เล่า	lâo
contar com ...	พึ่งพา	phêung phaa
continuar (vt)	ดำเนินการต่อ	dam-nern gaan dtòr
contratar (vt)	จ้าง	jâang

controlar (vt)	ควบคุม	khûap khum
convencer (vt)	โน้มน้าว	nóhm náao
convidar (vt)	เชิญ	chern
cooperar (vi)	ร่วมมือ	rûam meu

coordenar (vt)	ประสานงาน	bprà-săan ngaan
corar (vi)	หน้าแดง	nâa daeng
correr (vi)	วิ่ง	wîng
corrigir (~ um erro)	แก้ไข	gâe khăi
cortar (com um machado)	ตัดออก	dtàt òrk
cortar (com uma faca)	ตัดออก	dtàt òrk
cozinhar (vt)	ทำ	tham
crer (pensar)	คิด	khít
criar (vt)	สร้าง	sâang
cultivar (~ plantas)	ปลูก	bplòok
cuspir (vi)	ถุย	thŭi
custar (vt)	มีราคา	mee raa-khaa
dar (vt)	ให้	hâi
dar banho, lavar (vt)	อาบน้ำให้	àap náam hâi
datar (vi)	มาตั้งแต่...	maa dtâng dtàe...
decidir (vt)	ตัดสินใจ	dtàt sĭn jai
decorar (enfeitar)	ตกแต่ง	dtòk dtàeng
dedicar (vt)	อุทิศ	u thít
defender (vt)	ปกป้อง	bpòk bpôrng
defender-se (vr)	ปกป้อง	bpòk bpôrng
deixar (~ a mulher)	หย่า	yàa
deixar (esquecer)	ลืม	leum
deixar (permitir)	อนุญาตให้	a-nú-yâat hâi
deixar cair (vt)	ทำให้...ตก	tham hâi...dtòk
denominar (vt)	เรียก	rîak
denunciar (vt)	ประณาม	bprà-naam
depender de ...	พึ่งพา...	phêung phaa...
derramar (~ líquido)	ทำให้...หก	tham hâi...hòk
derramar-se (vr)	หก	hòk
desaparecer (vi)	หายไป	hăai bpai
desatar (vt)	แก้มัด	gâe mát
desatracar (vi)	ถอดออก	thòrt òrk
descansar (um pouco)	พัก	phák
descer (para baixo)	ลง	long
descobrir (novas terras)	ค้นพบ	khón phóp
descolar (avião)	บินขึ้น	bin khêun
desculpar (vt)	ให้อภัย	hâi a-phai
desculpar-se (vr)	ขอโทษ	khŏr thôht
desejar (vt)	ปรารถนา	bpràat-thà-năa
desempenhar (papel)	เล่นบท	lên bòt
desligar (vt)	ปิด	bpìt
desprezar (vt)	รังเกียจ	rang gìat
destruir (documentos, etc.)	ทำลาย	tham laai
dever (vi)	ต้อง	dtôrng
devolver (vt)	ส่งคืน	sòng kheun
direcionar (vt)	บอกทาง	bòrk thaang

dirigir (~ um carro)	ขับรถ	khàp rót
dirigir (~ uma empresa)	จัดการ	jàt gaan
dirigir-se (a um auditório, etc.)	พูดกับ	phôot gàp
discutir (notícias, etc.)	หารือ	hăa-reu

disparar, atirar (vi)	ยิง	ying
distribuir (folhetos, etc.)	แจกจ่าย	jàek jàai
distribuir (vt)	แจกจ่าย	jàek jàai
divertir (vt)	ทำให้รื่นเริง	thám hâi rêun rerng

divertir-se (vr)	มีความสุข	mee khwaam sùk
dividir (mat.)	หาร	hăan
dizer (vt)	พูด	phôot
dobrar (vt)	เพิ่มเป็นสองเท่า	phêrm bpen sŏrng thâo
duvidar (vt)	สงสัย	sŏng-săi

254. Verbos E-J

elaborar (uma lista)	รวบรวม	rûap ruam
elevar-se acima de ...	ทำให้...สูงเหนือ	tham hâi...sŏong nĕua
eliminar (um obstáculo)	กำจัด	gam-jàt
embrulhar (com papel)	หอ	hòr

emergir (submarino)	ขึ้นมาที่ผิวน้ำ	khêun maa thêe phĭw náam
emitir (~ cheiro)	ปลอย	bplòi
empreender (vt)	ดำเนินการ	dam-nern gaan
empurrar (vt)	ผลัก	phlàk

encabeçar (vt)	นำ	nam
encher (~ a garrafa, etc.)	เติมให้เต็ม	dterm hâi dtem
encontrar (achar)	คนหา	khón hăa
enganar (vt)	หลอก	lòrk

ensinar (vt)	สอน	sŏrn
entediar-se (vr)	เบื่อ	bèua
entender (vt)	เข้าใจ	khâo jai
entrar (na sala, etc.)	เขา	khâo

enviar (uma carta)	ส่ง	sòng
equipar (vt)	ติด	dtìt
errar (enganar-se)	ทำผิดพลาด	tham phìt phlâat
escolher (vt)	เลือก	lêuak

esconder (vt)	ซ่อน	sôrn
escrever (vt)	เขียน	khĭan
escutar (vt)	ฟัง	fang
escutar atrás da porta	ลอบฟัง	lôrp fang
esmagar (um inseto, etc.)	บี้	bêe

esperar (aguardar)	รอ	ror
esperar (contar com)	คาดหวัง	khâat wăng
esperar (ter esperança)	หวัง	wăng
espreitar (vi)	แอบดู	àep doo

238

esquecer (vt)	ลืม	leum
estar	อยู่	yòo
estar convencido	ถูกโน้มน้าว	thook nóhm náao
estar deitado	นอน	norn
estar perplexo	สับสน	sàp sŏn
estar preocupado	กังวล	gang-won
estar sentado	นั่ง	nâng
estremecer (vi)	สั่น	sàn
estudar (vt)	เรียน	rian
evitar (~ o perigo)	หลีกเลี่ยง	lèek lîang
examinar (~ uma proposta)	ตรวจสอบ	dtrùat sòrp
exigir (vt)	เรียกร้อง	rîak rórng
existir (vi)	มีอยู่	mee yòo
explicar (vt)	อธิบาย	à-thí-baai
expressar (vt)	แสดงออก	sà-daeng òrk
expulsar (~ da escola, etc.)	ไล่ออก	lâi òrk
facilitar (vt)	ทำให้...ง่ายขึ้น	tham hâi...ngâai khêun
falar com ...	คุยกับ	khui gàp
faltar (a la escuela, etc.)	พลาด	phlâat
fascinar (vt)	หว่านเสน่ห์	wàan sà-này
fatigar (vt)	ทำให้...เหนื่อย	tham hâi...nèuay
fazer (vt)	ทำ	tham
fazer lembrar	นึกถึง	néuk thĕung
fazer piadas	ลอเลน	lór lên
fazer publicidade	โฆษณา	khôht-sà-naa
fazer uma tentativa	ลอง	lorng
fechar (vt)	ปิด	bpìt
felicitar (vt)	แสดงความยินดี	sà-daeng khwaam yin dee
ficar cansado	เหนื่อย	nèuay
ficar em silêncio	นิ่งเงียบ	nîng ngîap
ficar pensativo	มัวแตครุ่นคิด	mua dtàe khrûn-khít
forçar (vt)	บังคับ	bang-kháp
formar (vt)	กอตัง	gòr dtâng
gabar-se (vr)	อวด	ùat
garantir (vt)	รับประกัน	ráp bprà-gan
gostar (apreciar)	ชอบ	chôrp
gritar (vi)	ตะโกน	dtà-gohn
guardar (fotos, etc.)	เก็บ	gèp
guardar (no armário, etc.)	เก็บที่	gèp thêe
guerrear (vt)	ทำสงคราม	tham sŏng-khraam
herdar (vt)	รับมรดก	ráp mor-rá-dòrk
iluminar (vt)	ทำให้สวาง	tham hâi sà-wàang
imaginar (vt)	มีจินตนาการ	mee jin-dtà-naa gaan
imitar (vt)	เลียนแบบ	lian bàep
implorar (vt)	ขอร้อง	khŏr rórng
importar (vt)	นำเข้า	nam khâo

indicar (~ o caminho)	ชี้	chée
indignar-se (vr)	ขุ่นเคือง	khùn kheuang
infetar, contagiar (vt)	ทำให้ติดเชื้อ	tham hâi dtìt chéua
influenciar (vt)	มีอิทธิพล	mee ìt-thí phon
informar (~ a policia)	แจง	jâeng

informar (vt)	แจ้ง	jâeng
informar-se (~ sobre)	สอบถาม	sòrp thăam
inscrever (na lista)	เขียน...ใส่	khĭan...sài
inserir (vt)	สอดใส่	sòrt sài

insinuar (vt)	พูดเป็นนัย	phôot bpen nai
insistir (vi)	ยืนยัน	yeun yan
inspirar (vt)	บันดาลใจ	ban-daan jai
instruir (ensinar)	สอน	sŏrn

insultar (vt)	ดูถูก	doo thòok
interessar (vt)	ทำให้...สนใจ	tham hâi...sŏn jai
interessar-se (vr)	สนใจ	sŏn jai
intervir (vi)	แทรกแซง	sâek saeng
invejar (vt)	อิจฉา	ìt-chăa

inventar (vt)	ประดิษฐ์	bprà-dìt
ir (a pé)	ไป	bpai
ir (de carro, etc.)	ไป	bpai
ir nadar	ว่ายน้ำ	wâai náam

ir para a cama	ไปนอน	bpai norn
irritar (vt)	ทำให้...รำคาญ	tham hâi...ram-khaan
irritar-se (vr)	หงุดหงิด	ngùt-ngìt
isolar (vt)	แยก	yâek

jantar (vi)	ทวนอาหารเย็น	thaan aa-hăan yen
jogar, atirar (vt)	ขว้าง	khwâang
juntar, unir (vt)	ทำให้...รวมกัน	tham hâi...ruam gan
juntar-se a ...	เขารวมใน	khâo rûam nai

255. Verbos L-P

lançar (novo projeto, etc.)	เปิด	bpèrt
lavar (vt)	ล้าง	láang
lavar a roupa	ซักผ้า	sák phâa
lavar-se (vr)	อาบน้ำ	àap náam

lembrar (vt)	จำ	jam
ler (vt)	อ่าน	àan
levantar-se (vr)	ลุกขึ้น	lúk khêun
levar (ex. leva isso daqui)	เอาไป	ao bpai

libertar (cidade, etc.)	ปลดปล่อย	bplòt bplòi
ligar (~ o radio, etc.)	เปิด	bpèrt
limitar (vt)	จำกัด	jam-gàt
limpar (eliminar sujeira)	ทำความสะอาด	tham khwaam sà-àat
limpar (tirar o calcário, etc.)	ทำความสะอาด	tham khwaam sà-àat

lisonjear (vt)	ชม	chom
livrar-se de ...	กำจัด...	gam-jàt...
lutar (combater)	สู้	sôo
lutar (esporte)	มวยปล้ำ	muay bplâm

marcar (com lápis, etc.)	ทำเครื่องหมาย	tham khrêuang măai
matar (vt)	ฆ่า	khâa
memorizar (vt)	จดจำ	jòt jam
mencionar (vt)	กลาวถึง	glàao thěung

mentir (vi)	โกหก	goh-hòk
merecer (vt)	สมควรได้รับ	sŏm khuan dâai ráp
mergulhar (vi)	ดำ	dam
misturar (vt)	ผสม	phà-sŏm

morar (vt)	อยู่อาศัย	yòo aa-săi
mostrar (vt)	แสดง	sà-daeng
mover (vt)	ยาย	yáai
mudar (modificar)	เปลี่ยน	bplìan

multiplicar (mat.)	คูณ	khoon
nadar (vi)	วายน้ำ	wâai náam
negar (vt)	ปฏิเสธ	bpà-dtì-sàyt
negociar (vi)	เจรจา	jayn-rá-jaa

nomear (função)	มอบหมาย	môrp măai
obedecer (vt)	เชื่อฟัง	chêua fang
objetar (vt)	คาน	kháan
observar (vt)	สังเกตการณ์	săng-gàyt gaan

ofender (vt)	ล่วงเกิน	lûang gern
olhar (vt)	มองดู	morng doo
omitir (vt)	เวน	wén
ordenar (mil.)	สั่งการ	sàng gaan

organizar (evento, etc.)	จัด	jàt
ousar (vt)	กล้า	glâa
ouvir (vt)	ได้ยิน	dâai yin
pagar (vt)	จาย	jàai

parar (para descansar)	หยุด	yùt
parar, cessar (vt)	หยุด	yùt
parecer-se (vr)	เหมือน	měuan
participar (vi)	มีส่วนรวม	mee sùan rûam
partir (~ para o estrangeiro)	ออกเดินทาง	òrk dern thaang

passar (vt)	ผ่าน	phàan
passar a ferro	รีด	rêet
pecar (vi)	ทำบาป	tham bàap
pedir (comida)	สั่งอาหาร	sàng aa-hăan

pedir (um favor, etc.)	ขอ	khŏr
pegar (tomar com a mão)	รับ	ráp
pegar (tomar)	เอา	ao
pendurar (cortinas, etc.)	แขวน	khwăen
penetrar (vt)	แทรกซึม	sâek seum

pensar (vi, vt)	คิด	khít
pentear-se (vr)	หวีผม	wĕe phŏm
perceber (ver)	สังเกต	săng-gàyt
perder (o guarda-chuva, etc.)	ทำหาย	tham hăai

perdoar (vt)	ยกโทษให้	yók thôht hâi
permitir (vt)	อนุญาต	a-nú-yâat
pertencer a ...	เป็นของของ...	bpen khŏrng khŏrng...
perturbar (vt)	รบกวน	róp guan

pesar (ter o peso)	มีน้ำหนัก	mee nám nàk
pescar (vt)	จับปลา	jàp bplaa
planejar (vt)	วางแผน	waang phăen
poder (~ fazer algo)	สามารถ	săa-mâat

pôr (posicionar)	วาง	waang
possuir (uma casa, etc.)	เป็นเจ้าของ	bpen jâo khŏrng
predominar (vi, vt)	ชนะ	chá-ná
preferir (vt)	ชอบ	chôrp

preocupar (vt)	ทำให้...เป็นห่วง	tham hâi...bpen hùang
preocupar-se (vr)	เป็นหวง	bpen hùang
preparar (vt)	เตรียม	dtriam
preservar (ex. ~ a paz)	รักษา	rák-săa

prever (vt)	คาดหวัง	khâat wăng
privar (vt)	ตัด	dtàt
proibir (vt)	ห้าม	hâam
projetar, criar (vt)	ออกแบบ	òrk bàep
prometer (vt)	สัญญา	săn-yaa

pronunciar (vt)	ออกเสียง	òrk sĭang
propor (vt)	เสนอ	sà-nĕr
proteger (a natureza)	ปกป้อง	bpòk bpôrng
protestar (vi)	ประท้วง	bprà-thúang

provar (~ a teoria, etc.)	พิสูจน์	phí-sòot
provocar (vt)	ยั่วยุ	yûa yú
punir, castigar (vt)	ลงโทษ	long thôht
puxar (vt)	ดึง	deung

256. Verbos Q-Z

quebrar (vt)	ทำพัง	tham phang
queimar (vt)	เผา	phăo
queixar-se (vr)	บ่น	bòn
querer (desejar)	ต้องการ	dtôrng gaan

rachar-se (vr)	แตก	dtàek
ralhar, repreender (vt)	ด่วา	dù wâa
realizar (vt)	ทำให้...เป็นจริง	tham hâi...bpen jing
recomendar (vt)	แนะนำ	náe nam
reconhecer (identificar)	จดจำ	jòt jam
reconhecer (o erro)	ยอมรับ	yorm ráp

recordar, lembrar (vt)	จำ	jam
recuperar-se (vr)	ฟื้นตัว	féun dtua
recusar (~ alguém)	ปฏิเสธ	bpà-dtì-sàyt
reduzir (vt)	ลด	lót
refazer (vt)	ทำซ้ำ	tham sám
reforçar (vt)	เสริม	sĕrm
refrear (vt)	ยับยั้ง	yáp yáng
regar (plantas)	รดน้ำ	rót náam
remover (~ uma mancha)	ลางออก	láang òrk
reparar (vt)	ซอม	sôrm
repetir (dizer outra vez)	พูดซ้ำ	phôot sám
reportar (vt)	รายงาน	raai ngaan
reservar (~ um quarto)	จอง	jorng
resolver (o conflito)	ยุติ	yút-dtì
resolver (um problema)	แก้ไข	gâe khăi
respirar (vi)	หายใจ	hăai jai
responder (vt)	ตอบ	dtòrp
rezar, orar (vi)	ภาวนา	phaa-wá-naa
rir (vi)	หัวเราะ	hŭa rór
romper-se (corda, etc.)	ขาด	khàat
roubar (vt)	ขูโมย	khà-moi
saber (vt)	รู้	róo
sair (~ de casa)	ออกไป	òrk bpai
sair (ser publicado)	ออกวางจำหน่าย	òrk waang jam-nàai
salvar (resgatar)	ช่วยชีวิต	chûay chee-wít
satisfazer (vt)	ทำให้...พอใจ	tham hâi...phor jai
saudar (vt)	ทักทาย	thák thaai
secar (vt)	ทำให้...แห้ง	tham hâi...hâeng
seguir (~ alguém)	ไปตาม...	bpai dtaam...
selecionar (vt)	เลือก	lêuak
semear (vt)	หว่าน	wàan
sentar-se (vr)	นั่ง	nâng
sentenciar (vt)	พิพากษา	phí-phâak-săa
sentir (vt)	รับรู้	ráp róo
ser diferente	แตกต่าง	dtàek dtàang
ser indispensável	มีความจำเป็น	mee khwaam jam bpen
ser necessário	เป็นที่ต้องการ	bpen thêe dtôrng gaan
ser preservado	ได้รับการรักษา	dâai ráp gaan rák-săa
ser, estar	เป็น	bpen
servir (restaurant, etc.)	เซิร์ฟ	sêrf
servir (roupa, caber)	เหมาะ	mò
significar (palavra, etc.)	บุ่งบอก	bòng bòrk
significar (vt)	บงบอก	bòng bòrk
simplificar (vt)	ทำให้ง่ายขึ้น,	tham hâi ngâai khêun
sofrer (vt)	ทรมาน	thor-rá-maan
sonhar (~ com)	ฝัน	făn

sonhar (ver sonhos)	ฝัน	fǎn
soprar (vi)	เป่า	bpào
sorrir (vi)	ยิ้ม	yím
subestimar (vt)	ดูถูก	doo thòok
sublinhar (vt)	ขีดเส้นใต้	khèet sên dtâi
sujar-se (vr)	สกปรก	sòk-gà-bpròk
superestimar (vt)	ตีคาสูงเกิน	dtee khâa sǒong gern
supor (vt)	สมมุติ	sǒm mút
suportar (as dores)	ทน	thon
surpreender (vt)	ทำให้...ประหลาดใจ	tham hâi...bprà-làat jai
surpreender-se (vr)	ประหลาดใจ	bprà-làat jai
suspeitar (vt)	สงสัย	sǒng-sǎi
suspirar (vi)	ถอนหายใจ	thǒrn hǎai-jai
tentar (~ fazer)	พยายาม	phá-yaa-yaam
ter (vt)	มี	mee
ter medo	กลัว	glua
terminar (vt)	จบ	jòp
tirar (vt)	เอาออก	ao òrk
tirar cópias	ถ่ายสำเนาหลายฉบับ	thàai sǎm-nao lǎai chà-bàp
tirar fotos, fotografar	ถ่ายภาพ	thàai phâap
tirar uma conclusão	สรุป	sà-rùp
tocar (com as mãos)	สัมผัส	sǎm-phàt
tomar café da manhã	ทานอาหารเช้า	thaan aa-hǎan cháo
tomar emprestado	ขอยืม	khǒr yeum
tornar-se (ex. ~ conhecido)	กลายเป็น	glaai bpen
trabalhar (vi)	ทำงาน	tham ngaan
traduzir (vt)	แปล	bplae
transformar (vt)	เปลี่ยนแปลง	bplìan bplaeng
tratar (a doença)	รักษา	rák-sǎa
trazer (vt)	นำมา	nam maa
treinar (vt)	ฝึก	fèuk
treinar-se (vr)	ฝึก	fèuk
tremer (de frio)	หนาวสั่น	nǎao sàn
trocar (vt)	แลกเปลี่ยน	lâek bplìan
trocar, mudar (vt)	แลกเปลี่ยน	lâek bplìan
usar (uma palavra, etc.)	ใช้	chái
utilizar (vt)	ใช้	chái
vacinar (vt)	ฉีดวัคซีน	chèet wák-seen
vender (vt)	ขาย	khǎai
verter (encher)	ริน	rin
vingar (vt)	แก้แค้น	gâe kháen
virar (~ para a direita)	เลี้ยว	líeow
virar (pedra, etc.)	พลิก	phlík
virar as costas	มวนหน้า	múan nâa
viver (vi)	มีชีวิต	mee chee-wít
voar (vi)	บิน	bin

voltar (vi)	กลับ	glàp
votar (vi)	ลงคะแนน	long khá-naen
zangar (vt)	ทำให้...โกรธ	tham hâi...gròht
zangar-se com ...	โกรธ	gròht
zombar (vt)	เยาะเย้ย	yór-yóie